马克思主义法学中国化时代化丛书

第一辑

如何理解政法：范畴、传统和原理

黄文艺　著

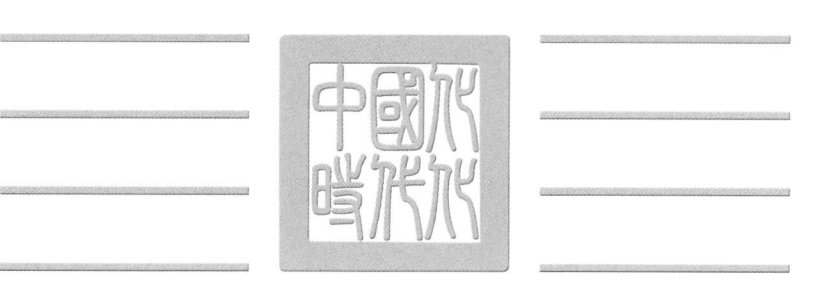

中国人民大学出版社

·北京·

本书为 2022 年度教育部哲学社会科学研究重大专项项目"坚持建设中国特色社会主义法治体系，深入推进全面依法治国实践研究"成果（项目批准号：2022JZDZ002）。

序言　为什么要研究政法

当代中国博大精深、独树一帜的法治理论、制度和实践，是建构中国法学自主知识体系的深厚根基和殷实资源。其中，政法是中国法治实践的标识性范畴，是中国国家治理体系的显著特色，代表着一种独特的政治法律意识形态、制度安排和治理实践。从中国共产党创建革命根据地开始直到今天，中国政法实践已积累起了一系列在中国本土实践中行之有效但难以简单地套用西方法学理论解释的操作性经验、默会性知识，迫切需要中国学术界对它进行学理提取、原理提炼、哲理提纯，并升华为一整套具有学术形态、学科形态的法学知识，丰富和充实中国法学自主知识体系。对于建构中国法学自主知识体系而言，政法研究具有不可替代的学术价值，因为在当代中国磅礴宏伟的实践中政法具有多重法治和法学意义。

第一，政法代表了一种法治运行体制。

众所周知，现代世界各国的国家机构体系中一般都设置有审判、检察、警察、国家安全、司法行政等国家强力部门。中国的政法体制代表了一种关于审判、检察、警察、国家安全、司法行政等机关相互关系的独特定义和制度安排，这就是将这些机关定义为政法机关，并确立起中国共产党统一领导下既集中统一又分工负责、既互相配合又互相制约的制度安排。这种制度构造并非随意设计出来的，既有其正当性理据，又有其显著优越性。正如本书所论证的，这些机关因性质地位的相近性、职权职责的关联性、社会声誉的连带性可以被界定为一个相对独立、自成一体的权力系统。新中国七十多年特别是改革开放四十多年的治理实践证明,政法体制在破解法治建设难题困境、推进法治中国建设、创造社会长期稳定奇迹上显示出强大的生命力和显著的优越性。加强对这一体制的构造原理、运行法则、制度体系的研究,深化对这一体制下审判、检察、警察、国家安全、司法行政等各类制度的规律、特点的研究,有利于提炼出更多自主性的法学范畴、命题、理论。

第二,政法代表了一种法学认知范式。

从文字表达来看,政法一词将政与法二字并列在一起,最鲜明地体现了将政治与法律(法治)两种现象关联起来理解的法学认知范式与理论逻辑。政法作为一种法学认知范式,天然地反对将法律(法治)现象理解为一种完全自主的、封闭的领域,反对人为割裂法律(法治)与政治之关联的非政治化、去政治化处理方式,而是自觉地将法律(法治)现象置于整个政治—社会体系中理解,置于法律(法治)与政治的必然联系中理解。习近平法治思想就蕴含着这种认知范式,习近平法治思想从法律(法治)与政治的密切关联出发深入分析了错综复杂的法律(法治)现象背后的政治根源、政治逻辑。"每一种法治形态背后都有一套政治理论,每一种法治模式当中都有一种政治逻辑,每一条法治道路底下都有一种政治立场。"[1]

政法认知范式并不像批判法学运动那样片面强调政治对法律(法治)的决定性影响,甚至认为"法律就是政治",而是强调政治与法律(法治)的双向互动。在现代法治国家,各种政治活动特别是政治权力行使必须接受法律约束,在法治轨道上进行。政法认知范式法律强调法律(法治)对

---

[1] 习近平:《在省部级主要领导干部学习贯彻党的十八届四中全会精神全面推进依法治国专题研讨班上的讲话》,见中共中央文献研究室编:《习近平关于全面依法治国论述摘编》,中央文献出版社2015年版,第34页。

政治活动的规范和约束作用，推动治国理政各方面工作法治化。习近平法治思想的法治轨道论，体现了政法认知范式的这一特点。习近平法治思想将法治比喻为不可忽视、不可偏离、不可逾越的正确轨道，强调把党和国家各项工作纳入法治轨道，或推动党和国家各项工作在法治轨道上运行。① 习近平法治思想提出了一系列包含"法治轨道"范畴的重要命题，诸如"在法治轨道上推进国家治理体系和治理能力现代化"②"坚持在法治轨道上统筹社会力量、平衡社会利益、调节社会关系、规范社会行为"③"在法治轨道上全面建设社会主义现代化国家"④"在法治轨道上深化改革、推进中国式现代化"⑤"确保民族事务治理在法治轨道上运行"⑥"在法治轨道上推动社会保障事业健康发展"⑦"让互联网在法治轨道上健康运行"⑧"把生态文明建设纳入制度化、法治化轨道"⑨"确保我军建设在法治轨道上有力推进"⑩等。

政法认知范式是中国法治实践中根深蒂固的认知范式，也是一种能够开启新的学术之门、具有很强的理论解释力和建构力的法学认知范式。近

---

① 参见张文显：《论在法治轨道上全面建设社会主义现代化国家》，载《中国法律评论》2023年第1期。

② 习近平：《以科学理论指导全面依法治国各项工作》，见习近平：《论坚持全面依法治国》，中央文献出版社2020年版，第1页。

③ 习近平：《密织法律之网，强化法治之力》，见习近平：《论坚持全面依法治国》，中央文献出版社2020年版，第104页。

④ 习近平：《高举中国特色社会主义伟大旗帜 为全面建设社会主义现代化国家而团结奋斗——在中国共产党第二十次全国代表大会上的报告（2022年10月16日）》，人民出版社2022年版，第40页。

⑤ 《中共中央关于全面深化改革 推进中国式现代化的决定》，人民出版社2024年版，第6页。

⑥ 习近平：《在全国民族团结进步表彰大会上的讲话》，人民出版社2019年版，第11页。

⑦ 中共中央文献研究院编：《习近平关于尊重和保障人权论述摘编》，中央文献出版社2021年版，158页。

⑧ 习近平：《在第二届世界互联网大会开幕式开模式上的讲话》，见习近平：《论党的宣传思想工作》，中央文献出版社2020年版，第171-173页。

⑨ 习近平：《树立"绿水青山就是金山银山"的强烈意识》，见《习近平谈治国理政》第2卷，外文出版社2017年版，第393页。

⑩ 习近平：《深入推进依法治军、从严治军》，见习近平：《论坚持全面依法治国》，中央文献出版社2020年版，第160页。

年来，不少学者已运用这一认知范式来解释各种现象背后的政法逻辑，如中国式现代化的政法逻辑、社会主义共同富裕的政法逻辑、信息公开缠讼现象的政法逻辑。[①] 深入研究和把握这一法学认知范式的基本原理、分析工具、功能优势，有助于增强中国法学知识体系的多元性、厚重性。

第三，政法代表了一套社会治理技术。

政法机关是运用法律进行社会治理的主力军，创造出了一系列应用于不同场景、服务于不同目标的社会治理技术。例如，以应用于事前预防环节还是事后应对环节为标准，政法治理技术可分为前端治理技术和后端治理技术。前端治理和后端治理是政法机关在社会治理环节和阶段划分上提出的一对重要范畴。前端治理是对矛盾纠纷和违法犯罪的源头治理，起到治病于未病、防患于未然的作用。后端治理是对矛盾纠纷和违法犯罪的事后处置，起到修复损害、伸张正义、定分止争的作用。

政法机关在社会治理体系中主要处于后端治理环节，在执法司法、维稳处突、服务管理等方面总结提炼出一大批后端治理技术，如重大突发事件"三同步"处理、未成年人罪错行为分级矫治等技术。所谓"三同步"，是指依法办理、舆论引导、社会面管控三同步，即当发生重大突发事件时，要依照法律规定及时查明事实真相，作出处理决定，确保处理程序合法、处理结果公正；及时、准确地向公众发布事件相关信息，澄清事实真相，满足公众知情权，稳定公众情绪，防止造谣、传谣、信谣；及时采取有效措施维护社会秩序，防止事态扩大和恶化，保障人民群众生命、财产安全。实践证明，"三同步"是重大突发事件处理取得良好法律效果、政治效果和社会效果的有效经验。

[①] 参见封丽霞：《中国式现代化的"政法逻辑"》，载《国家现代化建设研究》2024年第5期；邵六益：《社会主义共同富裕的政法逻辑》，载《法律科学（西北政法大学学报）》2022年第4期；郑涛：《信息公开缠讼现象的政法逻辑》，载《法制与社会发展》2017年第5期。

如果前端治理环节缺位或失守，诸多社会风险隐患就会传导到后端治理环节，滋生出各种矛盾纠纷、违法犯罪。因此，政法机关开始向前端治理环节发力，推出许多防范、化解矛盾风险的前端治理技术，如"枫桥经验"、网格化治理、社会稳定风险评估、大数据预警等技术。其中，网格化治理，是指以楼栋、街区等为标准把城乡社区进一步细分为若干网格，配备网格长和若干名网格员，负责对网格内所有人、地、物、事、组织的巡查走访、信息采集、问题上报，及时发现、快速处置各种安全风险和矛盾隐患。

不过，目前政法实践所创造的大量务实管用的治理技术，大多数还停留于实战经验、操作知识层面。对这些治理技术进行学术提炼、理论升华，不仅能够产生一大批接地气的自主性知识，而且有利于向国际社会传播社会治理的中国经验、中国技术。

第四，政法代表了一套法治话语体系。

由一系列重要概念、判断、命题所构成的法治话语体系，是中国法学自主知识体系的主体构架。当代中国政法领域已经生成了一个言说、描述、表达法治运行体制和实践的较为完备、较为自洽的法治话语体系，例如，在法治目标任务上，形成了以法治体系、法治国家、平安中国为代表的话语群，包括依法执政、依规治党、依宪治国、依宪执政、法治政府、法治经济、法治社会、法治文化、涉外法治、军队法治、国家安全、社会稳定、社会公平正义、人民安居乐业、法治化营商环境、人民群众获得感幸福感安全感等概念。在法治体制和制度上，形成了以党的领导、人民民主专政、人民代表大会制度为代表的话语群，包括民主集中制、立法体制、执法体制、行政纠纷解决体系、行政执法责任制、政法体制、社会治安防控体系、社会主义司法制度、司法责任制、检察公益诉讼制度、认罪认罚从宽制度、错案责任追究制、多元化纠纷解决机制、信访制度等概念。在法治运行上，形成了以科学立法、严格执法、公正司法、全民守法为代表的话语群，如民主立法、依法立法、立法规划、立法起草、立法论证、立法协调、法案审议、立法评估、严格规范公正文明执法、人性化执法、柔性化执法、社会治安、扫黑除恶、公正司法、能动司法、司法公开、诉源治理、矛盾纠纷排查化解等概念。

第五，政法还代表了一种法哲学形态。

我把这种扎根于当代中国法治实践、呈现于法治实践经验和法治理论表达之中的法哲学形态称为政法哲学。尽管政法哲学的理论体系还有待系统构建和发展，但其诸多核心观点和理论已在当代中国法治理论和实践经验中被明确提炼和表述出来。这一本土法哲学形态将在很多方面对既往法哲学的学科体系、话语体系和理论体系进行突破和创新，例如，在法的本体论上，政法哲学打破了国家法中心主义的法律观，持一种更为开放的多元主义的法律观。从法治理论和实践看，我国不仅把党内法规体系纳入国家法治体系范畴，还把党政机关规范性文件和社会规范体系纳入法治建设视野，推动形成统筹推进各类规范体系建设的新局面。习近平强调："全面推进依法治国，必须努力形成国家法律法规和党内法规制度相辅相成、相互促进、相互保障的格局。"[①]"加快完善法律、行政法规、地方性法规体系，完善包括市民公约、乡规民约、行业规章、团体章程在内的社会规范体系，为全面推进依法治国提供基本遵循。"[②] 2024 年党的二十届三中全会坚持以制度建设为中心，就完善国家法律规范体系、党内法规体系、党政机关规范性文件体系、社会规范体系作出系统化的战略部署，为推进中国式现代化提供各类科学完备的规范体系。

---

① 习近平：《关于〈中共中央关于全面推进依法治国若干重大问题的决定〉的说明》，见习近平：《论坚持全面依法治国》，中央文献出版社 2020 年版，第 96 页。

② 习近平：《加快建设社会主义法治国家》，见《习近平著作选读》第 1 卷，人民出版社 2023 年版，第 303 页。

在法的价值论上，政法哲学不仅对秩序、正义、平等、自由、人权等各国普遍承认的现代法价值有新的理解，而且高度重视平安、稳定、和谐、团结等具有深厚中国文化基因的法价值，还注重对自由与秩序、安全与发展、公平与效率等不同法价值之间的冲突的解决。例如，和谐是政法哲学和政法实践所推崇的价值目标。自古以来，中国人就把和谐作为社会秩序的追求目标，就把家庭和睦、社会和谐、天下和平作为治理理想。对和谐秩序的法治追求，引导中国法治建设在矛盾纠纷的源头治理环节和非诉解决机制上发力，让矛盾纠纷未萌或以非诉方式化解。即使矛盾纠纷进入执法司法环节，中国法治也要求执法司法机关多运用说服教育、调解疏导、劝导示范等柔性方式予以处理。又如，团结是政法哲学和政法实践所重视的价值追求：在宪法和党章这两个最重要的制度文本中，"团结"一词都是高频词汇，在人际团结、党的团结、人民团结、民族团结、国家团结、海内外中华儿女大团结、国际团结等多重意义上使用。团结概念是从命运与共、合作共赢的角度来理解社会关系和社会秩序，表达了一种推进协调协作、增进凝聚力向心力的规范要求和行动立场。正是从团结的价值追求出发，中国先后提出了社会治理共同体、中华民族共同体、人类命运共同体等新概念，表达了对社会关系和社会秩序的更高理想状态。

法哲学是一国法学知识体系的理论底座。从法哲学的角度，提炼出中国政法意识形态和话语体系背后的学理逻辑，总结出中国政法实践原创性治理技术和制度背后的支撑原理，构建起具有中国气派和世界意义的政法哲学，将是构建中国法学自主知识体系的重点难点任务。

上述简要的描述表明，政法理论研究可以在多个视角或维度深度展开。本书的研究更多的是从政法体制和认知范式的维度展开，而较少涉及政法理论研究的其他维度。因此，本书只是政法理论研究的浩大工程的一个初步研究成果。

值得交代的是，本书各章内容均来自近年来笔者在法学核心期刊上发表的相关学术论文。在此，要向《中国社会科学》《中国法学》《法学研究》《中外法学》《政法论坛》《法律科学》《法制与社会发展》《行政法学研究》等各大法学期刊的编辑们付出的辛劳表达衷心感谢！特别感谢中国人民大学出版社方明老师在编辑本书过程中所作的具有建设性意义的修改校订工作！

目 录

第一章 政法范畴的本体论诠释 ························· 1
  一、政法的概念史考察 ····························· 4
  二、作为良政范畴的政法 ··························· 9
  三、作为善治范畴的政法 ·························· 20
  四、结　语 ······································· 28

第二章 古典政法传统考察 ····························· 29
  一、古典政法传统中的"政""法"关系 ············ 31
  二、古典政法传统的基本样态 ······················ 41
  三、古典政法传统的现代性意义 ···················· 58

第三章 政法体制的规范性原理 ························· 62
  一、现代政法体制演进的历史逻辑 ·················· 64
  二、政法机关相互关系的规范性原理 ················ 70
  三、政法机关外部关系的规范性原理 ················ 80
  四、执政党与政法机关关系的规范性原理 ············ 89
  五、结　语 ······································· 97

第四章 党法关系的规范性原理 ························ 100
  一、政党和国家机关关系的规范性原理 ············· 102

二、政党政策与国家法律关系的规范性原理 …………… 114

三、政党规章与国家法律关系的规范性原理 …………… 118

第五章 平安中国的政法哲学阐释 …………………… 128

一、平安中国范畴的知识史梳理 ………………………… 128

二、平安中国的语义分析 ………………………………… 135

三、平安中国的理念分析 ………………………………… 140

四、平安中国的机制分析 ………………………………… 151

第六章 新时代中国政法改革 ………………………… 163

一、政法改革的战略地位 ………………………………… 164

二、政法改革的总体格局 ………………………………… 170

三、政法改革的基本理念 ………………………………… 173

四、政法改革的主体内容 ………………………………… 180

第七章 政法机关权力的制约监督 …………………… 197

一、当代中国新权力监督哲学 …………………………… 197

二、党对政法机关的监督 ………………………………… 205

三、政法机关的互相制约监督 …………………………… 210

四、政法机关的内部制约监督 …………………………… 213

五、对政法机关的社会监督 ……………………………… 216

六、对政法机关的数据监控 ……………………………… 219

七、对法律监督理论的反思 ……………………………… 222

第八章 新时代中国政法理论 ………………………… 224

一、党的绝对领导论 ……………………………………… 224

二、平安中国建设论 ………………………………… 226
三、法治中国建设论 ………………………………… 229
四、维护国家政治安全论 …………………………… 233
五、社会治理现代化论 ……………………………… 236
六、促进社会公平正义论 …………………………… 239
七、服务经济社会发展论 …………………………… 243
八、全面深化政法改革论 …………………………… 246
九、政法队伍建设论 ………………………………… 250

第九章 政法视野下民法典与社会治理现代化 …………………… **254**

一、《民法典》是推进社会治理权利化的大法 …………… 255
二、《民法典》是推进社会治理社会化的大法 …………… 261
三、《民法典》是推进社会治理契约化的大法 …………… 266
四、《民法典》是推进社会治理公正化的大法 …………… 270
五、《民法典》是推进政府治理良善化的大法 …………… 274
六、《民法典》是促进全社会向上向善的大法 …………… 279

主要参考文献 ……………………………………………………… 284

第一章　政法范畴的本体论诠释

尽管政法被公认为是中国法治场域的标识性范畴，但长期以来一直遭受学术界的集体性冷遇，直到近年来才逐步被纳入学术视野。越来越多的学者开始以学术方式认真对待政法，致力于考察政法的演进脉络、构造原理，诠释政法的必然性和合理性，承认"这不仅是一个概念，而且是一套学说，而且是一套组织机构，一套权力技术，一套成熟的法律实践"[1]。梳理起来，目前关于政法的研究大体上有两种进路：第一种进路，把政法定义为一种独特的法学研究范式，即从政治意识形态角度诠释和处理法律问题的范式。有学者称之为"政法法学"，并将其与注释法学、社科法学并称为中国法学三大研究范式。[2] 冯象的《政法笔记》可谓是这种进路的代表。该书试图揭示法律的种种政治面相："法律……是政治的晚礼服"，"现代法治在本质上是一种用权力话语重写历史、以程序技术掩盖实质矛盾的社会控制策略"[3]。第二种进路，把政法定义为一种独特的权力结构

---

[1] 强世功：《法制与治理——国家转型中的法律》，中国政法大学出版社2003年版，第123页。
[2] 参见苏力：《也许正在发生——中国当代法学发展的一个概览》，载《比较法研究》2001年第3期；苏力：《中国法学研究格局的流变》，载《法商研究》2014年第5期。
[3] 冯象：《政法笔记》，江苏人民出版社2004年版，第157、168页。

安排，即中国共产党创立的领导政法机关推进法治建设的体制安排。有学者提出，"政法体制是党领导依法治国的制度和工作机制的重要组成部分"①。大多数政法研究者都聚焦于这一体制安排的核心要素"党管政法"，致力于解释党管政法的历史逻辑、理论逻辑、实践逻辑。②

这两种研究进路都指向了政法研究的前提性问题，即什么是政法，如何理解政法。不过，它们都只是对这一问题的片段化、局部化解答，容易产生误导性的影响。例如，第一种研究进路执着于对"政法"之"政"维度的深描，单向强调"政"对"法"的深刻影响，而忽视了"法"对"政"的规训功能。实际上，从改革开放初期邓小平提出"使民主制度化、法律化"③，到习近平提出"在法治轨道上推进国家治理体系和治理能力现代化"④，中国政法理论和实践的一个重大转向是，更为重视"法"对"政"的规训和约束作用。第二种研究进路长于体制维度的考察而忽视了历史和哲学维度的深究，只把政法理解为现代中国特殊时空条件下所形成的治理体制，既未考证政法范畴在中华法律文明中源远流长的文化基因，也未深察政法范畴所蕴含的一整套精深厚重的治理哲学。一些学者已开始突破这种研究进路，试图从古代礼法传统中寻找现代政法元素，架起沟通中国传统法和现代法的桥梁。⑤

有鉴于此，本章试图通过提出和回答政法研究中的两个基础性问题，

---

① 侯猛：《当代中国政法体制的形成及其意义》，载《法学研究》2016年第6期，第3页。
② 参见刘忠：《"党管政法"思想的组织史生成》，载《法学家》2013年第2期；周尚君：《党管政法：党与政法关系的演进》，载《法学研究》2017年第1期；郑智航：《党管政法的组织基础与实施机制——一种组织社会学的分析》，载《吉林大学社会科学学报》2019年第5期。
③ 《邓小平文选》第2卷，人民出版社1994年版，第146页。
④ 中共中央文献研究室编：《习近平关于全面依法治国论述摘编》，中央文献出版社2015年版，第25页。
⑤ 参见强世功：《从行政法治国到政党法治国——党法和国法关系的法理学思考》，载《中国法律评论》2016年第3期；张中秋：《从礼法到政法——传统与现代中国法的结构与哲学及改造提升》，载《法制与社会发展》2018年第4期。

推进政法范畴的本体论诠释。第一个问题是：政法只是现代范畴，还是贯通古今的范畴？这个问题表面上看只是一个历史发生学的问题，但实际上也是一个关涉如何理解政法核心要义的本体论问题。有学者指出，中华法系一直是一个"政"与"法"紧密结合的体系，当今中国正义体系中"政"与"法"仍然同样并存、互补、互动和相互作用。① 本章第二部分通过对政法的概念史研究，试图梳理出从"政刑"范畴到"政法"范畴的知识和社会变迁过程，从而证明政法不仅是现代中国法治体系的标识性范畴，更是中华法律文明传统的标识性范畴。对中国政法前世今生的历史考察，为后文的本体论诠释提供了认识论和方法论基础。

第二个问题是：政法只是治理体制范畴，还是更为重要的政道治道范畴？有学者曾提出政道和治道之分："政道是相应政权而言，治道是相应治权而言。"② 当今政治学界提出的良政和善治概念③，正好同政道和治道范畴相对应：良政属于政道范畴，即政权运行的理想模式。善治属于治道范畴，即治权运行的理想状态。政法范畴是中国政治家、思想家在思索政道治道的过程中提出的，包含着一整套有关如何运用法治实现良政善治的治理哲学。为了清晰阐释这套治理哲学，本章将政法范畴分解为作为良政范畴的政法和作为善治范畴的政法。作为良政范畴的政法，代表了一种从国家治理大视野考量和设计法治图景的认知范式，包含着强烈的整体主义、实质主义法治观。作为善治范畴的政法，代表了一种把法治和其他治道有序组合的治理模式，蕴含着各种治道分工协作的协同主义治理观。本章第三、四部分将分别阐释作为良政范畴的政法和作为善治范畴的政法。

---

① 参见黄宗智：《中国正义体系中的"政"与"法"》，载《开放时代》2016年第6期，第141页。
② 牟宗三：《政道与治道》，吉林出版集团有限责任公司2010年版，第3页。
③ 参见靳永翥：《从"良政"走向"善治"——一种社会理论的检视》，载《西南民族大学学报》2010年第2期，第234页。

如何理解政法：范畴、传统和原理

一、政法的概念史考察

概念史论者认为，"概念，像个人一样，有着自己的历史，并且镌刻着无法磨灭的岁月风霜"①。在漫长的演变进程中，政法范畴经历了经济社会环境和政治意识形态的历史巨变，打下了各个时代的深刻烙印，经受了多种知识传统的思想洗礼。从知识谱系上说，当今的政法范畴是对古典礼法哲学、近现代世界法治思潮、马克思主义法治理论等多元知识传统的融合性吸纳、融通性发展。

（一）古代"政刑"范畴

政法研究者在考察政法范畴之历史渊源时，习惯到古代文献中检索对应的"政法"语词。② 然而，古代文献中与现代"政法"相对应的语词并非"政法"，而是"政刑"或"刑政"。古代"政刑"范畴，是儒家关于治道的政治分类学的产物。在儒家的治道分类中，无论是孔子版的"德礼政刑"，还是戴圣版的"礼乐政刑"，政和刑都是不可或缺的两大治道。其中，"政"代表政令，"刑"代表律法。儒家、法家、墨家等各家，通常都认为政、刑有相互关联、互为一体的关系，因而通常政、刑并提，形成了"政刑""刑政"范畴。古代文献中的"政刑"（"刑政"），既指运用政令、律法等强制手段治国的方式，也指治安、狱讼等动用武力治理的领域，类

---

① ［英］伊安·汉普歇尔-蒙克主编：《比较视野中的概念史》，周保巍译，华东师范大学出版社 2010 年版，第 8 页。
② 参见徐亚文、邓达奇：《"政法"：中国现代法律传统的隐性维度》，载《河北大学学报》2011 年第 5 期；钟金燕：《政法委制度研究》，中央编译出版社 2016 年版，第 16－17 页。

似于现代意义上的政法领域。古代政治家、思想家把"政刑"("刑政")作为治国之要务,主张通过修明政刑而维护安定。孟子提出:"国家闲暇,及是时,明其政刑,虽大国必畏之矣。"① 墨子把刑政之治作为治国的基本目标:"今者王公大人为政于国家者,皆欲国家之富,人民之众,刑政之治。"②

古代的"政刑"("刑政")范畴和观念,深受儒家所阐述的古典礼法哲学的影响。举其要者,至少有以下三个方面:一是多元治道有序组合的思想。古典礼法哲学将各种治道视作是一个各有分工、相辅相成的有机整体。戴圣云:"礼以道其志,乐以和其声,政以一其行,刑以防其奸。礼乐刑政,其极一也,所以同民心而出治道也。"③ 不过,礼法哲学对各种治道并不是等量齐观,而是作出了德礼为主政刑为辅的主次排列,确立了先德礼后政刑的位序安排。丘浚对德礼政刑的先后顺序作了说明:首先是"修德以为化民之本",然后是"既化以德而有不一者,须必有礼以一之",接着是"苟导之而不从、化之而不齐,非有法制、禁令又不可也",最后是"彼犹悖礼而梗化,则刑罚之加乌可少哉"④。这种对不同治道进行功能组合与位序安排的做法,构成了中国政法治理实践对待多元治道的重要传统。二是天下太平的思想。古典礼法哲学将天下太平视为政刑之治的理想状态。古人所憧憬的大同社会,是"谋闭而不兴""盗窃乱贼而不作"的理想社会。贞观之治时期"海内升平,路不拾遗,外户不闭,商旅野宿"⑤ 的太平之世,被奉为后世治安之楷模。三是情理法融合的思想。古典礼法哲学将情理视为法之本原,强调"设法止奸,本于情理"。立法要

---

① 《孟子·公孙丑上》。
② 《墨子·尚贤上》。
③ 《礼记·乐记》。
④ 《大学衍义补》卷1。
⑤ 《资治通鉴·唐纪八》。

"上稽天理，下揆人情"，法律实施要"情法两得""情法两平""情法兼到"[1]。情理法融合成为中国政法传统的重要元素和鲜明特色。

（二）近代政法范畴

近代政法（法政）范畴是在救亡图存的历史背景下出场的，融入了近代世界法治特别是西方法治的先进元素。鸦片战争以后，面对日益深重的政治危机和民族危难，许多仁人志士试图从西方文明中寻求救亡图存之道，经历了从技术、实业、制度到文化等各层面的长期探索。近代政法（法政）范畴和思潮的兴起是从制度层面向西方学习的产物。戊戌变法的主将康有为、梁启超等人，主张通过引进西方政法制度实现国家之治强。康有为提出："国会者，君与民共议一国之政法也。立行宪法，大开国会，以庶政与国民共之，行三权鼎立之制，则中国之治强计日可待也。"[2] 即使反对维新变法的张之洞，亦主张采用各国政法之长补我所短。"东西各国政法，可采者亦多，取其所长补我所短，揆时度势，诚不可缓。"[3]

自晚清到中华民国初年，政法（法政）开始作为一个学科范畴在教育界和学术界被广泛使用，政法教育、政法杂志和政法学术蔚为大观、烜赫一时。1903年清政府《奏定大学堂章程》将"政法科"列为八科之一。自清末起，政法教育发展呈突飞猛进之势，几乎占据新式高等教育的半壁江山，以至于被认为是一种危险的倾向。[4] 辛亥革命前后，一大批政法杂

---

[1] 霍存福：《中国传统法文化的文化性状与文化追寻——情理法的发生、发展及其命运》，载《法制与社会发展》2001年第3期，第1-18页。

[2] 康有为：《请定立宪开国会折》，见《康有为政论集》，中华书局1981年版，第338-339页。

[3] 张之洞：《遵旨核议新编民事刑事诉讼法折》，见《张之洞全集》第3册，河北人民出版社1998年版，第1773页。

[4] 参见方流芳：《中国法学教育观察》，载《比较法研究》1996年第2期，第119-123页。

志如雨后春笋般诞生,向国内系统介绍和传播西方政法思想和法律制度,兴起了一股政法学术思潮。① 政法(法政)之学被视为"救国之学"。留日学生徐公勉认为:"救中国今日之危亡者,法政学科也。"②

近代政法(法政)范畴和思潮,把近代西方法治的合理元素引入中国,推动了中国政法体制的现代化转型。西方国家作为近代化的先行者,在迈向工业文明、市场经济、民主政治的进程中,提出了立宪、共和、民主、法治、自由、平等、人权等进步思想,探索出了一系列专业化、精细化的治理原理和技术,将传统社会混同的权力和法域予以清晰地分离与区隔。举其要者,至少包括"七个分离"。一是立法权与行政权的分离。立法权由民意代表机关或代议制机关行使,行政权由行政机关行使。二是司法权与行政权的分离。司法机关同行政机关相分离,依法独立公正行使司法职权,不受行政机关的非法干预。三是检察权与审判权的分离。为保证审判的中立和公正,控诉和审判职能分别由不同诉讼主体来承担。在刑事公诉案件中,检察机关行使起诉权,法院行使审判权。四是警察权与军事权的分离。③ 在传统治理体制下,治安和国防职能界限不清,警察权往往由军队和行政部门行使。④ 在现代治理体制下,治安和国防职能分开,警察成为行使治安执法权的专业化力量。五是司法行政权与司法权的分离。⑤ 司法行政事务从司法机构中独立出来,由司法行政机关统一管理。六是民法与刑法的分离。古代法通常民刑不分、以刑为主。在现代法治体

---

① 参见程燎原:《中国近代法政杂志的兴盛与宏旨》,载《政法论坛》2006年第4期;王灏:《辛亥革命时期法政杂志与西法东渐》,载《北方法学》2011年第5期。
② 徐公勉:《法政学交通社杂志发刊词》,载《法政学交通社杂志》1907年第1期。
③ 参见马岭:《军事权与警察权之区别》,载《云南大学学报(法学版)》2011年第5期,第2-8页。
④ 参见罗锋、李健和主编:《中国警学理论》,中国人民公安大学出版社、群众出版社2017年版,第50页。
⑤ 参见李邦军:《论司法审判与司法行政之分离》,载《西南民族大学学报·人文社科版》2004年第9期,第135-137页。

系下，民事与刑事案件涉及性质不同的法律关系，分别由不同的法律部门、诉讼程序予以调整，以防止用刑事手段介入民事案件、把民事责任转化为刑事责任。七是程序法与实体法的分离。古代法是程序规范和实体规范合为一体。现代法律体系下，各个部门法领域的程序规范和实体规范分开，由立法机关分别制定法典或法律。自晚清时起，这套治理原理和技术被逐步引进到中国，成为推动中国政治体系和法治体系现代化转型的重要智识资源。

（三）现代政法范畴

现代政法范畴和理论是中国共产党领导人民创建新政权、新法制的过程中逐步创立的，是中国共产党的归口管理体制和政治分类学的产物。在领导革命和执掌政权的长期实践中，中国共产党把党和国家工作分为军事、组织、宣传、财经、外事、统战、政法、群团等系统或"口"，分别设置相应的党的职能部门，实行归口领导和管理。其中，审判、检察、公安、国家安全、司法行政等工作属于政法口，由党委政法委进行归口管理。这一政法范畴和理论，建立在马克思主义法治理论的基础上，强调政法机关是履行专政职能的国家机构。尽管像政法研究者所强调的那样，新中国的审判、检察等制度曾深受苏联影响，但经过长期的转化改造、融合发展，中国现代政法的知识形态和实践样态逐步确立。

早在新民主主义革命时期，中国共产党就在革命根据地和解放区开创了以党的领导、群众路线为基本特征的新政法传统。[①] 不过，政法范畴是在新中国成立后才正式确立和使用的。从新中国初期设置的中央人民政府

---

① 参见刘全娥：《陕甘宁边区司法改革与政法传统的形成》，人民出版社 2016 年版，第 34－41 页。

政务院政治法律委员会开始，政法范畴进入到组织化、建制化、体系化的阶段，逐步具象化为一个有独特组织体系、规则体系、话语体系的权力场域。七十多年来，由于对政法工作角色定位的认识不断变化，政法范畴的内涵和外延处于变动不居的状态。直到党的十八大以后，在习近平法治思想的指引下，政法范畴的内涵和外延才逐步走向明晰化、成熟化、定型化。

从外延（体制）上看，现代政法范畴可作狭义和广义两种界定。狭义的政法范畴，是指中国共产党领导政法系统建设平安中国和法治中国的治理架构，可称为小政法体制。根据《中国共产党政法工作条例》（以下简称《政法工作条例》）规定，政法系统主要由党委政法委、审判机关、检察机关、公安机关、国家安全机关、司法行政机关构成。这些机关因性质地位的相近性、职权职责的关联性、社会声誉的连带性而被界定为一个相对独立的权力系统，即政法系统。[1] 广义的政法范畴，是指中国共产党领导政法系统和其他系统共同建设平安中国和法治中国的治理架构，可称为大政法体制。无论是平安中国建设还是法治中国建设，都不能仅靠政法系统单打独斗，需要政法系统和其他系统齐抓共管，因而各级党委都建立了以政法系统为主要依托的统筹协调机制。2018年党和国家机构改革以后，各级党委均设立了平安建设、法治建设决策议事协调机构，办公室分别设在党委政法委、司法行政机关，办公室主任一般由党委政法委书记兼任。正是以这两个统筹协调机制为基础，当代中国形成了更为组织化、制度化的大政法体制。

二、作为良政范畴的政法

作为良政范畴的政法的核心要义，在于从经世济民、治国安邦的角度

---

[1] 参见黄文艺：《中国政法体制的规范性原理》，载《法学研究》2020年第4期，第3—22页。

考察和定位法治，把法治视为良政不可或缺的重要元素，从良政图景出发预设法治运行的政治理想和价值目标。受这种思维方式和话语体系的影响，从毛泽东思想、中国特色社会主义法治理论到习近平法治思想，当代中国法治理论致力于提出一套党领导人民运用法律（法治）执政治国的良政理论。在价值论上，当代中国法治理论坚持实体价值和形式价值相统一，不仅从普遍性、明晰性、确定性、可预测性等形式价值证成和设计法治，而且从经济发展、政治稳定、文化昌盛、社会公正、人民幸福、生态良好等实体价值证成和设计法治。因而，这一法治理论不属于形式法治理论，而属于实质法治理论，且因其内置的实体价值的多样化、稠密化，构成了独具中国特色的实质法治理论。在方法论上，当代中国法治理论从整体主义而非个体主义的立场出发，"坚持立足全局观法治、着眼整体谋法治、胸怀天下论法治"[1]，提出了一系列运用法治治国安邦的良政图景。习近平在《关于〈中共中央关于全面推进依法治国若干重大问题的决定〉的说明》中指出，该决定"围绕中国特色社会主义事业总体布局，体现推进各领域改革发展对提高法治水平的要求，而不是就法治论法治"[2]。中国版实质法治理论同自由主义版实质法治理论的重要分野就体现在方法论上。例如，同样是对尊重和保护个人权利的法治价值的论证，自由主义法治理论通常诉诸自然状态、社会契约等个体主义进路，而中国法治理论则诉诸以人民为中心的整体主义进路。

（一）法安天下

自古以来，中国政法传统的一个显著特征，就是从国家治乱的角度来

---

[1] 王晨：《坚持以习近平法治思想为指导 谱写新时代全面依法治国新篇章》，载《求是》2021年第3期。

[2] 习近平：《关于〈中共中央关于全面推进依法治国若干重大问题的决定〉的说明》，见习近平：《论坚持全面依法治国》，中央文献出版社2020年版，第89页。

认知法（法治）的地位和作用，把法（法治）理解为国家长治久安之道。古代政治家、思想家就是从这一角度诠释法（刑）的产生和功能，认为法源于乱政、法决定治乱。"夏有乱政，而作《禹刑》。商有乱政，而作《汤刑》。周有乱政，而作《九刑》。"① "夫国无常治，又无常乱。法令行则国治，法令弛则国乱。"② 近代以来，中国仁人志士对法治问题的思考，仍然抱持对国家治乱兴衰问题的深切考量。孙中山认为："夫国家治乱一系于法。"③ 中国共产党则是从跳出兴亡历史周期率、保证党和国家长治久安的战略考量出发来阐释法治要旨、谋划法治大计、实施法治方略的。习近平总结中外治国经验教训后提出："法治兴则国家兴，法治衰则国家乱。什么时候重视法治、法治昌明，什么时候就国泰民安；什么时候忽视法治、法治松弛，什么时候就国乱民怨。"④

如果说"天下太平"是古代政刑传统的政治理想，那么"平安中国"则是现代政法实践的崇高目标。党的十八大以来，习近平明确提出了平安中国、法治中国的良政图景，并将政法系统的主要使命定位为建设平安中国、法治中国。⑤ 平安中国概念具有深厚的民族文化基因和大众心理基础，是对传统的"天下太平"理想的现代表达，是对中华民族亘古不变的国泰民安追求的理论表达。"平安是老百姓解决温饱后的第一需求，是极重要的民生，也是最基本的发展环境。"⑥ 将"平安中国"

---

① 《左传·昭公六年》。
② 《潜夫论·述赦》。
③ 孙中山：《通告护法各省军政首领支持军政府电》，见《孙中山全集》第4卷，中华书局1985年版，第349页。
④ 习近平：《在中共十八届四中全会第二次全体会议上的讲话》，见中共中央文献研究室编：《习近平关于全面依法治国论述摘编》，中央文献出版社2015年版，第5页。
⑤ 参见习近平：《顺应人民对公共安全司法公正权益保障的新期待，全力推进平安中国法治中国过硬队伍建设》，载《人民日报》2013年1月8日。
⑥ 习近平：《在中央政法工作会议上的讲话》，见中共中央文献研究室编：《习近平关于社会主义社会建设论述摘编》，中央文献出版社2017年版，第148页。

和"法治中国"并置,反映了二者之间的内在关联,也体现了"法安天下"的政治抱负。

法安天下是以法治保障国泰民安。从内涵上看,平安中国不是传统治安意义上的"小平安",而是总体国家安全观意义上的"大平安"[1]。"我们提出的'平安',不是仅指社会治安或安全生产的狭义的'平安',而是涵盖了经济、政治、文化和社会各方面宽领域、大范围、多层面的广义'平安'。"[2] 新时代"大平安"就是总体国家安全观所描述的集政治安全、国土安全、军事安全、经济安全、文化安全、社会安全、科技安全、信息安全、生态安全、资源安全、生物安全等于一体的国家安全体系。因此,党的十八大以来,适应依法保障"大平安"的需要,国家立法机关加强了国家安全立法,加快构建国家安全法治体系,取得了显著成效。[3]

法安天下是以法治保障长治久安。从时间上看,平安中国之"平安"不是一时平安,而是长治久安。经过长期的探索,政法系统逐渐认识到,在中国这样的发展中大国,实现政治清明、社会公平、民心稳定、长治久安,最根本的是靠法治。[4] 相对于其他治理方式,法治在保障长治久安上拥有诸多优势:(1)以普遍适用的法律规则而不是个人意志作为判断是非曲直的标准,能够最大限度地稳定社会预期,使法治成为社会安定有序的压舱石。(2)用法律上的事实分清是非,用权利义务思维判断对错,处理结果经得起法律和历史的检验,没有副作用和不留后遗症。(3)对进入法定渠道的矛盾问题,严格依据法律公开公正处理,有利于引导群众信服法

---

[1] 张文显:《建设更高水平的平安中国》,载《法制与社会发展》2020年第6期,第2页。
[2] 习近平:《平安和谐是落实科学发展观题中之义》,《之江新语》,浙江人民出版社2007年版,第119页。
[3] 参见杨宗科、张永林:《中国特色国家安全法治道路七十年探索:历程与经验》,载《法律科学》2019年第3期,第20页。
[4] 参见孟建柱:《努力建设一支忠诚可靠、执法为民、务实进取、公正廉洁的高素质检察队伍》,载《法制日报》2013年5月3日。

律权威，形成办事依法、遇事找法、解决问题用法的良好环境。[①] 因此，越是复杂疑难问题，越要用法治思维和法治方式去探寻解决之道，不能以牺牲法律的权威性为代价求得问题的一时解决。

法安天下是以法治保障社会和谐。平安中国不只是秩序井然，还应当社会和谐。和谐不仅意味着社会秩序的稳定性、连续性、可预测性，更强调人际关系的融洽性、友善性、团结性。在政法实践中，对和谐目标的追求，已转化为一系列可操作的原则或标准。在纠纷解决上，尊重"和为贵"的文化传统，引导当事人选择协商、调解、仲裁等非对抗性机制，最大限度增加和谐因素。在行政执法上，"准确把握社会心态和群众情绪，充分考虑执法对象的切身感受，规范执法言行，推行人性化执法、柔性执法、阳光执法"[②]，最大限度减少或消解执法所可能引发的抵触或冲突。在民事司法上，坚持法理情相结合，做好释法说理工作，做到胜败皆明、案结事了。在刑事司法上，不仅考虑到罪刑法定、罚当其罪，还要考虑罪犯的教育改造和回归社会，推动其认罪服法、悔过自新，达到减少社会对抗、修复社会关系的目的。

（二）奉法强国

从国家强弱的角度来思考法（法治）的功能作用，把法（法治）视为实现国家强盛的重要力量，是中国政法传统的另一重要特征。以法家为代表的先贤们强调法对国家强盛的重要影响，提出了奉法强国、变法图强的主张。韩非子提出，"国无常强，无常弱。奉法者强则国强，奉法者弱则

[①] 参见汪永清：《善于运用法治思维和法治方式开展政法工作——深入学习习近平同志关于法治思维和法治方式的重要论述》，载《人民日报》2014年7月28日。

[②] 习近平：《严格执法，公正司法》，见习近平：《论坚持全面依法治国》，中央文献出版社2020年版，第52页。

国弱"①。自古以来，中国改革家就把"变法"与"图强"二者连在一起②，形成了历久弥新的"变法图强"传统。从商鞅变法、王安石变法到张居正变法，虽然实际成效有所不同，但均以追求富国强兵为目标。到了近现代，中国的仁人志士把变法维新视为救亡图存的重要出路。梁启超提出："法治主义，为今日救时惟一之主义。"③孙中山认为："国家宪法良，则国强；宪法不良，则国弱。强弱之点，尽在宪法。"④

中国共产党在领导人民建设中国特色社会主义现代化国家的实践中，把奉法强国、变法图强的宏伟理想转化为生动实践，拓展深化了法治与国家强盛关系的理论认识和实践探索。

一是以法治推进国家治理现代化。习近平深刻论述了法治和国家治理、法治体系和国家治理体系、法治现代化和国家治理现代化的密切关系，明确提出在法治轨道上推进国家治理现代化。改革开放以来，坚持以宪法法律确认和巩固国家根本制度、基本制度、重要制度，把法治思维和法治方式贯穿到改革发展稳定、治党治国治军、内政外交国防各方面，有力促进了国家治理全领域、全过程、全链条法治化，有力推进了国家治理体系和治理能力现代化。

二是以法治保障改革。在当代中国，改革开放是强国之路，改革开放进程是变法图强的伟大实践。改革开放以来，如何正确处理改革和法治的关系，一直是中国政法话语的重要主题。主要经验包括，改革决策和立法决策相衔接，"在研究改革方案和改革措施时，要同步考虑改革涉及的立法问题，及时提出立法需求和立法建议"；以立法破除改革障碍，"对不适

---

① 《韩非子·有度》。
② 参见夏勇：《飘忽的法治——清末民初中国的变法思想与法治》，载《比较法研究》2005年第2期，第1页。
③ 梁启超：《中国法理学发达史论》，见《饮冰室文集》，北京日报出版社2020年版，第167页。
④ 《孙中山全集》第4卷，中华书局1984年版，第331页。

应改革要求的现行法律法规，要及时修改或废止，不能让一些过时的法律条款成为改革的'绊马索'"；以立法授权开展改革试点，"对实践条件还不成熟、需要先行先试的，要按照法定程序作出授权，既不允许随意突破法律红线，也不允许简单以现行法律没有依据为由迟滞改革"[①]。

三是以法治促进经济增长。制度经济学、发展经济学等学科，以理论的方式揭示或证明了法治（法制）与经济发展之间的内在关联。[②] 中国政法机关很早就认识到政法工作对经济的重要影响，把服务经济发展作为主要任务。董必武指出，政法工作"做得好，就可以对经济建设事业发生巨大的推进和保护作用，使解放了的社会生产力进一步迅速发展"[③]。乔石认为，"不能说政法部门只是消费部门，不创造价值。没有政法工作的保障，经济建设就无法顺利进行，经济部门创造的价值中也包括政法部门的劳动"[④]。近年来，随着大量经济纠纷进入诉讼渠道，政法机关对经济活动的介入度越来越深入，在多种意义上行使经济规制权[⑤]，甚至出现"司法监管化"[⑥]趋势。对此，中央政法委提出，执法司法要树立谦抑、审慎、善意理念，尽可能减少对企业生产经营活动的负面影响，防止办理一个案件就搞垮一个企业。[⑦] 最高人民法院在民商事案件审理上，提出保护

[①] 习近平：《在法治下推进改革，在改革中完善法治》，见习近平：《论坚持全面依法治国》，中央文献出版社2020年版，第37-38页。
[②] 参见［英］阿瑟·刘易斯：《经济增长理论》，梁小民译，上海三联书店、上海人民出版社1994年版，第71页。
[③] 董必武：《进一步加强经济建设时期的政法工作》，见《董必武法学文集》，法律出版社2001年版，第171页。
[④] 乔石：《加强和改善党对政法工作的领导》，见《乔石谈民主与法制》上，人民出版社、中国长安出版社2012年版，第178页。
[⑤] 参见侯猛：《最高人民法院的功能定位——以其规制经济的司法过程切入》，见《清华法学》第7辑，清华大学出版社2006年版。
[⑥] 雷继平：《司法监管化对资管市场发展的影响》，见洪艳蓉编：《金融法苑》2018年总第97辑，中国金融出版社2018年版。
[⑦] 参见孟建柱：《提高工作预见性 营造安全稳定的社会环境——学习贯彻习近平总书记关于政法工作的重要指示》，载《社会治理》2017年第2期，第16页。

投资和交易安全、降低实体经济融资成本、推动企业优胜劣汰、促进市场资源高效配置等司法政策,为经济高质量发展提供高水平司法服务和保障。①

(三) 法顺民心

中国政法传统一以贯之的特征是,从民心向背出发来认知法的价值立场,形成了从古典"民惟邦本"到当代"以人民为中心"的法民关系思想。法民关系是古典民本话语的重要主题。② 持有民本立场的古代政治家、思想家,强调法之成败在于合民情、顺民心、护民利。管仲说:"人主之所以令则行禁则止者,必令于民之所好而禁于民之所恶也。"③ 张居正说:"法无古今,惟其时之所宜与民之所安耳。"④

中国共产党从历史唯物主义的人民史观出发,传承民本思想精华,吸纳现代民主等思想元素,先后提出了群众路线、以人民为中心等一系列思想。从新民主主义革命时期开始,党就从群众观点来理解和重构法民关系,构建了以群众路线为基础的新型政法工作传统。专群结合被确立为政法工作的基本方针。进入中国特色社会主义新时代,中国共产党明确提出了以人民为中心的思想,并将这一思想运用于政法领域,更全面、更清晰、更深入地阐述了法民关系。"全面依法治国最广泛、最深厚的基础是人民,必须坚持为了人民、依靠人民。要把体现人民利益、反映人民愿

---

① 参见《充分发挥民商事审判职能作用 为经济高质量发展提供高水平司法服务和保障》,载《人民法院报》2019 年 7 月 4 日。
② 关于法民关系的讨论,参见凌斌:《当代中国法治实践中的法民关系》,载《中国社会科学》2013 年第 1 期,第 151 - 152 页。
③ 《管子·形势解》。
④ 《张太岳先生文集》卷 16。

望、维护人民权益、增进人民福祉落实到全面依法治国各领域全过程。"① 在政法话语和实践中,以人民为中心的法民关系在民主、民权、民生、民意四重逻辑下展开。

民主逻辑下的法民关系体现为,人民是法治的最重要主体。在法律职业主义看来,法律行业是法律职业垄断的领域,法律职业阶层是普通民众法律事务的代理人。② 中国政法实践则强调人民是依法治国的主体和力量源泉,坚持把人民主体原则贯彻到立法、执法、司法、守法、法治监督全过程,探索一种全过程人民民主的法治运行模式。例如,在立法领域,完善基层立法联系点、立法协商、立法咨询论证、征求公众意见、意见采纳反馈等民主立法机制,确保立法反映人民意志、得到人民拥护。在司法领域,完善人民陪审员、人民监督员、人民调解员制度,深入推进司法公开,保障人民群众参与司法、监督司法。

民权逻辑下的法民关系表现为,保障民权是法治的最根本目标。"推进全面依法治国,根本目的是依法保障人民权益。"③ 按照由低到高的顺序,政法机关依法保障人民权利的标准可区分为底线、中线、高线三类。其中,底线标准是执法司法过程不侵犯人民权利,坚决防范冤错案件发生。"执法司法中万分之一的失误,对当事人就是百分之百的伤害。"④ 中线标准是为受到侵害的权利及时提供法律救济。"所谓公正司法,就是受

---

① 习近平:《以科学理论指导全面依法治国工作》,见习近平:《论坚持全面依法治国》,中央文献出版社 2020 年版,第 2 页。
② See Colin Croft, "Reconceptualizing American Legal Professionalism: A Proposal for Deliberative Moral Community", 67 *New York University Law Review* (1992).
③ 习近平:《以科学理论指导全面依法治国各项工作》,见习近平:《论坚持全面依法治国》,中央文献出版社 2020 年版,第 2 页。
④ 习近平:《在中央政法工作会议上的讲话》,见中共中央文献研究室编:《习近平关于全面依法治国论述摘编》,中央文献出版社 2015 年版,第 96 页。

到侵害的权利一定会得到保护和救济，违法犯罪活动一定要受到制裁和惩罚。"①高线标准是防止人民权利受到不法侵害。这要求，加强社会治安综合治理，最大限度防范违法犯罪的发生，有效保障人民生命财产安全。

民生逻辑下的法民关系体现为，人民是法治的最大受益者。从拉美等地区情况看，法治现代化带来了法律职业崛起、法律产业繁荣，但未必给民众带来福祉。法律复杂、程序烦琐、费用高昂、案件迟延，有可能让民众对法治敬而远之甚至感到失望。②中国共产党把增进人民福祉作为法治建设的出发点，着力于运用法治方式解决人民群众反映突出的民生问题，让法治释放出利民、惠民、安民的福音。这种政策导向的清晰表达就是，"要积极回应人民群众新要求新期待，系统研究谋划和解决法治领域人民群众反映强烈的突出问题，不断增强人民群众获得感、幸福感、安全感，用法治保障人民安居乐业"③。有学者认识到中国法治回应民生诉求、解决民生难题的鲜明特征，用"民生法治"概念界定这种法治实践形态。④

民意逻辑下的法民关系体现为，人民是法治的最终评判者。传统自由主义法治理论试图把司法领域界定为不受民意干扰的自治空间。然而，即使是过往强调司法与社会隔离的西方国家，也开始把重建司法的国民基础、改善司法部门的社会形象、提升公众对司法的信心和信任作为司法改革目标。⑤中国政法实践一直把人民满不满意作为根本评价标准，不断探索将民意导入法治运行各环节的理性化、制度化机制，努力在坚守法治的

---

① 习近平：《全面推进科学立法、严格执法、公正司法、全民守法》，见习近平：《论坚持全面依法治国》，中央文献出版社2020年版，第22页。
② 参见杨建民：《拉美国家的法治与政治——司法改革的视角》，社会科学文献出版社2015年版，第251－263页。
③ 习近平：《以科学理论指导全面依法治国各项工作》，见习近平：《论坚持全面依法治国》，中央文献出版社2020年版，第2页。
④ 参见付子堂、常安：《民生法治论》，载《中国法学》2009年第6期，第26页。
⑤ 参见《欧洲司法改革与发展报告（2011—2012年）》，蒋惠岭编译，载《人民法院报》2012年10月12日；《美国联邦司法改革纲要（上）》，何帆译，载《人民法院报》2016年9月23、30日。

前提下尊重和吸纳民意。在法治决策环节，通过网上公开征求意见、召开听证会论证会座谈会、到基层调研问策等机制，广泛听取和吸纳人民群众意见，作出顺民意、合民心的决策。在执法司法环节，通过执法司法公开、社会监督、舆论监督等机制，畅通社会各界的意见反馈渠道，及时防范或纠正错误、偏差和瑕疵。在法治绩效评价环节，通过人民代表大会及其常委会听取"两院"工作报告、第三方法治评估等机制，推动法治工作成效由民意代表机关、社会公众来评判。

（四）法乃公器

从公私关系出发来认知法的基本属性，把法理解为是天下之公器，是中国政法传统的精华之所在。古代开明的统治者往往将法视为天下人之法，而非一人之法。汉代廷尉张释之称："法者，天子所与天下公共也。"[1] 唐太宗李世民云："法者非朕一人之法，乃天下之法。"[2] 古代将官府审判的场所称为"公堂"，将官府处理的案牍称为"公案"，将官府办案的吏役称为"公差"，均突显了法之公器的符号意义。

中国共产党秉行立党为公、执政为民的执政理念，代表最广大人民根本利益，"没有任何自己特殊的利益，从来不代表任何利益集团、任何权势团体、任何特权阶层的利益"[3]。党的政法话语将维护社会公平正义视为法治的生命线，深化了对法之公器属性和内涵的认识。"必须牢牢把握社会公平正义这一法治价值追求，努力让人民群众在每一项法律制度、每一个执法决定、每一宗司法案件中都感受到公平正义。"[4]

---

[1]《史记·张释之冯唐列传》。
[2]《贞观政要·公平》。
[3] 习近平：《在庆祝中国共产党成立100周年大会上的讲话》，载《人民日报》2021年7月2日。
[4] 习近平：《在中央全面依法治国委员会第一次会议上的讲话》，见习近平：《论坚持全面依法治国》，中央文献出版社2020年版，第229页。

中国政法实践在吸纳域外公正标准的基础上，致力于确立一种更高水平的复合型公平正义模式。正如后文所述，这种新的公平正义可概括为够得着、看得见、听得懂、来得快、能兑现的公平正义。

三、作为善治范畴的政法

作为善治范畴的政法的核心要义，在于从整体主义进路考量法治的治理功效，注重法治和其他治道相辅相成的关系，推动法治和其他治道相融相合、互济互补，构建起立治有体、施治有序、行治有效的善治体系。从"社会治安综合治理"到政治、自治、法治、德治、智治"五治"融合，中国政法实践一直在探索各种治道多管齐下、有序组合、综合治理的善治模式。在1980年代初，为解决当时较为突出的社会治安问题，中央政法委明确提出了"社会治安综合治理"的概念。这既包括政治、经济、行政、法律、文化、教育等手段多管齐下，也包括打击、防范、教育、管理、建设、改造等环节共同发力，进而形成环环相扣的治理体系。[①] 党的十八大以来，综合治理概念从社会治安领域进一步扩展适用于社会治理和国家治理领域。2019年以来，中央政法委把社会治理方式概括为政治、自治、法治、德治、智治等五种治道，并提出了"五治融合"的综合治理思想。[②] 由于"五治融合"的内涵丰富，篇幅所限，这里只讨论自治和政治、法治和德治、法治和智治等三组治道的融合问题。其中，鉴于政治是

[①] 参见《中共中央国务院关于加强社会治安综合治理的决定》，见《十三大以来重要文献选编》（下），人民出版社1993年版。

[②] 参见郭声琨：《深入学习贯彻党的十九届四中全会精神 推进市域社会治理现代化 建设更高水平平安中国》，载《人民法院报》2019年12月4日；陈一新：《"五治"是推进国家治理现代化的基本方式》，载《求是》2020年第3期。

一个内涵相当宽泛的概念，本章只选择其中与自治相对应的要素"规制"进行讨论，即把"自治和政治融合"转化为"自治和规制融合"。

（一）自治和规制融合

发挥社会和政府两种力量、融合自治和规制两种方式，可以说是各国实施治理的一条共同经验。中国社会治理已经经历了从政府大包大揽到政府向社会还权、同社会共治的历史性转变，正在探索一种自治和规制有序组合的治理机制。其中，自治是社会力量的自我管理、自我约束、自我服务，包括邻里互助、慈善救助、社区自治、行业自律等形式。规制是国家力量对社会生活的干预、管理、服务，包括惩治犯罪、权利救济、定分止争、公共服务等形式。

从治理力量看，自治与规制融合的目标是，理顺社会和政府两类主体的位序安排，构建分工负责、彼此衔接的共治体系。这就是，坚持把社会自治挺在政府规制前面，尽可能让社会问题由社会解决，政府只介入社会解决不了、解决不好的事项。社会自治是社会主体自主解决身边矛盾问题的过程，能够做到早发现、早防范、早解决，有利于节约政府治理成本、减轻政法机关的维稳压力。近年来，政法机关更加强调，"充分发扬社会主义民主，调动城乡群众、企事业单位、社会组织自主自治的积极性，实现民事民议、民事民办、民事民管"[1]。这包括，更加注重企事业单位的自我管理作用，引导其完善内部治理结构、民主管理制度、纠纷解决机制，防止单位内部问题外溢为社会不稳定因素。更加注重发挥行业协会的自律作用，保障行业协会行使制订行业规章、约束成员行为、维护成员权

---

[1] 陈一新：《新时代市域社会治理理念体系能力现代化》，载《社会治理》2018年第8期，第5页。

益、处理行业纠纷等权力，让行业问题尽可能在行业内部得到有效解决。更加注重发挥微信群等新媒体的自组织作用，加快推动将众创、众包、众扶、众筹等新机制引入社会治理领域，实现以众智解众忧、以众力破众困。

从治理规则看，自治与规制融合的目标是，理顺不同类型规则之间的位序安排，构建彼此呼应、相互协调的社会治理规则体系。传统社会治理的规则结构安排是先礼后刑、礼刑合治，即所谓"礼之所去，刑之所取，失礼则入刑，相为表里者也"[①]。现代社会治理的规则结构安排应当是先软法后硬法、软法硬法合治。首先，应把居民公约、村规民约、行业规章、社会组织章程等软法建设摆到首要位置，推动社会成员依据软法自我约束、自我管理、自我规范，尽可能减少硬法对社会生活的不必要干预。只有当软法无法解决问题时，硬法才应出场。其次，应把民法、社会法等柔性法律挺在前面，能通过民法、社会法就能解决的问题，尽量不使用行政法、刑法等刚性法律。只有当民法、社会法失灵失效时，行政法、刑法才应出手。行政法是政府运用公权力管理社会之法，应遵循公权力谦抑审慎、不得已才干预的法理。刑法是惩罚性最强、威慑力最大的治理手段，也是伤害性最强、错误成本最高的治理手段，应成为社会治理的最后法律手段。

在解纷机制上，自治与规制融合的目标是，优化各类解纷机制的位序安排，加快构建多元衔接、各尽其能的解纷体系，推动各类纠纷分类、分道、分流化解。按照解纷主体和手段的不同，解纷机制可分为民间性和官方性两类，后者可进一步分为行政性和诉讼性解纷机制两种。随着诉讼案件快速增长和"案多人少"问题突显，中国纠纷解决理念发生了历史性变

---

① 《后汉书·陈宠传》。

化，即从以诉讼为中心到以非诉为中心的转变。近年来，中央政法委、最高人民法院提出把非诉解纷机制挺在前面，引导更多纠纷通过非诉方式解决。按照这一理念，应依照从民间到行政再到诉讼的位序逻辑，构建起多元化解纷体系。这就是，把民间性解纷机制作为第一道防线，鼓励各行各业建立健全行业解纷机制，吸收各类专业人士进入解纷机构，完善就近及时处理工作机制，增强其专业性、权威性、高效性，充分发挥其从源头化解纠纷的作用。把行政性解纷机制作为第二道防线，健全行政复议、行政调解、行政裁决等制度，探索建立"一站式"解纷机制，充分发挥行政机关化解纠纷的"分流阀"作用。① 把诉讼作为最后一道防线，提高司法的专业性、公正性、权威性、高效性，确保每一个案件案结事了。

（二）法治与德治相融合

中国政治家、思想家不仅将法律与道德视为两类不同的社会规范，还将其理解为两种不同的治国方式，并持续讨论这两种治国方式的关系。在先秦时期，儒家主张德治，法家倡导法治，双方就二者孰优孰劣进行过激烈论战。但自汉代以后，随着儒法合流趋势突显，德治和法治更多地被当作是两种互补的治国方式，逐步形成了德法共治的治理传统。当代中国政法实践延续了古典的德法共治传统，持续探索现代的法德合治新模式，使二者相互补充、相互促进、相得益彰。

法德合治是身心并治。尽管法治和德治都涉及人的身心两方面，但二者各有侧重。法治重在治身，着重规范人的外在行为，从身出发、由外而内，通过对行为的指引规训而影响人的内心动机；德治重在治心，着重调

---

① 参见《法治社会建设实施纲要（2020—2025年）》，载《人民日报》2020年12月8日。

整人的思想信念，从心出发、由内而外，通过对心灵的感化教化而改变人的行为方式。法德合治就是双管齐下、内外并治，促进人的全面发展。近年来，随着社会节奏变快、竞争加剧、期望提高，心理健康、精神疾患、社会戾气等问题日渐突出。这类问题在社会治理上的一个反映，就是以持刀砍人、开车撞人等手段报复社会的极端暴力犯罪案件易发多发，往往造成群死群伤的严重后果。面对此类社会问题，政法机关更加注重发挥德政、德治、德育的作用，推动解决生活困难、解开思想疙瘩、解除心理疾患等问题，为社会成员提供从物质到精神全方位的关怀呵护。

法德合治是刚柔相济。"依法治国是维护社会秩序的刚性手段，以德治国是维护社会秩序的柔性手段"，必须"把法律制裁的强制力量和道德教育的感化力量紧密地结合起来，把硬性的律令与柔性的规范有机地融合在一起"[1]。法德合治就是坚持法理情并重、惩戒和教育结合，提升社会治理效能。不过，在教化和惩戒的位序上，中国历来主张先教后诛，即先对人进行教化，然后才对不听教化者予以惩戒。孔子反对不教而诛："不教而杀谓之虐，不戒视成谓之暴，慢令致期谓之贼"[2]。当今的党纪国法实施实践仍然体现了先教后诛的原则。在党内监督执纪上，中国共产党提出了"四种形态"，即经常开展批评和自我批评、约谈函询，让"红红脸、出出汗"成为常态；党纪轻处分、组织调整成为违纪处理的大多数；党纪重处分、重大职务调整的成为少数；严重违纪涉嫌违法立案审查的成为极少数。这种把批评教育排在首位、把法律制裁排到最后的位序安排，就遵循了先教后诛的原则。在国法实施上，国家持续开展普法教育，引导民众知法懂法，而后再对违法犯罪人员予以惩罚，也在一定程度上体现了先教

---

[1] 习近平：《坚持法治与德治并举》，见习近平：《之江新语》，浙江人民出版社2007年版，第206页。

[2] 《论语·尧曰》。

后诛的逻辑。

法德合治是将然与已然兼治。古典礼法哲学区分将然和已然,并把禁于将然之前摆在首位。"夫礼者禁于将然之前,而法者禁于已然之后。"① 德治之重心和优势在于"禁于将然之前",即预防矛盾纠纷和违法犯罪的发生。习近平指出:"法治建设既要抓末端、治已病,更要抓前端、治未病。我国国情决定了我们不能成为'诉讼大国'。我国有14亿人口,大大小小的事都要打官司,那必然不堪重负!"② 在此背景下,政法机关越来越注重发挥德治的作用,"积极培育和践行社会主义核心价值观,充分发挥中国优秀传统文化优势,通过身边榜样的示范、乡规民约的约束、行业章程的规范、生活礼俗的教化,引导群众明是非、辨善恶、守诚信、知荣辱"③,以达到消弭邪念恶行、预防矛盾纠纷的效果。

(三)法治和智治相融合

以互联网、大数据、人工智能为代表的新一轮科技革命,正在为社会治理开发新工具、开启新路径、开辟新前景,正在给社会治理领域带来一场全方位、深层次的颠覆性变革。学术界和实务界越来越多地用"智治"④ 概念来指称这一将现代科技运用于社会治理的新治道。近年来,政法系统致力于推动法治和智治、制度创新和科技创新有机结合,充分发挥法治力量和科技力量,努力创造一种全新的法治运行模式。⑤

---

① 《资治通鉴·汉纪六》。
② 习近平:《坚定不移走中国特色社会主义法治道路 为全面建设社会主义现代化国家提供有力法治保障》,载《求是》2021年第5期。
③ 郭声琨:《坚持和完善共建共治共享的社会治理制度》,载《人民日报》2019年11月28日。
④ 陈一新:《"五治"是推进国家治理现代化的基本方式》,载《求是》2020年第3期。陈一新:《加强和创新社会治理》,载《人民日报》2021年1月22日。
⑤ 参见汪永清:《中国特色社会主义法治道路越走越宽广》,载《求是》2017年第12期。

第一，以科技力量破解法治难题。现代科技的力量就在于不断突破人的认知和控制能力，化不知为可知、化不能为可能、化不行为可行，从而为破解法治难题提供利器。例如，如何让当事人和公众相信法官不是恣意裁判而是公正裁判，一直是司法实践的难题。在传统司法条件下，无论是英美法长期实行的判例法制度，还是中国成文法体制下实行的案例指导制度，都试图在众多判例中挑选出一个最佳范例作为"标杆"。但是，这种从成千上万类似判例中人工筛查和认定"标杆"的做法，无疑具有较强的主观性、随机性，既不具有统计学上的样本意义，更不可能做到"全样本"统计。如今，司法大数据的发展为解决这些问题提供了可能。司法大数据技术可做到一键检索海量类似案例，统计分析类似案例的平均裁判结果，抽取出共同或共有的司法理性。[1] 这种法院内外都能看到的平均裁判结果，为法官公正裁判和当事人理性预期设定了共同参照系，从而有利于法官和当事人之间形成共识，增强司法裁判的可接受性。

第二，以制度优势增进科技优势。制度是科技功能发挥的约束因素。例如，大数据的发展，不仅依靠数据技术的创新，也需要有力的制度支持。在不少实行联邦制分权制的国家，地方自治、部门独立往往成为数据汇聚共享的障碍，因而无法充分释放大数据的威力。当代中国国家制度的显著优势是，在执政党的全面领导下，国家机关之间既有分工负责又有协作配合，央地关系上既充分发挥地方主动性、积极性，又有中央统一领导。因此，尽管在中国信息化的发展过程中，也因行政区域划分、部门权力划分而形成了各种数据壁垒，但是在中央的顶层规划和有序推进下，数据集成共享的进程不断加快。正是由于有这种制度优势，中国法治领域大数据取得了突飞猛进的发展，不少领域居于世界前列。在政法大数据建设

---

[1] 参见顾培东：《我国成文法体制下不同属性判例的功能定位》，载《中国法学》2021年第4期，第5页。

上，自2017年中央政法委提出建设"政法机关跨部门大数据办案平台"[①]以来，各地政法机关加快推进办案信息系统设施联通、平台贯通、数据融通，推动业务网上办理、网上流转、网上监督，取得了重要进展。在司法大数据建设上，最高人民法院领导法院系统持续推进智慧法院建设，已建成了世界上网络覆盖最全、数据存量最大、业务支持最多、公开力度最强、智能服务最优的司法大数据系统。[②] 可以预见，当科技优势和制度优势叠加时，就会产生乘数效应，催生出引领世界法治发展时代潮流的智能法治文明。

第三，以法治力量引领智治方向。智治是给人赋能的力量，法治是引人向善的力量。只有在法治的规制和引领下，智治才能做到把科技的正面功能发挥到极致，而将科技的风险隐患化解于无形。对于科技发展和应用中的不同风险隐患，法治运用不同的方式进行规制。(1) 禁止。对于那些严重威胁人类安全、社会安全的科技活动，法律明确予以禁止。例如，针对人体胚胎的基因编辑、克隆行为，《刑法》第336条之一增设了非法植入基因编辑、克隆胚胎罪。(2) 边际限制。对于那些可能侵害个人权利和公共利益的科技活动，法律通过明确划出科技活动的法定边界，防止这些法益受到非法侵害。例如，为保护个人信息权，《民法典》明确规定了个人信息处理的基本原则、必备条件、法定义务。(3) 矫正。针对现代科技应用对某些群体所产生的歧视性、不利性影响，法律通过对受歧视或弱势群体给予特殊保护，让科技进步成为所有人的福音。例如，在推进"互联网＋政务服务"的过程中，要求构建面向老年人等特殊人群的信息服务体系，保留必要的线下办事服务渠道。

---

① 孟建柱：《全面深化司法体制改革 努力创造更高水平的社会主义司法文明》，载《求是》2017年第19期。

② 参见孙晓勇：《司法大数据在中国法院的应用与前景展望》，载《中国法学》2021年第4期，第123页。

四、结　语

在西方法治话语霸权下，如何构建中国法治话语体系并提升中国法治话语权，一直是中国法学界讨论和研究的重要课题。本章通过对政法范畴的概念史变迁及其良政善治内涵的考察，梳理出了一系列有关如何理解、运用法治的本土话语，从而在一定程度上展示了一种从中国法律传统和法治实践出发构建中国法治话语体系的可能路径。面对中国这样一个超大规模社会的治理难题，中国政法实践在打破西方政治学关于变革社会难以保持稳定的魔咒[1]、创造社会长期稳定奇迹的过程中，已形成了一整套具有自我描述、自我证成、自我规范功能的本土法治话语。不过，目前这套话语大多仍停留在行业性语汇、操作性经验、默会性知识层面，难以为政法界圈外人士特别是域外人士所理解，有待进行学理化、逻辑化、系统化加工提炼。法律学者应当认真对待这套本土话语资源，对其中具有时代性、原创性、标识性的新概念、新表述、新话语进行加工提炼，构建起具有理论说服力、国际传播力的中国法治话语体系。唯其如此，我们才有可能终结一种法治话语体系独霸天下的旧时代，迎来多元法治话语体系平等对话交流的新时代。

---

[1] 关于西方政治学的相关观点，参见阎小骏：《中国何以稳定：来自田野的观察与思考》，中国社会科学出版社2017年版，第4—5页。

第二章　古典政法传统考察

政法是中国法治话语体系中的重要概念，也是中国政治法律体制中最具标识性的制度范畴。大多数政法研究者认为，政法不是中国所固有的、内生的古典法律传统，而是近代以来受外来法律文化特别是苏俄（联）法律传统影响而产生的新法律传统。确如学者所言，古代典籍中虽然出现过"政法"之词，但其含义与现代政法概念相去甚远。[①] 无论是"政法"还是"法政"，政、法二字的经常性连用是晚清以来的新话语现象。甲午战争失败后，晚清维新派认识到引入西方枪炮、机器并不是挽救民族危亡的出路，转而提出引进西方政治法律制度进行变法图强的新方案。于是，在戊戌变法和清末修律后，"政法（法政）"作为涵盖政治与法律制度的概念被广泛运用，并一跃成为当时的流行语汇和重要思潮。

中国共产党成立以后，在领导人民创建新政权和新法制的过程中，逐步创立了新型政法体制和政法传统。董必武指出："我们党从井冈山建立革命政权的时候起，就有了自己的政法工作……形成了自己的优良传统。

[①] 参见徐亚文、邓达奇：《"政法"：中国现代法律传统的隐性维度》，载《河北大学学报（哲学社会科学版）》2011年第5期；钟金燕：《政法委制度研究》，中央编译出版社2016年版，第16-17页。

这就是服从党的领导、贯彻群众路线、结合生产劳动、为党和国家的中心工作服务。"[1] 大多数政法研究者认为,中国共产党创立的政法体制和政法传统,深受马克思主义国家和法的理论的影响,也深受苏俄(联)政治法律体制和意识形态的影响。[2] 对新中国为何选择"政法"语词而不选择"法政"语词的问题,一些学者认为,这是为了批判西方法学关于法律的超阶级、超政治的观点,强调法律从属于政治、法律服务于政治。[3]

不过,近年来越来越多的学者认识到,现代中国政法传统并不只是外来思想和制度影响的产物,也有深厚的传统文化根基,试图在古典礼法传统与现代政法传统之间架构起前后承继的渊源关系。有学者认为,中华法系一直是一个"政"与"法"紧密结合的体系,当今中国正义体系中"政"与"法"仍然并存、互补、互动和相互作用。[4] 有学者提出了"古代政法思想传统"的概念,并认为:"仔细审视中国法律百年来的发展,透过由现代政治和法律术语、概念、学说和理论层层包裹的政法制度及实践,传统思想观念的印记仍隐约可见。"[5] 有学者提出了"中国传统政法模式"的概念,并把中国传统政法模式的精神概括为八个基本共同理念。[6] 笔者也曾撰文提出,古代礼法哲学所秉持的政和刑(法)一体的思想,为现代中国"政法"概念的出场做好了文化铺垫。[7]

本章沿着这一新的认识论路线继续前进,认为政法传统实质上是中国

---

[1] 董必武:《实事求是地总结经验,把政法工作做得更好》,见《董必武法学文集》,法律出版社2001年版,第423页。

[2] 参见刘全娥:《陕甘宁边区司法改革与"政法传统"的形成》,人民出版社2016年版,第24-41页。

[3] 参见熊先觉:《谈"政法"和"法政"——从中国政法大学命名想到的》,见《熊先觉法学文集》,北京燕山出版社2004年版,第112页。

[4] 参见黄宗智:《中国正义体系中的"政"与"法"》,载《开放时代》2016年第6期,第146页。

[5] 梁治平:《"礼法"探原》,载《清华法学》2015年第1期,第88、116页。

[6] 参见范忠信:《国家理念与中国传统政法模式的精神》,载《法学评论》2011年第1期,第145-155页。

[7] 参见黄文艺:《中国政法体制的规范性原理》,载《法学研究》2020年第4期,第5-6页。

的内生性法律传统,并提出中国古典政法传统这一概念。虽然古代文献中"政法"一词和现代意义上的"政法"大相径庭,但"政"与"法(刑)"的关系一直是古代政治家、思想家深入思考的重大主题,产生了一系列独具特色的理论认识和制度安排。本章着力梳理古人对于"政""法(刑)"关系的理性认识,着力探寻古典政法实践和制度安排的基本样态,并着力展现古典政法传统的现代意义。只有认真对待和研究古典政法传统,才能更好地把握中国古代法律文明的精髓,才能更好地理解当代中国的政法实践。

一、古典政法传统中的"政""法"关系

无论古今,"政"与"法"的关系始终是政法理论和实践的基轴性问题,亦是理解中国政法传统之特质的重要参照系。在现代话语体系中,"政""法"分别是政治、法律之简称,学者们多从政治与法律关系入手解读政法之内涵。但是,在传统话语体系中,"政""法"皆属语义多元的基础性概念,因而其关系错综复杂。本部分拟从广义和狭义两个层面探讨古典政法传统中"政"与"法"的关系。

(一)广义上的"政"与"法"的关系

广义之"政"是指传统社会的国家治理。先秦时期,孔子说:"为政以德,譬如北辰,居其所而众星共之。"① 孔子对"政"的这一论述被后

---

① 《论语·为政》。

世奉为圭臬。此处"政"的含义很广，不拘泥于政治事务，而是涵盖了国家治理的方方面面。具体而言，其范围除了行政、司法、外交、军事外，还包括教育、宗教、农业、商业等事务。① 杨伯峻先生将"为政以德"译作"用道德治理"，即将此处之"政"解释为"治理"②。孟子所支持的"仁政"，荀子所称的"听政之大分，以善至者待之以礼，以不善至者待之以刑"等都在国家治理层面使用"政"的概念。

广义之"法"是指传统社会的规范体系，即"治政整民之制度"③。不少古代政治家和思想家都从这一角度来理解法的内涵。"法者，天下之程式也，万事之仪表也。"④ "天下从事者，不可以无法仪；无法仪而其事能成者，无有。虽至士之为将相者，皆有法。虽至百工从事者，亦皆有法。"⑤ 从内容上看，广义之"法"主要由礼与刑（狭义的法）所构成，形成了礼刑一体的规范体系。"礼之所去，刑之所取，失礼则入刑，相为表里者也。"⑥ 因此，广义之"政"与"法"关系，就是传统社会中国家治理与规范体系之间的关系。

1. 政必有法

无论何种国家的治理，都离不开规范体系的建设与运行。古代政治家和思想家在论述为政之道时，大都把明礼、立法、定律视为治国理政之要务。例如《论语》载："谨权量，审法度，修废官，四方之政行焉。"⑦ 朱熹指出，此处之"法度"包括了"礼乐制度"⑧ 等各项规范。与此类似，

---

① 参见梁治平：《为政：古代中国的致治理念》，生活·读书·新知三联书店2020年版，第1-2页。
② 杨伯峻：《论语译注》，中华书局1980年版，第11页。
③ 萧公权：《中国政治思想史》，辽宁教育出版社1998年版，第104页。
④ 《管子·明法解》。
⑤ 《墨子·法仪》。
⑥ 《后汉书·陈宠传》。
⑦ 《论语·尧曰》。
⑧ （宋）朱熹：《四书章句集注》，中华书局2012年版，第195页。

荀子将礼教与刑法等规范视为治理之要害，他认为："治之经，礼与刑，君子以修百姓宁。"① 王安石把立善法视为治国平天下的关键，他指出："盖君子之为政，立善法于天下，则天下治；立善法于一国，则一国治。"② 朱元璋则在《大明律》颁行之际阐明了明礼定律的重要性："朕有天下，仿古为治，明礼以导民，定律以绳顽，刊著为令，行之已久。"③ 可见，古代的有识君臣普遍认为，确立规范体系是达至善治的必由之路，完备的规范体系是天下大治的必要条件。

2. 为政以法

在以皇权为中心的传统政治体制下，人治、专制不可避免，但开明的政治家和思想家强调治国必须遵循规矩，"为国以礼""以法治国"，以维护稳定的统治秩序。只不过，在先秦时期，儒家和法家各自强调的治国规范不同，儒家更重视"礼"，而法家更重视"法"。法家把法律看作治国的唯一标准。"故明主之治也，当于法者赏之，违于法者诛之。"④ "奉法者强，则国强；奉法者弱，则国弱。"⑤ 儒家将礼看作经国序民的根本准绳。"礼，经国家，定社稷，序民人，利后嗣者也。"⑥ "礼者，政之挽也，为政不以礼，政不行矣。"⑦ "礼之所兴，众之所治也；礼之所废，众之所乱也。"⑧ 儒家虽然重视礼，但并不完全排斥法。孔子将"法"与"德"视为理政的两大方略。"闵子骞为费宰，问政于孔子。子曰：'以德以法。夫

---

① 《荀子·成相》。
② （宋）吕祖谦编：《宋文鉴》卷 96 "周公"，齐治平点校，中华书局 1992 年版，第 1353 - 1354 页。
③ 《御制大明律序》，见《大明律》，怀效锋点校，法律出版社 1999 年版，第 1 页。
④ 《管子·明法解》。
⑤ 《韩非子·有度》。
⑥ 《左传·隐公十一年》。
⑦ 《荀子·大略》。
⑧ 《礼记·仲尼燕居》。

德法者，御民之具，犹御马之有衔勒也。'"① 荀子明确提出隆礼重法的治国主张，他说："人君者，隆礼尊贤而王，重法爱民而霸。"② 自汉代以后，礼法并重、礼法合一的治理传统逐步形成。

从总体上看，传统社会的统治者注重以礼法规范体系作为治理手段，在一定程度上实现了制度化治理。其一，礼法规范体系中的组织规范确定了国家治理的组织架构。在理论层面，儒家学者编纂《周礼》，希望通过设定治典、教典、礼典、政典、刑典、事典等规范体系来架构国家治理结构。③ 其中，设六官、定畿服等组织规范是最为重要的，明确了中央政府与地方政府的关系、官僚机构组织形式等有关治理结构的核心问题。在实践层面，以秦代为例，始皇帝废除了西周分封制，制定了皇帝制度、三公九卿制度、郡县制度等规范体系，从而创设了被后世王朝因循的中央集权、皇帝专制的组织架构。其二，礼法规范体系中的行为规范确定了国家治理的运作方式。治理的运行具体体现为官僚机构与个人的行为，礼法规范体系严格约束民众、百官乃至皇帝的行为，以维持稳定的政治秩序、经济秩序和社会秩序。例如，秦代"泰山刻石"载，"皇帝临位，作制明法，臣下修饬""治道运行，诸产得宜，皆有法式"④。可见，始皇帝在立国伊始便通过"作制明法"确立了治下各项事务的具体运作方式，并要求官民严格遵守之。

3. 法依政行

所谓法依政行，是指礼法规范体系需要政治主体的确立和推行。法家特别强调君主和官吏在法的运行中的重要作用。商鞅从立禁（法）推导出立官与立君："民众而无制，久而相出为道，则有乱。故圣人承之，作为

---

① 《孔子家语·执辔》。
② 《荀子·大略》。
③ 参见《周礼·天官冢宰》。
④ 《史记·秦始皇本纪》。

土地货财男女之分。分定而无制，不可，故立禁。禁立而莫之司，不可，故立官。官设而莫之一，不可，故立君。"① 管仲提出了君、臣、民三类政治主体在法的运行中的角色分工："夫生法者君也，守法者臣也，法于法者民也。君臣上下贵贱皆从法，此谓大治。"② 秉持贤人政治理想的儒家更加强调圣君贤吏在法律运作中的决定性作用。孟子说："徒善不足以为政，徒法不能以自行。"③ 荀子不仅认为徒法不能自行，而且强调明君贤臣是法制良性运作的前提条件，他说："故法不能独立，类不能自行，得其人则存，失其人则亡。法者，治之端也；君子者，法之原也。故有君子，则法虽省，足以遍矣；无君子，则法虽具，失先后之施，不能应事之变，足以乱矣。不知法之义而正法之数者，虽博，临事必乱。"④ 在他看来，明君贤臣的缺位将导致法制转化为乱政之源。

在君主专制体制下，以君主为首的官僚队伍无疑对法的运行质量和效果产生决定性影响。一方面，君主"口含天宪"，是法律的直接创制者，"前主所是著为律，后主所是疏为令"⑤。另一方面，君主主导和指挥立法、执法、司法活动，决定王朝法制建设的大政方针和发展走向。官吏群体是古代法的具体编撰者、解释者、推行者。为保证官吏群体能对法律规范体系有所把握，吏部铨试考察候选官员的法律素养。例如，唐代铨试尤重书判，马端临称："吏部所试四者之中，则判为尤切。盖临政治民，此为第一义。必通晓事情，谙练法律，明辨是非，发摘隐伏，皆可以此觇之。"⑥ 可见，了解、遵守、推行法律规范为所有官吏的基本职守。

---

① 《商君书·开塞》。
② 《管子·任法》。
③ 《孟子·离娄上》。
④ 《荀子·君道》。
⑤ 《汉书·杜周传》。
⑥ （元）马端临撰：《文献通考》卷 37 "选举考十"，中华书局 1986 年版，第 354 页。

4. 政法同构

所谓政法同构，是指传统国家的政权体系同法律体系在结构划分上遵循相同逻辑，呈现出相同架构。有学者从官制角度来解读这种现象，把古代中央政权的六部官制和"六事法"体系相对应，称为"官法同构"[①]。政法同构现象形成于隋唐时期。随着隋唐确立起以三省六部制为基本框架的中央政权体系，其令、格、式的内部划分逐步与官僚机构的划分呈现出对应性。唐玄宗时期，《唐六典》"始以令式入六司"，直接以各官僚机构为篇目，整合了关于官僚机构职能的规范，为后世的会典奠定范本。政法同构现象成熟于明清时期。自明代起，随着律令体系向典例体系转化[②]，会典成为法律规范的主要载体，其结构直接与官制对接。明代会典"辑累朝之法令，定一代之章程"，确定篇目的原则是"以本朝官职、制度为纲，事物、名数、仪文、等级为目"[③]。清代统治者在会典之外制定则例，"使一具政令之大纲，一备沿革之细目"[④]，法律体系与官僚政治体系的同构性达到传统社会的顶峰。

5. 政法互动

所谓政法互动，是指政治变迁与法制变革紧密关联、相辅相成。"法与时转则治，治与世宜则有功。"[⑤] 我国自古以来将"改革"称为"变法"，习近平指出："我国历史上的历次变法，都是改革和法治紧密结合，变旧法、立新法，从战国时期商鞅变法、宋代王安石变法到明代张居正变

[①] 朱勇：《论中国古代的"六事法体系"》，载《中国法学》2019年第1期，第25-45页。
[②] 参见杨一凡：《明代典例法律体系的确立与令的变迁——"律例法律体系"说、"无令"说修正》，载《华东政法大学学报》2017年第1期，第5-19页。
[③] （清）龙文彬撰：《明会要》卷26"学校下"，中华书局1956年版，第427页。
[④] （清）纪昀总纂：《四库全书总目提要》卷81"钦定大清会典则例一百八十卷"，河北人民出版社2000年版，第2127页。
[⑤] 《韩非子·心度》。

法，莫不如此。"① 在历代改革实践中，面对"祖宗之法不可变"的习惯性思维，改革家往往通过论证现有弊政的危害来提出其"变法"方略，这体现了一种理性的改革观念。例如，范仲淹上奏《答手诏条陈十事疏》以阐明冗官、冗费之弊，并将此作为庆历新政的纲领；王安石写作《本朝百年无事札子》以阐述北宋中叶积弊，为熙丰变法提供正当性理据；张居正也是在详细论证明中后期的财税弊政之后，才敢于推行以"一条鞭法"为核心的经济改革。

变法只是王朝内部的制度变革，王朝更迭则涉及政统和法统的兴革。每当王朝更迭之时，新的统治者都将面临如何论证政权合法性的问题，象征"法统"②的法律体系能在一定程度上起到宣示政权合法性的作用。汉高祖刘邦在入关后立即宣布废除繁苛的秦代法制，并与关中百姓"约法三章"。唐代开国者也是如此，史称："（李渊）初起义师于太原，即布宽大之令。百姓苦隋苛政，竞来归附。旬月之间，遂成帝业。既平京城，约法为十二条。惟制杀人、劫盗、背军、叛逆者死，余并蠲除之。"③ 虽然不少新王朝实质上承袭了前代制度，如汉承秦制、唐承隋制、清承明制，但新王朝在法制层面的除旧布新仍具有很强的政治象征意义，即以新的法制宣告新政权的诞生。

（二）狭义上的"政"与"法"的关系

狭义上的"政"与"法"的关系，实际上就是"政"与"刑"的关

---

① 习近平：《在法治下推进改革，在改革中完善法治》，见习近平：《论坚持全面依法治国》，中央文献出版社 2020 年版，第 38 页。
② 张生：《中国古代权威秩序中的法统——一个结构与功能的分析》，载《中国政法大学学报》2014 年第 1 期，第 21 - 30 页。
③ 《旧唐书·刑法志》。

系。在儒家的政治分类学中，德、礼、政、刑是国家治理之四大治具。孔子说："道之以政，齐之以刑，民免而无耻；道之以德，齐之以礼，有耻且格。"①《论语注疏》对"政""刑"及二者的关系作出解释："'道之以政'者，政，谓法教；道，谓化诱。言化诱于民，以法制教命也。'齐之以刑'者，齐，谓齐整；刑，谓刑罚。言道之以政而民不服者，则齐整之以刑罚也。"② 此处之"政"即狭义之"政"，可解释为"政令"，其运作方式以教化为核心。此处之"刑"即狭义之"法"③，可解释为有强制力之法律规范，尤其是刑律，其运作方式以惩罚为核心。因此，探讨传统社会中狭义"政""法"（刑）的关系，即为讨论政令与法律、教化与惩罚之关系。

1. 政刑一体

在古典政治哲学中，儒家、法家、墨家都把政刑视为是一组不可拆分的治具，并且是与德礼（礼乐）相区别的一组治具。在儒家经典中，无论是德礼政刑之说，还是礼乐政刑之说，都是崇德礼而轻政刑的。《礼记》云："礼节民心，乐和民声，政以行之，刑以防之。礼乐刑政，四达而不悖，则王道备矣。"④ 这一架构自确立伊始就将"礼乐"置于"政刑"之前，"行之""防之"说明"政刑"处于次要位置。朱熹认为，在孔子所言的德礼政刑中，德礼才是治国之本，政刑只是辅治之具。他说："政者，

---

① 与此类似的表述在古籍中经常出现，例如，《礼记·缁衣》载："夫民，教之以德，齐之以礼，则民有格心；教之以政，齐之以刑，则民有遁心。"又如，《孔子家语·刑政》载："孔子曰：'圣人之治化也，必刑政相参焉，太上以德教民，而以礼齐之。其次以政焉导民，以刑禁之，刑不刑也。化之弗变，导之弗从，伤义以败俗，于是乎用刑矣。'"这些文献中的"政"与前引"为政以德"中的"政"显然不具有完全相同的含义。

② （清）阮元校刻：《十三经注疏·论语注疏》卷2"为政第二"，中华书局1980年版，第2461页。

③ "法""刑"两字的兴起先后顺序有别，先秦典籍多用"刑"字表述法制问题。"刑"之内涵在先秦时期兼有"法度之意""刑罚之意"，可与"法"相通，诸子文集中"政""刑"并列的现象尤为明显。参见王沛：《〈论语〉法观念的再认识：结合出土文献的考察》，载《华东政法大学学报》2012年第1期，第106页。

④ 《礼记·乐记》。

为治之具。刑者，辅治之法。德礼则所以出治之本，而德又礼之本也。此其相为终始，虽不可以偏废，然政刑能使民远罪而已，德礼之效，则有以使民日迁善而不自知。"①《清史稿·刑法志》称："中国自书契以来，以礼教治天下。劳之来之而政出焉，匡之直之而刑生焉。政也，刑也，凡皆以维持礼教于勿替。"② 可见，政刑一体、辅助礼教的观念一直延续至清末。萧公权先生有言："孔子所谓政刑，即一切典章法令之所包，文武方策之所举，《周礼》之所载，以制度为体而以治人治事为用之官能也。"③ 政与刑共同形塑了传统社会中具有官方色彩的规范体系。

2. 政主刑辅

古典政治哲学不仅在德礼（礼乐）和政刑之间区分出主辅关系，还在政与刑之间区分出主辅关系。这是因为"政"可以与德、仁等崇高价值组合，形成儒家所倡导的德政、仁政。而"刑"则往往代表国家强制力。《左传·隐公十一年》载："君子谓郑庄公失政刑矣。政以治民，刑以正邪，既无德政，又无威刑，是以及邪。"④ 在"德政"与"威刑"之间，儒家必然把德政置于威刑之前，以威刑辅助德政。孟子说："以力服人者，非心服也，力不赡也。以德服人者，中心悦而诚服也。"⑤《白虎通义》称："圣人治天下，必有刑罚何？所以佐德助治，顺天之度也。"⑥ 先秦法家的"以刑止刑，以杀止杀"的观念逐步被"德礼为政教之本，刑罚为政教之用"的观念所替代。

---

① （宋）朱熹：《四书章句集注》，中华书局2012年版，第54页。萧公权先生将"政""刑"归纳为治民、驭臣之工具，与作为养教之工具的"德""礼"并立，其意与朱子略同。参见萧公权：《中国政治思想史》，辽宁教育出版社1998年版，第60页。
② 《清史稿·刑法志一》。
③ 萧公权：《中国政治思想史》，辽宁教育出版社1998年版，第63页。
④ 《左传·隐公十一年》。
⑤ 《孟子·公孙丑上》。
⑥ 《白虎通义·五刑》。

同时，政、刑二者的适用范围不同。政令适用于万民，以教化为本，以构建礼义秩序为宗旨。刑律适用于少数违反礼义秩序之人，以惩戒为要，以修复礼义秩序为宗旨。政教作用发挥得越好，受刑的人数就越少。历史上，秦代统治者不务政教而专任刑法，"赭衣塞路，囹圄成市"①，至二世而亡，这一教训为后世王朝提供了镜鉴。"政"的适用范围涵盖万民，"刑"的适用范围仅包括违法者，二者在国家治理中的主辅地位一目了然。

3. 政先刑后

政刑之间不仅具有价值上的主辅关系，还存在位序上的先后关系。这就是，在治理手段的运用中，先以政令教导民众，后以刑律对不听教化者施以惩戒，即先教后诛。一方面，不先对民众进行政教，就会有人因不了解规则而陷入法网，这显然是苛政。孔子反对不教而诛，他说："不教而杀谓之虐，不戒视成谓之暴，慢令致期谓之贼。"②荀子对不教而诛的危害作了解释："故不教而诛，则刑繁而邪不胜；教而不诛，则奸民不惩。"③另一方面，政教先行，引导民众举止合乎礼义，可以减少或避免刑罚的适用，实现无刑的理想。魏徵称："道之以礼，务厚其性而明其情。民相爱，则无相伤害之意；动思义，则无畜奸邪之心。若此，非律令之所理也，此乃教化之所致也，圣人甚尊德礼而卑刑罚。"④政刑的尊卑、先后关系在这一论述中体现得淋漓尽致。

4. 政刑互补

无论是作为两种规范形式，还是两种治理手段，政和刑之间具有很强的互补性。其一，规范形式的互补。国家治理需要规范体系兼有稳定性与灵活性。政、刑的规范形式分别为政令、刑律，分别代表稳定与灵活二

---

① 《汉书·刑法志》。
② 《论语·尧曰》。
③ 《荀子·富国》。
④ 《贞观政要·公平》。

端,在国家治理中相辅相成。古代君主颁布的诏敕兼具政令、法律之性质。自汉代起,"天子诏所增损,不在律上者为令"①。随着中央集权的加强,君主处理具体事务的临时性政令开始向稳定性法律发展。唐代以后编敕、修例等规范整理活动,为"以政令修正法律""政令转化为法律"提供了程序保障。

其二,运作方式的互补。"政"的运作方式为教化,表现为规训民众的思想观念和行为方式。不过,难免有人不从教化,违礼犯法。当"政"的教化失灵时,"刑"的惩戒就要出场,以止奸除邪。一方面,"政"所缺乏的强制力为"刑"所弥补。无惩罚的教化仅存在于早期儒家的理想中,如孔子说:"善人为邦百年,亦可以胜残去杀矣。"② 后世思想家提出的"苟不用刑罚,则号令徒挂墙壁尔"③,才是国家治理的现实图景。另一方面,"刑"的惩戒也要有"政"的教化作为支持,否则即是"不教而刑",属于赤裸裸的暴力。

二、古典政法传统的基本样态

在几千年政治文明发展史上,政治法律制度不断损益和变革,但古典政法传统一脉相承,呈现出许多稳定不变的特征。本部分从政法场域、政法理想、权力架构、政社关系、治理模式、官吏队伍等方面阐释古典政法传统的基本样态,展现古典政法传统与现代政法实践的关联度和差异性。

---

① 《汉书·宣帝纪》。
② 《论语·子路》。
③ (宋)黎靖德编:《朱子语类》卷180"论治道",见朱杰人、严佐之、刘永翔主编:《朱子全书》第17册,上海古籍出版社、安徽教育出版社2002年版,第3524页。

如何理解政法：范畴、传统和原理

（一）多元一体的政法场域

从古今国家治理来看，政法场域可以视作是一个运用法律制度手段维护政治和社会稳定的权力场域。不过，在不同的政治体系和社会环境下，由于政治和社会稳定的影响因素和责任主体不同，政法场域的边界也不相同。[①] 在传统的"君—官—民"三阶政治体系下，君主的治理活动不仅涉及如何治民，也涉及如何治官。因而，古典政法场域不仅包括以治民为主的治安、司法活动，还包括以治官为主的监察活动，具有治安、司法和监察相互交织、融为一体的显著特征。

重点场域之一：维护治安。古代治安范畴包括编户齐民、缉拿盗贼、关津管理、火政消防等方面，尤以防治盗贼为要务。这是因为，古代社会把盗贼之有无和多少视为治乱的重要标志。战国变法家李悝称："王者之政，莫急于盗贼。"[②] 元武宗在诏令中强调："弭盗安民，事为至重。"[③] 清代官箴《州县事宜》也提醒地方官员："居官守在安民，安民必先弭盗。"[④] 历代王朝从中央到地方都配置了一系列警治禁卫力量，建立了一整套治安防卫制度，以维护稳定的社会秩序。历代县级官府皆设有县尉、巡检等官员，专门负责缉拿盗贼。宋代以后，随着工商业发展和城市数量的增加，古代城市治安体系逐步形成，统治者设有"军巡铺""防隅巡警""灭火

[①] 即使是在现代中国，政法场域的边界也一直处于变化之中。新中国成立之初确立了以政务院政治法律委员会为龙头的政法体系，将民政、公安、司法行政、法制、民族事务、审判、检察、监察等权力部门纳入其中。后来，民政、民族事务、监察等部门逐渐从政法体系分离出来，形成了以审判、检察、公安、国家安全、司法行政机关为主体的政法体系。

[②] 《晋书·刑法志》。

[③] 《元史·武宗纪一》。

[④] （清）田文镜：《州县事宜》，见官箴书集成编纂委员会编：《官箴书集成》第3册，黄山书社1997年版，第670页。

队"等机构，承担巡查缉捕、疏导交通、制止斗殴、禁赌防盗、防火灭火等多元治安职能。

重点场域之二：理讼断狱。狱讼的发生源于秩序的破坏，而狱讼的不公正处理会进一步诱发社会的混乱。如何公平公正地理讼断狱，是历代统治集团必须着力解决的问题。例如，宋代统治者有言，"庶政之中，狱讼为切""法官之任，人命所悬"，他们深刻认识到刑案的公正性关系到民心向背、国运兴衰，并屡屡要求官员审慎治狱。① 宋儒桂万荣也说："凡典狱之官，实生民司命，天心向背，国祚修短系焉，比他职掌尤当谨重。"② 除审理刑案外，司法官员还负责处理大量田土、户婚、继承等民事争讼，以维护礼法所确定的纲常秩序。此外，为官方所授权或默认的各种基层和民间力量以准司法的方式调处化解了巨量社会矛盾纠纷，这也是古代社会治理体系的重要组成部分。

重点场域之三：监察官吏。古代政权和法制能否有序运行取决于官僚群体，即"民之治乱在于吏"③。因此，纠察官邪、整饬吏治、肃正纲纪是维护政治和法律秩序的应有之义。这些职能主要由御史台等专门的监察机构负责，如唐代御史大夫"掌邦国刑宪、典章之政令，以肃正朝列"④。在古代政法体系中，监察与司法、治安的关系十分紧密。第一，各级官吏的治安、司法活动本身就是监察的对象。汉武帝确立"六条问事"之制，其中第三条涉及司法监察："二千石不恤疑狱，风厉杀人，怒则任刑，喜则淫赏，烦扰刻暴，剥截黎元，为百姓所疾，山崩石裂，妖祥讹言。"⑤ 这意味着地方官员在司法活动中的违法行为应当受到监察官的监督。第

---

① 参见陈景良：《宋代司法传统的现代解读》，载《中国法学》2006年第3期，第125-130页。
② （宋）桂万荣：《棠阴比事》，朱道初译注，浙江古籍出版社2018年版，第130页。
③ 《新书·大政下》。
④ （唐）李林甫等：《唐六典》卷13"御史台"，陈仲夫点校，中华书局2014年版，第378页。
⑤ 《汉书·百官公卿表上》。

二，监察机制与司法机制互相配合。针对细微过错，监察制度起到警示功效；而针对严重过失乃至故意的职务犯罪，监察制度为司法裁判提供案件来源，共同起到匡正违法、维护官僚体系运转的作用。第三，监察机制与司法机制或有重叠。古代监察机关是三法司之一，具有司法职能。实践中，历代监察机构负责审理官员犯罪案件或天子指定的诏狱，这使得理讼断狱与监察官员两个场域时常合二为一。第四，纠举贪吏和弭平盗贼具有紧密联系。古人认识到，吏治腐败是盗贼横行的重要诱因。南宋辛弃疾指出："夫民为国本，而贪吏迫使为盗……欲望陛下深思致盗为由，讲求弭盗之术，无徒恃平盗之兵。申饬州县，以惠养元元为意，有违法贪冒者，使诸司各扬其职，无徒按举小吏以应故事，自为文过之地。"① 在他看来，祛除贪腐是祛除匪患的必由之路。

（二）太平盛世的政法理想

"天下和平""天下太平""国泰民安""太平盛世"等类似理想，既是君臣治国平天下的最高目标，也是民众对国家治理的最大期待。《淮南子·氾论训》称："天下安宁，政教和平，百姓肃睦，上下相亲。"② 宋儒张载则把士大夫阶层的政治抱负概括为："为天地立心，为生民立命，为往圣继绝学，为万世开太平。"③ 民间文学中亦有"宁为太平犬，莫作离乱人"之语。与"太平"相对的概念是"乱世"，"太平"与"乱世"代表了有序与无序两端，后者常表现为政治混乱、官场贪墨、盗寇横行等。从政法场域来分析，太平盛世包含不同面向的理想图景。

---

① 《宋史·辛弃疾传》。
② 《淮南子·氾论训》。
③ （清）黄宗羲原著，全祖望补修：《宋元学案》卷17"横渠学案上"，陈金生、梁运华点校，中华书局1986年版，第664页。

一是天下无冤。古代统治者把民无冤曲、狱无冤囚视为司法的最高境界与天下安定的基本标志。西汉文帝、宣帝时期是有名的治世,时人在褒称"太平"之时免不了提到这一时期的司法状况:"张释之为廷尉,天下无冤民;于定国为廷尉,民自以不冤。"[1] 贞观时期之所以被称为治世,一个重要原因是"天下无冤",史载:"胄前后犯颜执法,言如涌泉,上皆从之,天下无冤狱。"[2] 治世的司法活动成为了后世效法的典范,如宋太祖赵光义曾对新任的御史台长官冯炳说:"朕每读《汉书》,见张释之、于定国治狱,天下无冤民,此所望于汝也。"[3] 同时,古人也追求高效司法。历代统治者时常在诏令中要求司法官吏将"庭无滞讼,狱无冤囚""案无留牍,民无滞冤"作为工作目标。

二是天下无讼。清儒崔述有言:"自有生民以来,莫不有讼。讼也者,事势之所必趋,人情之所断不能免者也。"[4] 古人虽然认识到诉讼在所难免,但依然将无讼作为治理目标。先秦时代,孔子提出了"无讼"的政法理想:"听讼,吾犹人也,必也使无讼乎!"[5] 朱熹征引了多家观点来详细阐释孔子的"无讼"理想及其实现路径,如范氏曰:"听讼者,治其末,塞其流也。正其本,清其源,则无讼矣。"杨氏曰:"子路片言可以折狱,而不知以礼逊为国,则未能使民无讼者也。故又记孔子之言,以见圣人不以听讼为难,而以使民无讼为贵。"[6] 清代官箴也要求官吏在"听讼"中努力实现"无讼":"听讼者,所以行法令而施劝惩者也。明是非、剖曲

---

[1] 《汉书·于定国传》。
[2] (宋)司马光编著,(元)胡三省音注:《资治通鉴》卷192"唐纪八",中华书局1956年版,第6031—6032页。
[3] (宋)李焘:《续资治通鉴长编》卷14,开宝六年(973年)五月甲戌条,中华书局2004年版,第302页。
[4] (清)崔述:《无闻集》卷2"讼论",见顾颉刚编订:《崔东壁遗书》,上海古籍出版社2013年版,第701页。
[5] 《论语·颜渊》。
[6] (宋)朱熹:《四书章句集注》,中华书局2012年版,第138页。

直、锄豪强、安良懦，使善者从风而向化，恶者革面而洗心，则由听讼以驯致无讼。"[1] 由此可见，"无讼"实际上是要求司法官员在听讼时不仅仅作出一个公正的判断，更要在听诉中进行道德教化、敦风化俗，引导人们弃恶从善，推动社会移风易俗，从而预防矛盾纠纷和违法犯罪的发生。

三是天下无贼。古人把盗贼绝迹、路不拾遗、夜不闭户视为社会治安的理想状态。《礼记》认为，"天下大同"的重要表现就是"谋闭而不兴，盗窃乱贼而不作""外户而不闭"[2]。这种治安的理想状态在历史上的确出现过。《史记》称，商鞅变法后，"道不拾遗，山无盗贼，家给人足"[3]。《资治通鉴》称，贞观之治时，"海内升平，路不拾遗，外户不闭，商旅野宿焉"[4]。一个地方治安好，体现在社会上没有盗贼，监狱里就没有囚犯。因此，囹圄无囚乃是地方官员的重要政绩，此类记载不绝于史册，如东汉童恢为不其令，"一境清静，牢狱连年无囚"[5]。又如，隋代刘旷为平乡令，"风教大洽，狱中无系囚，争讼绝息，囹圄尽皆生草，庭可张罗"[6]。

四是天下无刑。古代人把刑罚理解为不得已而用的治理手段，最终目的是"以刑去刑""刑期无刑"。"刑措不用"是太平盛世的重要标志。唐代陈子昂称："昔者圣人务理天下者，美在太平。太平之美者，在于刑措。"[7] 晚清严复说："夫古之所谓至治极盛者，曰家给人足，曰比户可封，曰刑措不用。"[8] 历代史书时常对刑罚清简的治世大加褒称，并以此劝勉

---

[1] （清）田文镜：《州县事宜》，见官箴书集成编纂委员会编：《官箴书集成》第3册，黄山书社1997年版，第673页。
[2] 《礼记·礼运》。
[3] 《史记·商君列传》。
[4] （宋）司马光编著，（元）胡三省音注：《资治通鉴》卷192"唐纪八"，中华书局1956年版，第6026页。
[5] 《后汉书·童恢传》。
[6] 《隋书·刘旷传》。
[7] （唐）陈子昂：《谏刑书》，见（清）董诰等编：《全唐文》，中华书局1983年版，第2150页。
[8] 严复：《原强》，见王栻主编：《严复集》第1册，中华书局1986年版，第24页。

后世统治者。例如，《史记》载："成康之际，天下安宁，刑错四十馀年不用。"① 又如，《汉书》称："（汉文帝）专务以德化民，是以海内殷富，兴于礼义，断狱数百，几致刑措。"②

五是天下无贪。痛斥贪官污吏、期盼清官廉吏，既是古代民众的朴素情感，也是传统政法意识的核心元素。正所谓"明主治吏不治民"，传统社会的统治者主要依靠庞大的官僚队伍来治理国家。因此，他们皆将整肃吏治视为达至天下大治的不二法门，吏治的首要目标就是保证官僚队伍的廉洁。"吏不廉平，则治道衰。"③ "天下官吏不廉则曲法，曲法则害民。"④ "吏治之不清，纲纪之不振。"⑤ 此类表述无代无之，这说明古人已经意识到吏治清明是太平盛世的重要保障，吏治腐败是盗贼蜂起、社会动乱的重要诱因。

六是天下和谐。古代人深刻认识到，太平盛世必须建立在行为有矩、文明有礼、和谐有序的社会状态的基础上。"太平之时，民行役者不逾时，男女不失时以偶，孝子不失时以养。外无旷夫，内无怨女。上无不慈之父，下无不孝之子。父子相成，夫妇相保；天下和平，国家安宁。人事备乎下，天道应乎上。"⑥ 可见，古人对和谐的追求存在于社会生活的方方面面，各主体都应当遵循礼教与法律编织的规范体系，实现家庭敦睦、国家安宁、天人协调。

（三）统分结合的权力构架

在传统的专制政治下，国家权力属于君主所有，呈现出高度集中统一

---

① 《史记·周本纪》。
② 《汉书·文帝纪》。
③ 《汉书·宣帝纪》。
④ （宋）范仲淹：《再进前所陈十事》，见《范仲淹全集》，李勇先、王蓉贵校点，四川大学出版社2002年版，第540页。
⑤ （明）张居正：《与殷石汀论吏治》，见《张太岳集》，上海古籍出版社1984年版，第307页。
⑥ 许维遹：《韩诗外传集释》卷3，中华书局1980年版，第102页。

的一面。不过，君主虽然总揽所有权力，却不可能亲自行使所有权力，必须设官分职、各有所司，呈现出横向分工、纵向分层的一面。这两方面合在一起，就形成了有统一、有分职、有协同、有制约的权力运行样态。这一样态在古代政法权力的配置和行使上得到充分体现。

在中央层面，古代君主名义上行使最高司法权，但实际上只有少数精明强干的君主能够亲自审案录囚。宋太宗赵光义喜欢听断狱讼，他曾说："朕恨不能遍阅天下狱讼，亲行决断。"① 明太祖朱元璋则做到了"重案多亲鞫，不委法司"②。由于君主审案的能力有限，最高司法权主要由中央司法机构行使。自汉代以后，中央政权逐步形成了以"三法司"为主体的政法体制。一方面，"三法司"之间有明确的职能分工和职权制约。以清代为例，"三法司"之间的基本职能分工是，刑部是中央审判机关，大理寺是死刑案件复核机关，都察院是法纪监察机关。另一方面，"三法司"之间又相互协同、相互配合。杂治、会审等制度反映了中央法司的紧密合作关系，如唐代统治者经常抽调各法司官员组成临时法庭审理要案，史载："有大狱即命中丞、刑部侍郎、大理卿鞫之，谓之大三司使。又以刑部员外郎、御史、大理寺官为之，以决疑狱，谓之三司使。"③

唐宋以降，为防止地方割据，高层级的地方政府都实现了分权制约。例如，宋代统治者在各路分置帅、宪、漕、仓四司。其中，宪司即提点刑狱司，掌司法刑狱。明代在省一级分设都指挥司、承宣布政使司、提刑按察使司三司，其中，提刑按察使司负责处理一省的审断狱讼、监察按劾等政法事务。宋代州一级司法实行"鞫谳分司"制度，体现了司法分工制约的原理。司理参军执掌"讼狱勘鞫"之事，司法参军则负责"检法断刑"，

---

① （宋）钱若水修，范学辉校注：《宋太宗皇帝实录校注》卷30，中华书局2012年版，第181页。
② 《明史·刑法志二》。
③ （宋）王溥：《唐会要》卷78"诸使杂录上"，中华书局1955年版，第1440页。

二者在司法实践中不得互为干扰,但司法参军有职责依法驳正鞫司谬误。①

州县政府是中华帝国的基层政府,大多数治理职能由州县长官一人负责。瞿同祖先生指出:"作为一州一县的行政首脑,州县官被要求熟悉当地的各方面条件情况,并对辖界内的一切事情负有责任。尤其重要的是,他必须维持辖区内的秩序。"②治安和司法是州县长官的主要职责。县官的典型职权为"掌总治民政、劝课农桑、平决狱讼,有德泽禁令,则宣布于治境"③,州官的典型职权为"掌治民、进贤、劝功、决讼、检奸"④。长官个人的精力毕竟是有限的,故而州县政府设有幕职官、曹官、县尉、主簿等僚属,协助长官缉拿盗贼、审断狱讼,书吏、狱吏、差役则负责具体政法事务的运作。此外,有些州县长官还会聘请刑名幕友(师爷),作为他们个人的政法事务顾问。这些专业人士的建议能够在很大程度上影响长官的决策。

地方司法的运作受到中央政府的监督制约,常规监督体现在审级制度之中。依据经历审级的不同,历代案件皆可被划分为如下三类,即基层自决案件、司法系统审决案件以及皇帝过问案件。第一类案件多为婚田斗讼等"鼠雀细事",量刑不过笞杖,州县之上的司法机关不必过问,上下制约体现得不明显。第二类案件多为徒罪以上的重刑案。这些案件可能历经地方各审级的审理,甚至进入中央法司,高审级机构有权质疑、驳正低审级的判决,这显著地体现了上级对下级的监督。第三类案件多为疑难案件或死刑案件。除司法系统内部的审级监督外,这类案件还要经历死刑复奏程序或百官议决程序。皇帝亲自(或派遣官员)监督案件的审理,操纵裁

---

① 参见戴建国:《宋代州府的法司与法司的驳正权》,载《人文杂志》2018年第4期,第94—99页。
② 瞿同祖:《清代地方政府》,范忠信、晏锋译,何鹏校,法律出版社2003年版,第31页。
③ 《宋史·职官志七》。
④ (元)马端临:《文献通考》卷63"职官考十七",中华书局1986年版,第568页。

判的结果。此外，对于地方政法事务，皇帝时常委派专使"代天巡狩"，行使监察纠问之权，以防止地方官员恣意妄为。唐代皇帝广设黜陟使、安抚使等使职，负责"延问疾苦，观风俗之得失，察政刑之苛弊"[①]。明清时期，钦差制度逐渐完善，负责司法事务的钦差大量出现，史称："如情罪重大，以及事涉各省大吏，抑经言官、督抚弹劾，往往钦命大臣莅审"[②]。

（四）互动互塑的政社关系

自古至今，稳定的政治和社会秩序的构建，不能仅靠政府力量的强力支撑，还必须依靠社会力量的鼎力支持。特别是在疆域辽阔而又交通不便的古代帝国，基层社会往往是皇权鞭长莫及、民间力量主宰的政治地理空间。中国自古就有"皇权不下县""皇权止于县政"的说法。但这并不意味着，县以下的基层社会完全是民间力量野蛮生长、恣意而为的空间。古代统治者不仅从制度上规划设计基层组织架构，而且试图对民间力量加以拉拢和驯服，使之为官府所用。另一方面，士绅、宗族等民间力量也仰仗官府的撑腰，获取更多正当性符号和合法性资源。因而，在相当广泛的基层社会空间，官府力量和民间力量形成了一种既互相支持、互相利用又互相制约、互相影响的复杂的互动互塑关系，共同维护社会的稳定秩序。

就民间力量来看，乡里（保甲）、士绅、宗族等几种力量在传统的基层社会治理中扮演着重要角色。无论是早期的乡里制，还是后来的保甲制，都是官府权力触角向乡村社会延伸的重要制度设计。汉代统治者设有"三老""啬夫"等乡官负责基层治理，史载："十亭一乡，乡有三老、有

[①] （宋）王溥：《唐会要》卷77"观风俗使"，中华书局1955年版，第1412页。
[②] 《清史稿·刑法志三》。

秩、啬夫、游徼。三老掌教化。啬夫职听讼，收赋税。游徼徼循禁贼盗。"① 王安石变法后，保甲制取代了乡里制，成为乡村治理的正式制度。保甲制度的最初功能主要是防奸缉盗、维护治安，《文献通考·兵考五》称："始行保甲，初以捕盗贼相保任。"② 后来，保甲制度逐步演化出综合性的管理职能，清儒彭鹏指出："保甲行而弭盗贼，缉逃人，查赌博，诘奸宄，均力役，息武断，睦乡里，课耕桑，寓旌别，无一善不备焉。"③

士绅作为地方知识精英和民众首领，在基层社会中享有较高声望，是基层治理的中坚力量。古人云："绅为一邑之望，士为四民之首。"④ 当代学者也指出："士绅是与地方政府共同管理当地事务的地方精英。"⑤ 一方面，士绅或者曾拥有官宦身份，或者曾取得功名学衔，和官府的关系密切。政府非常重视发挥士绅在基层社会治理中的作用。另一方面，士绅又扮演着乡民的代言人角色，向官府反映民意诉求，推动官府兴利除弊。因此，士绅具有沟通官民双方的政治、知识和社会资本。他们能够"代表理性，主持教化，维持秩序"⑥，在兴办公益事业、化解矛盾纠纷、改良社会风气等方面发挥重要作用。

在聚族而居的乡土社会，建立在血缘关系基础之上的宗族，有其内在的组织、规则和秩序，构成了传统基层治理的最基础单位。宗族不仅具有两性结合、养老育幼、共同生活等家庭功能，还承担经济、政治、宗教、文化、教育等各类社会功能，如催办钱粮、调处纠纷、维持治安。从内部

---

① 《汉书·百官公卿表上》。
② （元）马端临：《文献通考》卷153"兵考五"，中华书局1986年版，第1334页。
③ （清）魏源：《皇朝经世文编》卷74"保甲示"，见《魏源全集》第17册，岳麓书社2004年版，第140页。
④ （清）田文镜：《州县事宜》第3册，见官箴书集成编纂委员会编：《官箴书集成》，黄山书社1997年版，第676页。
⑤ 瞿同祖：《清代地方政府》，范忠信、晏锋译，何鹏校，法律出版社2003年版，第282页。
⑥ 梁漱溟：《乡村建设理论》，上海人民出版社2011年版，第43页。

结构上看，宗族乃是一个尊卑贵贱分明的单位，族长具有决定宗族各种事务的权力。族长可以依据家法族规调处宗族纠纷，处置宗族成员违法行为，责令赔偿损失、赔礼道歉、罚款、加以身体刑、开除族籍、送官究办，有时甚至下令处死。[①]

从互动的方面看，官府和民间力量在基层社会治理中往往开展紧密合作。官府负责提供缉拿流寇、审断刑案、纠举贪墨等关乎国家秩序的"公共产品"，而把普通纠纷调解和违法行为处置交付给民间力量，并且将民间调处置于官府处理之前。明太祖在《教民榜文》中明确规定："民间户婚、田土、斗殴相争一切小事，不许辄便告官，务要经由本管里甲、老人理断。若不经由者，不问虚实，先将告人杖断六十，仍发回里甲、老人理断。"[②] 这样，既充分发挥了民间力量的治理能量，又有效弥补了官府治理能力不足的短板。

从互塑的方面看，官府一直在努力推动国家法进入基层社会，改造民众观念和行为习惯。先秦时代，"孝文用商鞅之法，移风易俗，民以殷盛，国以富强，百姓乐用，诸侯亲服"[③]。明初，朱元璋认识到，"田野之民，不知禁令，往往误犯刑宪"，因此，"命有司于内外府州县及乡之里社皆立申明亭"，"凡境内人民有犯，书其过名，榜于亭上，使人有所惩戒"[④]。另一方面，民间力量推动民意诉求和民间规范影响官府决策，增强了公共决策的可接受度。例如，据《名公书判清明集》的记载，宋代"名公"尊重当事人意愿、民间风俗、交易习惯，并将这些内容写入裁判文书，以加

---

① 参见高其才、罗昶：《中国古代社会宗族审判制度初探》，载《华中师范大学学报（人文社会科学版）》2006年第1期，第84－89页。
② 《教民榜文》，见《皇明制书》第2册，杨一凡点校，社会科学文献出版社2013年版，第725页。
③ 《史记·李斯列传》。
④ （清）沈家本：《历代刑法考》律令九"申明亭"，邓经元、骈宇骞点校，中华书局1985年版，第1141页。

强判决的说服力，防止缠诉现象。又如，清代地方官员在判案时往往兼顾、认许民间习惯[①]，实现国法与民规的结合。

（五）综合施治的治理模式

多管齐下、综合为治是中国古典治理传统的鲜明特征。古代先贤们提出了各种各样的治理方式，如礼治、德治、仁政、乐治、道治、法治、势治、术治、无为而治等。[②]《尹文子》概括了八种治世之术："仁、义、礼、乐、名、法、刑、赏，凡此八者，五帝、三王治世之术也。"[③]《太平经》列出了十种"治法"："然助帝王治，大凡有十法：一为元气治，二为自然治，三为道治，四为德治，五为仁治，六为义治，七为礼治，八为文治，九为法治，十为武治。十而终也，何也？夫物始于元气，终于武，武者斩伐，故武为下也。"[④] 值得强调的是，古代典籍对诸多治法的排列并不是随意的，而是有严格的位阶安排的，反映了这些治法在实际应用时的先后位序。排在前面的治法优先适用，排在后面的治法递补适用，构成了阶梯状的综合治理施工图。在违法犯罪的综合治理上，中国古典政法传统展现了先富后教、先教后刑的富、教、刑并举的范式。

先富之后教之的思想萌发于孔子，并为后世政治家和思想家讨论政刑问题时反复阐释。古代有识之士都认识到，官府巧取豪夺、百姓困苦不堪乃是盗贼丛生甚至天下大乱的根源，因而主张止盗止乱的要点在于轻徭薄赋、制民之产、使民富足。唐太宗李世民认识到："民之所以为盗者，由

[①] 参见梁治平：《清代习惯法：社会与国家》，中国政法大学出版社1996年版，第127-140页。
[②] 参见程燎原：《千古一"治"：中国古代法思想的一个"深层结构"》，载《政法论坛》2017年第3期，第3-8页。
[③]《尹文子·大道下》。
[④] 王明编：《太平经合校》卷67"六罪十治诀"，中华书局1960年版，第253-254页。

赋繁役重，官吏贪求，饥寒切身，故不暇顾廉耻耳。朕当去奢省费，轻徭薄赋，选用廉吏，使民衣食有余，则自不为盗，安用重法邪?"① 白居易认为，成康、文景、贞观之时囹圄空虚、刑罚不用，是因为天下富寿、海内殷实、人知耻格，而桀纣及秦之时奸宄并兴、群盗满山、赭衣塞路，是因为横征暴敛、万姓穷苦、有怨无耻。因此，他鲜明地指出："衣食不充，冻馁并至，虽皋陶为士，不能止奸宄而去盗贼也。"② 明太祖朱元璋亦强调："今天下有司能用心于赋役，使民不至于劳困，则民岂有不足，田野岂有不安，争讼岂有不息，官吏岂有不清？"③ 因此，古代开明的统治阶层着力解决百姓生计问题，使其丰衣足食，进而养廉知耻、遵行仁义。

古代政治家、思想家强调治国以教化为本、为先，教化可以化性起伪，引导民众趋善远恶，从而实现刑措不用。"教者，政之本也。"④ "治国之要，教化为先。"⑤ 首先，治国先要修身立德。治人先治己，正人先正己。"其身正，不令而行；其身不正，虽令不从。"⑥ 对百姓而言，统治者修身立德的过程就是无声无形的教化过程。其次，治国以施行教化为主。治国的主要任务就是行教化、移风俗、止奸邪。董仲舒提出："夫万民之从利也，如水之走下，不以教化堤防之，不能止也。是故教化立而奸邪皆止者，其堤防完也；教化废而奸邪并出，刑法不能胜者，其堤防坏也。"⑦ 再次，听讼重在通过教化消解和预防纠纷。在司法裁判场域，官

---

① （宋）司马光编著，（元）胡三省音注：《资治通鉴》卷192"唐纪八"，中华书局1956年版，第6025－6026页。
② （唐）白居易：《止狱措刑》，见《白居易集》，顾学颉校点，中华书局1979年版，第1356页。
③ 《明太祖实录》卷172，洪武十八年（1385年）三月壬戌条，中央研究院历史语言研究所校印本，第2624－2625页。
④ 《新书·大政下》。
⑤ 《明史·选举志一》。
⑥ 《论语·子路》。
⑦ 《汉书·董仲舒传》。

员要把教化贯穿于诉讼全过程。例如，唐代韦景骏在处理母子相讼案件时，"取《孝经》付令习读之，于是母子感悟，各请改悔，遂称慈孝"①。判词除要辨明是非曲直、阐明律文外，还要阐明道德礼义，承担教化民众的功能。为了扩大判词的教化效果，官员以各种方式公布判词，如宋代州县官员以榜示、读示、门示等多种方式将判词公开。②

在众多治理方法中，刑是必要的、最后的治理手段。古典政治哲学对刑的性质和地位的认识独具特色：（1）刑是辅政弼教的最后手段，明君贤臣不得已而用之。唐代陈子昂称："刑者，政之末节也。先王以禁暴厘乱，不得已而用之。"③ 明儒丘濬认为："刑者所以辅政弼教，圣人不得已而用之，用以辅政之所不行，弼教之所不及耳，非专恃此以为治也。"④（2）刑是能够为善的恶器，前提是运用得当。宋儒蔡沈云："夫刑，凶器也，而谓之祥者，刑期无刑，民协于中，其祥莫大焉。"⑤ 明儒丘濬曰："是乃不祥之器也，而古人谓之祥刑者，盖除去不善以安夫善，使天下之不善者有所畏而全其命，天下之善者有所恃而安其身，其为器也，固若不祥，而其意则至善，大祥之所在也。"⑥ 从这些基本认识出发，古代开明的政治家主张慎刑、恤刑、中刑。⑦ 所谓慎刑，是指以不得已而用之的谦抑审慎立场治狱，防止滥施刑罚。唐太宗为慎刑之楷模，史称："（太宗）以宽仁治

---

① 《旧唐书·韦景骏传》。
② 参见朱文慧：《榜示·读示·门示——〈名公书判清明集〉所见宋代司法中的信息公开》，载《浙江学刊》2015年第5期，第44—50页。
③ 《旧唐书·刑法志》。
④ （明）丘濬撰：《大学衍义补》卷112"慎刑宪·存钦恤之心"，见朱维铮主编：《中国经学史基本丛书》第4册，上海书店出版社2012年版，第234页。
⑤ 顾颉刚、刘起釪：《尚书校释译论》，中华书局2005年版，第1997页。
⑥ （明）丘濬撰：《大学衍义补》卷101"慎刑宪·总论制刑之义"，见朱维铮主编：《中国经学史基本丛书》第4册，上海书店出版社2012年版，第150页。
⑦ 参见吕丽：《善刑与善用刑：传统中国的祥刑追求》，载《吉林大学社会科学学报》2018年第3期，第162—171页。

天下，而于刑法尤慎。四年，天下断死罪二十九人。"① 清代康熙皇帝提出："刑罚关系人命，凡审谳用刑，理应恪守先制，精绎慎重，不得恣引酷虐，致滋冤滥。"② 所谓恤刑，是指以哀矜仁恕之心治狱，防止惨酷用刑。例如，宋儒真德秀将"惨酷用刑"视为地方治理的"十害"之一，他说："刑者，不获已而用，人之体肤，即己之体肤也，何忍以惨酷加之乎！"③ 所谓中刑，是指以中正平允的方法治狱，做到不枉不纵、不偏不倚、无过无不及。丘濬指出了"过"和"不及"两端的危害："过而严，则民有不堪，而相率为伪以避罪；不及而宽，则民无所畏，而群聚竞起以犯罪。"④ 换言之，宽严适当的刑罚方可起到最佳的治理效果。

（六）奉法循理的官吏队伍

无论古今，良法善政的运行有赖于一支高素质的执法司法队伍。唐人白居易曾感慨："虽有贞观之法，苟无贞观之吏，欲其刑善，无乃难乎？"⑤ 在先秦至汉的儒法之争时期，官吏的典范形象应当是文吏还是儒生，一直争论不休。儒家推崇"君子政治"，以任用儒生教化民众为理想治理模式。法家将儒生视为乱政之源，推崇"文吏政治"，由熟谙法律的文法之吏治理国家。秦国全面推行文吏政治，展现了文吏政府强大的组织力和执行力。但是，秦代勃兴骤亡的教训引发了后来统治者的反省，儒家学者将之归因于文吏缺乏承担道义、教化的能力。自汉代儒法合流后，统治者认识

---

① 《新唐书·刑法志》。
② 中国第一历史档案馆整理：《康熙起居注》，中华书局1984年版，第1127页。
③ （宋）佚名：《名公书判清明集》卷1"咨目呈两通判及职曹官"，中国社会科学院历史研究所宋辽金元研究室点校，中华书局1987年版，第2页。
④ （明）丘濬撰：《大学衍义补》卷113"慎刑宪·戒滥纵之失"，见朱维铮主编：《中国经学史基本丛书》第4册，上海书店出版社2012年版，第237页。
⑤ （唐）白居易：《论刑法之弊》，见《白居易集》，中华书局1979年版，第1357页。

到儒生和文吏互有长短，引导他们进行优势互补，形成"吏服训雅，儒通文法"的复合型人才。在此背景下，司马迁所定义的"循吏"，即"奉法循理之吏"①，逐步固化为中国传统社会中良吏的典范形象。

在古典政法传统中，"循吏"称得上是古代政法官吏的理想类型。根据《史记》等历代史书所描述的循吏形象，循吏具有以下基本特质：（1）精通律令，擅于治狱。不少循吏从小学习律令，如西汉黄霸"少学律令，喜为吏"，长大之后，"为丞，处议当于法，合人心"②。有些循吏出身于法吏世家，精于治狱之道。例如，于定国是汉代著名循吏，受到后世的推崇，史载："定国少学法于父，父死，后定国亦为狱史。"③（2）奉法为上，以身护法。历代循吏奉公守法、严格执法，敢于抗旨护法，甚至以身殉法。春秋时期晋国法官李离，因过失而错判命案，自己判自己死刑，即使晋文公劝阻，仍"伏剑而死"。史家称赞道："李离伏剑，为法而然。"④ 唐代戴胄屡次冒犯龙颜秉公执法，"所论刑狱，皆事无冤滥，随方指擿，言如泉涌"⑤。这是循吏同酷吏的重要区别，大多数酷吏唯上是从、曲意逢迎。西汉张汤是有名的酷吏，史称："（张汤）所治即上意所欲罪，予监史深祸者；即上意所欲释，与监史轻平者。"⑥ 武周时代的周兴、来俊臣等酷吏将上意奉为圭臬，在司法活动中时常罔顾事实。（3）公平理狱、平恕用刑。循吏注重哀矜断狱，让死者无怨、生者不恨。唐代循吏崔仁师将"仁恕"视为"理狱之体"，他所审理的囚犯都说："崔公仁恕，事无枉滥，请伏罪。"⑦ 这是循吏同酷吏的本质区别。酷吏执法严苛、用刑惨酷，甚至

---

① 《史记·太史公自序》。
② 《汉书·循吏传》。
③ 《汉书·于定国传》。
④ 《史记·循吏列传》。
⑤ 《旧唐书·戴胄传》。
⑥ 《史记·酷吏列传》。
⑦ 《旧唐书·崔仁师传》。

舞文弄法、出入人罪。(4) 法理结合，情法兼顾。历代循吏"谨持法理、深察人情"，善于融合情理法，让百姓心悦诚服地认同接受裁判。(5) 礼义教化，移风易俗。史家有云："古之善牧人者，养之以仁，使之以义，教之以礼。"[①] 符合这一标准的官员就是史家褒称的对象、后世学习的楷模。先秦时代，孙叔敖"为楚相，施教导民"，经过他的治理，楚国呈现出一派欣欣向荣的景象，史称："上下和合，世俗盛美，政缓禁止，吏无奸邪，盗贼不起。"[②] 西汉黄霸任颖川太守，政绩卓著，皇帝称赞道："宣布诏令，百姓乡化，孝子弟弟，贞妇顺孙，日以众多，田者让畔，道不拾遗，养视鳏寡，赡助贫穷，狱或八年亡重罪囚，吏民乡于教化，兴于行谊，可谓贤人君子矣。"[③]

与"循吏"相对的官吏形象是"酷吏"。史家常将循吏、酷吏并立，并呈现出褒循吏、贬酷吏的立场。从公正执法的角度看，不少酷吏也具有不畏强权、清正廉洁等可贵品质。西汉酷吏郅都就是典型代表，他做到了"不发私书，问遗无所受，请寄无所听"以及"行法不避贵戚"[④]。不过，酷吏以严刑峻罚、刑讯逼供、出入人罪等手段维护专制秩序的执法、司法方式背离了法律文明的发展方向，不断遭到有识之士的批判。

三、古典政法传统的现代性意义

在西学东进的知识变迁大背景下，虽然已有不少学者挖掘提炼先贤们历经几千年学思践悟所积累起来的政法治理智慧和经验，但总体上看学术

[①]《隋书·循吏列传》。
[②]《史记·循吏列传》。
[③]《汉书·循吏传》。
[④]《史记·酷吏列传》。

第二章 古典政法传统考察

界对古典政法治理思想和智慧的现代意义关注过少、评价过低、挖掘过浅。当然,深挖古典政法传统的现代价值是一项重大研究任务,本章只能对古典政法传统的思想精髓作一简要梳理。

一是民为邦本的思想。古代先贤从民为邦本的思想出发思考君民关系和法民关系。管仲提出:"政之所兴,在顺民心;政之所废,在逆民心。"①贾谊提出:"闻之于政也,民无不为本也。国以为本,君以为本,吏以为本。故国以民为安危,君以民为威侮,吏以民为贵贱。此之谓民无不为本也。"②关于法民关系的讨论是古典政法理论的重要组成部分。持有民本立场的古代思想家,强调法之成败在于合民情、顺民心、护民利。老子说:"法非从天下也,非从地出也,发乎人间,反己自正。"③管仲说:"人主之所以令则行、禁则止者,必令于民之所好,而禁于民之所恶也。"④当代"以人民为中心"的法民关系思想,传承了古典政法话语的合理元素。

二是天下太平的思想。如何跳出治乱兴亡的历史周期率,实现"天下太平""天下大治""长治久安",是从古至今中国政治家、思想家不断思考的问题。诸子百家虽然旨趣不同、理论各异,但都以"致治"为终极目标。司马谈指出:"夫阴阳、儒、墨、名、法、道德,此务为治者也。"⑤从局部执政时期起,中国共产党就一直探索跳出历史周期率的新路,逐步认识到法治是党和国家长治久安的根本之道,并将建设平安中国、法治中国确立为政法工作的主要使命。

三是变法图强的思想。古代先贤深刻认识到法制对国家强弱的重要影

---

① 《管子·牧民》。
② 《新书·大政上》。
③ 《文子·上义》。
④ 《管子·形势解》。
⑤ 《史记·太史公自序》。

59

响，提出了奉法强国、变法图强的主张。基于此种认识，古代政治家往往把"变法"与"图强"联系在一起[①]，商鞅变法、王安石变法、张居正变法等大规模的变法活动都把富国强兵作为变法的根本理据与最终目的。近代以来，许多仁人志士亦把变法维新视为救亡图存的出路，先后有戊戌变法的未遂探索、清末修律的未竟工程和民初制宪的未了理想。从一定意义上说，1978年以来的改革开放实践就是一个以法制变革保障和促进经济社会发展的成功例证。

四是综合为治的思想。古代先贤从整体主义立场思考国家治乱问题，从经济、吏治、政教、民俗、司法、刑罚等方面探索违法犯罪的复杂根源，寻求多元并举的破解之策。他们认识到，德、礼、政、刑等各种治理手段既各有其长，亦各有其短，只有多管齐下、多措并举，方能做到取长补短、相得益彰。因此，古代的政法治理实践，注重法律和其他治道相辅相成的关系，推动法律和其他治道相融相合、互济互补，形成了立治有体、施治有序的综合治理模式。综合治理是当代中国国家治理特别是政法治理的基础性理念。从改革开放初期提出的"社会治安综合治理"到近年来提出的政治、自治、法治、德治、智治的"五治"融合，当代中国政法实践一直在探索各种治道多管齐下、有序组合、综合治理的善治模式。

五是防患未然的思想。预防性治理思想是中国古典政法传统的思想精华。古代先贤把治病于未病、防患于未然当作治理生理疾病和社会疾病的上上策。《黄帝内经》提出："是故圣人不治已病治未病，不治已乱治未乱，此之谓也。夫病已成而后药之，乱已成而后治之，譬犹渴而穿井，斗而铸锥，不亦晚乎！"[②]《道德经》有言："其安易持，其未兆易谋，其脆易

[①] 参见夏勇：《飘忽的法治——清末民初中国的变法思想与法治》，载《比较法研究》2005年第2期，第1—19页。

[②] 《黄帝内经·素问·四气调神大论》。

泮，其微易散。为之于未有，治之于未乱。"① 北宋名臣范仲淹在奏疏中也指出："经曰：'祸兮福所倚，福兮祸所伏。'又曰：'防之于未萌，治之于未乱。'圣人当福而知祸，在治而防乱。"② 当代中国政法治理越来越重视社会矛盾风险的源头防范，可以说是在新的历史条件下对传统的预防性治理思想的创造性发展。习近平指出："古人说：'消未起之患、治未病之疾，医之于无事之前。'法治建设既要抓末端、治已病，更要抓前端、治未病。我国国情决定了我们不能成为'诉讼大国'。我国有 14 亿人口，大大小小的事都要打官司，那必然不堪重负！要推动更多法治力量向引导和疏导端用力，完善预防性法律制度，坚持和发展新时代'枫桥经验'，完善社会矛盾纠纷多元预防调处化解综合机制。"③ 如何进一步将纠纷消弭于未萌，是国家治理能力现代化的重要课题。

六是情理法融合的思想。古代立法者和司法官将情理视为法之本原，强调法律合于人情、合于天理。立法要做到"上稽天理，下揆人情"④。法律实施要做到"情法两得""情法两平""情法兼到"。坚持将法律和情理融合，使法律及其运行体现常情、常理、常识。这有利于法律走进百姓头脑、铭刻于民众心田，也有利于减少法律推行和实施的阻力，让百姓感受到公平正义。以史为鉴，当代中国的政法实践应当注重法、理、情的融合。政法干警们应当把握社会心态、群众情绪，主动向当事人说透法理、说明事理、说通情理。这样才能既解开"法结"，又解开"心结"⑤。

---

① 《道德经·第六十四章》。
② （宋）范仲淹：《奏上时务书》，见《范仲淹全集》，李勇先、王蓉贵校点，四川大学出版社 2002 年版，第 201 页。
③ 习近平：《坚定不移走中国特色社会主义法治道路 为全面建设社会主义现代化国家提供有力法治保障》，载《求是》2021 年第 5 期，第 13 页。
④ 《进大明律表》，见《大明律》，怀效锋点校，法律出版社 1999 年版，第 2 页。
⑤ 汪永清：《善于运用法治思维和法治方式开展政法工作——深入学习习近平同志关于法治思维和法治方式的重要论述》，载《人民日报》2014 年 7 月 28 日。

第三章　政法体制的规范性原理

政法是中国特有的政治法律概念，具有深厚的历史基因和独特的制度价值。中国共产党领导人民创造的现代政法体制，孕育于新民主主义革命时期，形成于新中国成立初期，发展于改革开放时期，成熟于中国特色社会主义新时代。七十多年的实践证明，在中国这样一个超大规模、超级复杂、超常发展的发展中国家，能够创造出社会长期稳定的奇迹，成为世界上最有安全感的国家之一[1]，政法体制发挥了不可替代的重要作用。正是在这样一种历史背景下，如何理解中国政法体制，逐渐成为海内外中国法治研究的一个重要议题。

境内学者大多从历史脉络、体制结构、构造原理等方面来认知政法体制产生的必然性和合理性。有学者从知识社会学视角考察政法体制的生成史和演变史，试图梳理出党管政法体制的演进轨迹和基本规律。[2] 有学者从结构主义维度阐释政法体制的框架结构，认为政法体制包括条块关系（以块块管理为主的同级党委领导体制）和央地关系（党内分级归口管理

---

[1] 参见习近平：《在庆祝改革开放40周年大会上的讲话》，载《人民日报》2018年12月18日。
[2] 参见刘忠：《"党管政法"思想的组织史生成》，载《法学家》2013年2期，第16页以下；周尚君：《党管政法：党与政法关系的演进》，载《法学研究》2017年第1期，第196页以下。

和中央集中统一领导体制)。① 有学者从组织社会学角度阐释政法体制的原理,认为党管政法体制的组织目标是发挥党的政治势能来协调和整合各部门的利益,解决法律实施过程中的碎片化问题。② 这类研究的局限性是,只关注到了执政党与政法机关的关系,而忽视政法体制中的其他重要关系,特别是政法机关与各类治理主体的关系。一些学者从历史本源维度探寻政法体制的本土根基,试图在礼法传统与政法传统之间架构起前后承继的渊源关系③,但并未能提供有说服力的理论解释,证明二者之间具有真实的关联性,而不只是名称上的关联性。

与境内学者寻求政法体制统一性的认知路线不同,海外学者更多地从多元论或冲突论路线来诠释中国政法体制的复杂性。有学者用"法律—稳定悖论"解释中国政法体制看似矛盾的两面,即一方面运用法院审判等正式法律机制去解决社会纠纷,另一方面又运用综治、信访、调解等其他维稳机制解决社会纠纷。④ 有学者试图从"政治法治主义(political legalism)"来阐释政法秩序下法院的二元性质,即所谓"政治代理人"和"法律专门机构"的双重角色。⑤ 这类研究更多的是以西方法治理论为中心来观察中国政法体制,往往把不能用西方理论解释的方面视作悖论或另类。这种处理方法的代价在于,难以引导读者去认知中国政法体制所蕴含的中国经验和中国智慧,甚至还会诱导读者对其作出否定性评价。

---

① 参见侯猛:《当代中国政法体制的形成及其意义》,载《法学研究》2016年第6期,第3页以下。
② 参见郑智航:《党管政法的组织基础与实施机制——一种组织社会学的分析》,载《吉林大学社会科学学报》2019年第5期,第61页以下。
③ 参见强世功:《从行政法治国到政党法治国——党法和国法关系的法理学思考》,载《中国法律评论》2016年第3期,第35页以下;张中秋:《从礼法到政法——传统与现代中国法的结构与哲学及改造提升》,载《法制与社会发展》2018年第4期,第155页以下。
④ Benjamin L. Liebman, Legal Reform: China's Law-Stability Paradox, Daedalus, Vol. 143, No. 2, Growing Pains in a Rising China (Spring 2014).
⑤ Ling Li, Political-Legal Order and the Curious Double Character of China's Courts, Asian Journal of Law and Society, 6 (2019).

值得指出的是，如何理解政法体制，不只是学术界的重要议题，也是政法界的紧迫议题。党的十八大以来，中国政法界以新的历史坐标和时代精神重新理解政法体制，推动政法体制系统性、整体性重构，致力于建立一种符合国家治理现代化要求的新政法体制。中央政法委提出，加快构建系统完备、科学规范、运行高效的政法工作体系，包括党总揽全局、协调各方的政法工作领导体系，防范严密、打击有力的政治安全工作体系，联动融合、集约高效的社会治理体系，权责统一、规范有序的执法司法权运行体系，普惠精准、便捷高效的政法公共服务体系。[①] 本章重点讨论的就是这种新政法体制所包含的规范性原理。

在既有理论研究和实践探索成果的基础上，本章试图站在国家治理大视野下把握政法体制的理论逻辑和实践逻辑，以贯穿古今的对国家治乱兴衰问题的政治关切和思想考量为线索，找寻出古典礼法传统与现代政法体制之间的最大公约数和真正连接点，梳理出新中国成立七十多年来政法体制迭代演进的历史逻辑。在此基础上，以当代中国国家治理体系为参照系，把政法体制的基本构造分解为三组主轴性关系，即政法机关相互关系、政法机关的外部关系、执政党与政法机关的关系，逐一研究阐释这三组关系的规范性原理，力图揭示这些原理所蕴含的国际普遍经验和中国本土智慧。

一、现代政法体制演进的历史逻辑

20 世纪以来，尽管社会历史条件发生了翻天覆地的变化，但中国政治家、思想家对政治和法治问题的思考，仍然抱持有对国家治乱兴衰问题的

[①] 参见郭声琨：《坚持以习近平新时代中国特色社会主义思想为指导 进一步提升新时代政法工作能力和水平》，载《求是》2019 年第 11 期，第 5 页。

深切关怀。早在1945年，毛泽东同黄炎培讨论如何跳出历史周期率时说，"我们已经找到新路，我们能跳出这周期率。这条新路，就是民主"[1]。60多年后，习近平向全党重提了这一问题："如何跳出'历史周期率'、实现长期执政？如何实现党和国家长治久安？这些都是需要我们深入思考的重大问题。"[2]

总体上看，七十多年中国政法体制的生成和演变过程，贯穿着执政党对国家治乱之道与时俱进的深沉思索。但在不同历史时期，由于执政党对国家治乱问题的认识论和方法论的不断跃升，政法体制运作的内在逻辑和外在面相随之发生深刻变迁。以支配政法体制运作的实践逻辑为依据，我们可把中国政法体制的形成和发展过程划分为三个前后相续的阶段。

第一，专政逻辑下的政法体制。在新中国成立之初，面对国内外敌对势力的颠覆破坏活动，政法体制的主要角色被定位为是镇压反革命势力、巩固新生政权。在1949年年初发表的《论人民民主专政》一文中，毛泽东对政法体制的出场作出了论证设计："军队、警察、法庭等项国家机器，是阶级压迫阶级的工具"，"我们现在的任务是要强化人民的国家机器，这主要地是指人民的军队、人民的警察和人民的法庭，借以巩固国防和保护人民利益"[3]。新中国成立初期政法系统主要负责人董必武、彭真，都从维护人民民主专政的角度来理解政法体制："政法工作就是直接的、明显的巩固与发展人民民主专政"[4]，"政法部门的任务主要是关于人民民主专

---

[1] 黄炎培：《八十年来》，文史资料出版社1982年版，第148页。
[2] 习近平：《在中共十八届四中全会第二次全体会议上的讲话》，见中央文献研究室编：《习近平关于全面依法治国论述摘编》，中央文献出版社2015年版，第11-12页。
[3] 毛泽东：《论人民民主专政》，见《毛泽东选集》第4卷，人民出版社1991年版，第1476页。在中国传统政治话语中，军队和政法机关均被视作是维护人民民主专政的主要力量，并被分别赋予"枪杆子""刀把子"象征符号。
[4] 董必武：《关于改革司法机关及政法干部补充、训练诸问题》，见《董必武法学文集》，法律出版社2001年版，第126页。

政的具体实施,要指导群众的政治斗争"[①]。

正是按照上述设计思路,在新中国成立初期的国家政权体系中,除国家武装力量外,与人民民主专政直接相关的国家机构,均被整合到以政务院政治法律委员会为龙头的政法体制之中。按照当时确立的"议行合一"体制,中央人民政府委员会政务院、人民革命军事委员会、最高人民法院、最高人民检察署分掌国家最高行政权、军事权、审判权、检察权。同时,政务院下设政治法律委员会、财政经济委员会、文化教育委员会、人民监察委员会,指导政务院有关部门的工作。[②] 其中,政务院政治法律委员会负责指导内务部、公安部、司法部、法制委员会和民族事务委员会[③],并受中央人民政府主席毛泽东和政务院总理周恩来的委托,指导与联系最高人民法院、最高人民检察署、人民监察委员会。[④] 经由法律赋权和领导人授权,中央人民政府政务院政治法律委员会实际上成为一个横跨行政、审判、检察三大系统的超级委员会,当时简称为"中央政法委员会"。1949年10月该委员会的成立,标志着作为国家重要制度的政法体制的正式确立。值得指出的是,该委员会之所以被称为政治法律委员会,是因为这八大机构的基本职能可区分为"政"(政权建设)和"法"(法制建设)两个方面,前一职能主要体现在内务部[⑤]、公安部[⑥]、民族事务

[①] 彭真:《关于政法工作的情况和目前任务》,见彭真:《论新中国的政法工作》,中央文献出版社1992年版,第26页。

[②] 参见董必武:《中华人民共和国中央人民政府组织法的草拟经过及其基本内容》,见《董必武法学文集》,法律出版社2001年版,第17-25页。

[③] 参见《中央人民政府组织法》第18条第2款,载《人民日报》1949年9月30日。

[④] 参见《董必武年谱》,中央文献出版社1991年版,第348页。

[⑤] 根据《中央人民政府内务部试行组织条例(草案)》和1950年第一次全国民政会议讨论情况,中央人民政府内务部的职能主要包括地方政权建设、优抚、救济、地政、户政、国籍等。参见李凤瑞、刘福旺:《中国民政发展里程——历次全国民政会议回顾》,载《中国民政》2000年第2期,第17页。

[⑥] 根据1949年第一次全国公安会议的总结报告,公安部门是国家政权镇压反革命、确立社会秩序、捍卫国家安全的有力工具。参见罗瑞卿:《组织队伍,建立新中国的公安工作》,见《罗瑞卿论人民公安工作》,群众出版社1994年版,第10页。

委员会①、监察委员会②上，后一职能主要体现在司法部、法制委员会③、最高人民法院、最高人民检察署上。不过，在专政的治国逻辑下，当时政法体制的重心落到了"政"的方面，"法"的职能从属于、服务于"政"的职能。特别是到了1960年代以后，由于过分强调阶级矛盾和阶级斗争，政法机关的性质被完全定位为专政机关，主要任务变成了解决敌我矛盾。

第二，稳定逻辑下的政法体制。改革开放以后，中国社会的中心主题从"以阶级斗争为纲"回归到"社会主义现代化建设"，政法体制的主要角色定位从对敌专政转变为维护社会稳定。邓小平以简洁朴实的话语道出了社会稳定的极端重要性："稳定压倒一切""中国的最高利益就是稳定""没有稳定的环境，什么都搞不成，已经取得的成果也会失掉"④。邓小平的这些朴素判断，不仅适用于中国，也对国际社会具有普遍意义。第二次世界大战以来的现代化实践表明，在急剧变革的社会中保持和谐稳定是世界级的治理难题。西方政治学界断言，发展中国家的高速经济增长将不可避免地伴随着政治动荡、社会撕裂、国家失序甚至政权易帜。⑤世界上不少国家由于缺乏强大而有权威的政府，难以有效打击违法犯罪、管控社会矛盾冲突、维护正常法律秩序，而被贴上"软弱国家"或"失败国家"的标签。以邓小平的社会稳定哲学为指导，1990年中共中央《关于维护社会稳定加强政法工作的通知》强调，维护稳定是全党和全国人民压倒一切

---

① 民族事务委员会主要负责管理民族事务。参见《各级人民政府民族事务委员会试行组织通则》第4条。

② 监察委员会负责监察政府机关和公务人员是否履行其职责。参见《中央人民政府组织法》第18条第5款。

③ 政务院法制委员会是国家立法工作机构，负责研究、草拟与审议各种法规草案并解答现行各种法规。参见《中央人民政府法制委员会试行组织条例》第2条。

④《邓小平文选》第3卷，人民出版社1992年版，第284、286、313页。

⑤ 参见阎小骏：《中国何以稳定：来自田野的观察与思考》，中国社会科学出版社2017年版，第4—5页。

的政治任务，并要求政法机关"竭尽全力维护社会稳定"①。

在稳定逻辑的支配下，政法体制经历了一次大变革、大转型，即从小政法体制向大政法体制转变。所谓大政法体制，就是政法系统所讲的"政法综治维稳"体制。"综治"是 1980 年代初提出的"社会治安综合治理"概念的简称，是指各部门各单位在党委和政府的领导下运用政治、经济、行政、法律、文化、教育等手段共同解决社会治安和违法犯罪问题。② 从 1991 年起，从中央到县级以上地方普遍建立了社会治安综合治理委员会及其办公室（以下简称"综治委""综治办"），负责统筹指导各部门各单位的综治工作。综治委主任一般由党委政法委书记兼任，综治委委员由相关党政机关和群团组织负责同志兼任，综治办和政法委实行合署办公。③ 后来，为了统筹指导各方力量做好维稳和反邪教工作，从中央到县级以上地方又先后设立了维护稳定工作领导小组及办公室、防范和处理邪教问题领导小组及办公室，纳入政法系统管理。总体上看，政法综治维稳体制是一种组织动员党政机关和全社会力量共同维护社会稳定的体制结构。在这种体制下，政法机关既是维稳工作的主力军，又是维稳工作的协调者。

第三，治理逻辑下的政法体制。党的十八大以来，国家治理体系和治理能力现代化重大命题的提出，是中国共产党对传统中国治乱循环困局、世界社会主义变局、国际社会乱局所作的战略性思考的理论成果，是中国共产党执政治国思想的历史性飞跃，推动了政法理念和政法体制的系统性重构。习近平站在国家治理现代化的全局高度，将政法机关的使命定位为

---

① 《中国改革开放新时期年鉴：1990 年》，中国民主法制出版社 2014 年版，第 291 页。
② 参见《中共中央国务院关于加强社会治安综合治理的决定》，载《人民日报》1996 年 3 月 1 日。
③ 参见乔石：《牢固树立为经济建设和改革开放服务的思想》，见《乔石谈民主与法制》上，人民出版社、中国长安出版社 2012 年版，第 298 页。

推进平安中国、法治中国建设[①]，将政法工作的任务定位为维护国家政治安全、确保社会大局稳定、促进社会公平正义、保障人民安居乐业。[②]这一全新定位，科学界定了政法体制在国家治理体系的功能定位，凸显了政法工作的政治性、法治性、社会性，推动了政法工作思维方式和价值取向的深刻变化。这些变化包括，从突出政治思维转变为法治思维和政治思维相贯通，从重视社会和谐稳定转变为社会和谐稳定和社会公平正义并重，从着力维稳转变为维权和维稳相结合，从偏好秩序转变为活力和秩序相统一，从侧重公共管理转变为公共管理和公共服务相融合等。

在治理逻辑的引领下，政法体制步入了全面深化改革的新阶段，实现了从非常态的前法治形态向常态的法治形态的理性回归。这场改革不仅涉及党对政法工作的领导体制、政法机关外部关系、政法机关相互关系的重大调整，也包括党委政法委、审判、检察、公安、国家安全、司法行政等部门机构职能的深刻变革。[③]例如，在2018年党和国家机构改革中，社会治安综合治理委员会及办公室、维护稳定工作领导小组及办公室、防范和处理邪教问题领导小组及办公室均被撤销，由党委政法委承担其统筹协调职责。[④]改革后，党委政法委作为党委领导政法工作的职能部门，既行使对政法机关的归口领导职能，又行使平安建设的归口协调职能，统筹政法机关和相关部门共同做好平安建设工作。经过本轮改革，政法体制走向更加简约化、制度化、定型化。

[①] 参见习近平：《顺应人民对公共安全司法公正权益保障的新期待 全力推进平安中国法治中国过硬队伍建设》，载《人民日报》2013年1月8日。
[②] 参见习近平：《坚持以人民为中心的发展思想 履行好维护国家政治安全 确保社会大局稳定 促进社会公平正义 保障人民安居乐业的主要任务》，载《人民日报》2018年1月23日。
[③] 参见黄文艺：《新时代政法改革论纲》，载《中国法学》2019年第4期，第10页。
[④] 参见《深化党和国家机构改革方案》，载《人民日报》2019年3月22日。

二、政法机关相互关系的规范性原理

中国政法体制代表了一种关于审判、检察、警察、国家安全、司法行政等机关相互关系的独特定义和制度安排。彭真的一个独创性贡献，就是在新中国成立初期就提出了界定政法机关相互关系的"三原理"，即"分工负责、互相配合、互相制约"。改革开放以后，"三原理"先后写进宪法、刑事诉讼法以及党内文件，适用机关从公、检、法三机关扩展到所有政法机关，适用领域从刑事诉讼领域扩大到整个政法工作领域。2014年《中共中央关于全面推进依法治国若干重大问题的决定》提出，健全公安机关、检察机关、审判机关、司法行政机关各司其职，侦查权、检察权、审判权、执行权相互配合、相互制约的体制机制。[1] 在2019年中央政法工作会议上，习近平指出，"优化政法机关职权配置，构建各尽其职、配合有力、制约有效的工作体系"[2]。这一新论断，不仅对原有"三原理"提出了新要求，而且揭示了另一项更为前提性的原理，即自成一体（体系化）原理。据此，我们把政法机关相互关系的规范性原理概括为"四原理"。

（一）自成一体

在政法体制构建之初，我们就从整体主义的视角来认知分掌行政权、审判权、检察权的政法机关，将其视为一个相对独立的系统。董必武认

---

[1] 参见《中共中央关于全面推进依法治国若干重大问题的决定》，载《人民日报》2014年10月29日。
[2] 习近平：《全面深入做好新时代政法各项工作 促进社会公平正义保障人民安居乐业》，载《人民日报》2019年1月17日。

为,"公、检、法是整个司法系统统一体的各个环节,好比生产、分配、交换、消费一样"①。彭真将公、检、法三机关的工作比喻为一个车间"三个不同的工序"②。这种整体主义的政法体系,并不是政法话语所建构的想像共同体,而是建立这些机关之间诸多现实的关联性和耦合性之上的现实共同体。实际上,即使是在三权鼎立的西方司法体制下,警、检、法机关在实践中也存在着这些关联性和耦合性。只不过,中国的政法话语和体制将这些遮蔽了的关联性和耦合性加以显性化和制度化罢了。

一是性质地位的相近性。在现代政权体系下,无论实行什么样的政治体制,警、检、法、司等权力之间具有更多的家族相似性。第一,基础性。警察权、司法权是国家基础权力,解决争端、维护秩序、保障产权是政府最起码、最低限度的职能。即使是保守主义思想家所憧憬的"最小政府",如弗里德曼意义上的"自由社会政府"③、诺齐克意义上的"最弱意义的国家"④,都将维持秩序、裁判争讼当作政府必不可少的职能。世界上有二十多个小国,不设军队,但一般都设警察、法院、监狱等机构,以维护法律秩序。第二,强制性。如果说国家是唯一可以合法地垄断暴力和使用强制力的组织,那么警、检、法、司机构是国家强制力的主要行使者。在现代各国,这些机构通常被认为是国家"强力部门"⑤。在中国传统政法话语中,政法机关"掌握生杀予夺的大权"⑥,是党和人民掌握的

---

① 董必武:《当前司法工作的几个问题》,见《董必武法学文集》,法律出版社2001年版,第419页。
② 彭真:《在全国政法工作会议上的讲话纪要》,见彭真:《论新中国的政法工作》,中央文献出版社1992年版,第138页。
③ [美]米尔顿·弗里德曼:《资本主义与自由》,张瑞玉译,商务印书馆2004年版,第40页。
④ [美]罗伯特·诺齐克:《无政府、国家与乌托邦》,何怀宏译,中国社会科学出版社1991年版,第72—77页。
⑤ 习近平:《加快建设社会主义法治国家》,载《求是》2015年第1期,第5页。
⑥ 彭真:《在第六次全国公安工作会议上的讲话》,见彭真:《论新中国的政法工作》,中央文献出版社1992年版,第100页。

"刀把子"。第三，兜底性。在纠纷解决、权利救济、秩序维护等方面，政法机关往往处于最后一道防线，履行着"兜底"职能。在现代政府体系中，警察权往往扮演着剩余权的角色，承担着"最后的求助机构"的功能。[①] 在"为人民服务"的警政传统下，有困难找警察或有危难找警察成为中国民众的生活指南。

二是职权职责的关联性。除了刑事诉讼领域的全链条分工协作之外，政法机关在法律实施、社会治理等方面存在着密切的业务联系。在公民参与司法上，司法行政机关和法院、检察院在人民陪审员、人民监督员的选任管理上有紧密的分工协作关系。在多元化纠纷解决机制建设上，公、检、法、司在推进人民调解、行政调解、行政复议、涉法涉诉信访、仲裁等非诉讼机制发展各有渠道，需要共同发力。在公共法律服务体系建设上，公、检、法司在法律咨询、法律援助、司法救助、司法鉴定、公证等领域，需要加强资源整合和工作对接。在法治宣传教育上，司法行政机关是主管部门，公、检、法的执法办案过程是最有说服力的法治教育课堂，法官、检察官、警察是最具权威性的法治布道者。政法机关之间职权职责的关联性表明，只有加强沟通、协商、合作，商以求同、协以成事，才能共同做好各项政法工作。

三是社会声誉的连带性。在普通社会成员对政法机关区分度不高的情况下，政法机关事实上成为一荣俱荣、一损俱损的命运共同体。无论是各级"两会"上对法院、检察院工作报告的投票结果，还是各地组织的群众满意度测评结果，政法机关呈现出较明显的正相关性。有调查研究显示，在同一县市区，公、检、法、司四个政法机关在同次满意度测评结果的全

---

① 参见［美］罗伯特·兰沃西、劳伦斯·特拉维斯：《什么是警察：美国的经验》，尤小文译，群众出版社2004年版，第10页。

省排名基本相似,甚至满意度百分比结果也相似。① 特别是当冤错案件发生时,不论错误发生在刑事司法的哪个环节,受到损害就不只是该政法机关的声誉,而是集体意义上的司法公信力。身份的连带责任效应表明,拥有某种身份的人所实施的违反道德或法律的行为,必然会导致整个身份群体受到"集体惩罚"②。也就是说,冤错案件将让政法机关遭受集体惩罚。因此,无论是提高司法公信力,还是改善政法机关整体形象,都需要政法机关采取集体行动。

(二)分工负责

这一原理所回应和解决的问题是,应当设置哪些政法机关以及如何在这些机关之间合理配置权力。大体而言,以1983年政法体制大变革③为分界线,前三十多年主要解决第一个问题,后三十多年主要解决第二个问题。

在前三十多年,政法机关的设置一直处于大起大落的剧变过程。从1950年代末开始,在精简机构的名义下,一些地方的公、检、法三机构被合并为公安政法部。"文化大革命"期间,公、检、法机构或被撤销,或处于停摆状态。"文化大革命"结束后,恢复重建了法院、检察院、司法行政机关,新设了国家安全机关,至1983年已形成了以公、检、法、司、安为主体的政法机构格局。大体而言,这一政法机构格局遵循了现代国家权力配置的五项基本规则:一是司法权与行政权的分离。司法机构从

---

① 参见郭桂芝:《关于审判机关人民满意度的调查与思考》,江西政法网,http://www.jxzfw.gov.cn/Html/tszfjgmmyd/2013/11/3942820131104082300.html,2020年3月12日。
② 黄文艺:《全球化、身份政治与法律》,载《北方法学》2012年第1期,第20页。
③ 参见刘忠:《从公安中心到分工、配合、制约——历史与社会叙事内的刑事诉讼结构》,载《法学家》2017年第4期,第5-8页。

行政机构中分离出来，依法独立行使司法职权，不受行政机关的非法干预。二是审判权与检察权的分离。根据刑事司法控审分离的原则[①]，控诉和审判职能分别由不同诉讼主体来承担，以确保审判的中立性和公正性。在刑事公诉案件中，控审分离意味着检、法分立，即检察机关行使起诉权、法院行使审判权。三是司法行政权与司法权的分离。[②] 司法行政事务从司法机构中独立出来，由司法行政机关统一管理。四是警察权与军事权的分离。[③] 在传统治理体制下，治安和国防职能界限不清，警察权往往由军队和行政部门行使。[④] 在现代治理体制下，治安和国防职能分开，警察成为行使治安执法权的专业化力量。五是涉外与涉内安全执法权的分离。国家安全机关从公安机关中分离出来，掌管对外情报和反间谍工作，承担原由公安机关主管的间谍、特务案件的侦查工作[⑤]，形成两机关在国家安全执法权上的分工格局。

1983年以后，在政法机关之间合理配置职权，成为法治改革的重要主题。政法机关职权配置可分为以下两种情形。

一是对既有职权的重新配置。概括起来，重新配置的理据有三条：第一，强化分权制衡。1983年劳改劳教工作由公安机关移交司法行政机关，改变了公安机关包揽侦查、拘留、预审、劳改、劳教的局面，体现了政法机关之间适当分权的精神。[⑥] 第二，强化专业分工。1996年《刑事诉讼

---

① 参见谢佑平、万毅：《论刑事控审分离原则》，见《诉讼法论丛》第7卷，法律出版社2002年版，第109页以下。

② 参见李邦军：《论司法审判与司法行政之分离》，载《西南民族大学学报·人文社科版》2004年第9期，第135页以下。

③ 参见马岭：《军事权与警察权之区别》，载《云南大学学报（法学版）》2011年第5期，第2页以下。

④ 参见罗锋、李健和主编：《中国警学理论》，中国人民公安大学出版社、群众出版社2017年版，第50页。

⑤ 参见《全国人民代表大会常务委员会关于国家安全机关行使公安机关的侦查、拘留、预审和执行逮捕的职权的决定》，载《人民日报》1983年9月3日，第3版。

⑥ 参见郭建安、郑霞泽：《社区矫正通论》，法律出版社2004年版，第363页。

法》修改时，将检察机关的侦查权限定于职务犯罪，将其他犯罪侦查权转移给公安机关，主要是为了保证检察机关集中力量进行反腐败斗争。①第三，统一执法标准。党的十八届四中全会提出的"完善刑罚执行制度，统一刑罚执行体制"，目的是改变刑罚执行权多部门分散行使的格局，构建起统一行使刑罚执行权的体制。②

二是对新增职权的初始配置。初始配置原则为"适配性原则"，即当某项新职权要分配时，要看哪个机关在组织、职能、人员上有接受该职权的优势，从而最终将该职权分配给最适合的机关。③党的十八届四中全会提出"建立公益诉讼制度"，并将提起民事、行政公益诉讼的职权配置给检察机关，就是考虑到检察机关作为法律监督机关和公诉机关的地位、职能、人员优势。党的十九届三中全会提出，将政府法制工作部门的职权整合到司法行政部门，将党委法治领导机构办公室设在司法行政部门，一个重要原因就是司法行政部门作为法治建设综合性部门的职能和人员优势。按照适配性原则给某一机关分配新职权，反过来又会进一步强化该机关在固有领域的职能优势。改革开放以来，经过几次增权后，司法行政机关已从政法系统的弱势部门一跃成为法治建设的要害部门。

（三）互相配合

这一原理所回应和解决的问题是，如何激励不同政法机关及其人员之间密切合作，实现政法体制所预设的集体目标。正如博弈论所揭示的那样，合作本来是个体之间增进共同利益的最优选择，但如果每个个体都从

---

① 参见陈光中、曾新华：《中国刑事诉讼法立法四十年》，载《法学》2018年第7期，第30页。
② 参见孟建柱：《完善司法管理体制和司法权力运行机制》，载《人民日报》2014年11月7日。
③ 参见张翔：《我国国家权力配置原则的功能主义解释》，载《中外法学》2018年第2期，第298页。

自身利益出发进行选择，不合作反而是个体的理性选择。这表明，个体理性并不必然导致集体理性，个体理性与集体理性之间存在冲突，博弈论称之为"合作困境"①。"合作困境"不仅存在于私人领域，也存在于公共政治领域。为了解决这一困境，人类社会演化出了许多制度和文化，为社会合作提供有效激励。我国宪法所确立的民主集中制，就是破解国家机构合作困境的重要策略。习近平指出，"我们要坚持和完善民主集中制的制度和原则，促使各类国家机关提高能力和效率、增进协调和配合，形成治国理政的强大合力，切实防止出现相互掣肘、内耗严重的现象"②。互相配合原理是民主集中制在政法领域的具体运用，是政法体制的支柱性原理。在紧密的政法空间内，政法机关的业务关联性和程序互涉性很强，唯有在法治框架下加强协作配合，才能实现司法公正和效率。如果各执己见、相互拆台，不仅产生摩擦成本、效率损耗，还将导致权力运行陷入卡壳、死结状态，最终损害司法公信力和当事人权益。

经过长期的积累，政法领域已形成了诸多促进政法机关协作配合的激励机制。依据激励因素的不同，我们大体上可把激励机制分为基于良好制度的激励机制和基于理性共识的激励机制两类。前者为刚性激励机制，后者为柔性激励机制。

在第一类激励机制中，最关键的因素是制度设计是否合理。良好的制度设计能够产生帕累托最优的合作，制度设计不好将诱发损害第三人利益的合作。政法机关互相配合的最令人诟病之处，就在于共同配合对付当事人，造成对当事人权利保障的程序失灵③，甚至共同配合制造出冤错案

---

① 张维迎：《博弈与社会》，北京大学出版社 2013 年版，第 6-7 页。

② 习近平：《在庆祝全国人民代表大会成立 60 周年大会上的讲话》，载《人民日报》2014 年 9 月 6 日。

③ 参见陈光中、龙宗智：《关于深化司法改革若干问题的思考》，载《中国法学》2013 年第 4 期，第 10 页。

件。为此,一些学者主张取消互相配合原理。[①] 不过,问题的症结并不在配合原理上,而是在配合制度设计上,即传统的侦查中心主义的配合机制。在此配合机制下,侦、诉、审的配合逻辑是后一环节配合前一环节,容易导致起点错、跟着错、错到底的问题。新一轮司法改革提出的以审判为中心的刑事诉讼制度,代表了另一种符合司法规律的良好制度设计。按此制度设计,侦、诉、审的配合逻辑是前一环节配合后一环节,确保案件事实证据经得起庭审的检验,最后实现司法公正和效率相统一。未来刑事司法改革的方向,不应是废弃政法机关互相配合原理,而应是持续优化政法机关合作制度设计,诱导政法机关以帕累托最优的方式互相配合。

在第二类激励机制中,最关键的因素是如何形成理性的合作共识。没有外在强制的自愿合作,通常是建立在合作将带来双方福利改善的理性认识基础上的。例如,法院、检察院、公安机关主动同司法行政机关在调解、法治宣传教育等工作上进行密切合作,就是认识到这些工作可以有效化解大量矛盾纠纷、增强公民法治观念,从而减少进入公、检、法机关的诉访矛盾、引导民众更好理解公、检、法机关的工作。当一方或双方认识不到合作是自身福利改善的选择时,就需要有人进行思想启蒙和教育教化工作,引导其形成理性的合作共识。长期以来,政法系统所开展的社会主义法治理念教育、政法干警核心价值观教育、政法职业精神培育等工作,客观上就起到了统一思想认识、构筑合作共识的功能。最近,最高人民检察院试图运用这种方法破解检察监督的"合作困局"。无论是何种监督形式,被监督者一般都不愿意同监督者合作,因为这通常意味着一场你赢我输的零和博弈。最高人民检察院破解困局的思路是,树立双赢共赢的监督理念,使法律监督在主观和客观方面都发挥好促进和帮助执法司法机关更

[①] 参见左卫民:《健全分工负责、互相配合、互相制约原则的思考》,载《法制与社会发展》2016年第2期,第28-29页。

全面、更深刻理解法律、共同履行好法定职责的作用，共同推进严格执法、公正司法。① 这是一种消除零和博弈忧虑、构建理性合作共识的策略。由上述分析可知，构建法律职业共同体，凝聚更多理性的法治共识，是推进政法系统内部协作配合的应有之义。

（四）互相制约

这一原理所回应和解决的问题是，如何激励政法机关及其人员之间互相监督制约，防止权力运行偏离政法体制所预设的集体目标。与以权利制约权力相比，以权力制约权力是一种地位更对等、信息更对称、手段更有力的制约形式，因而从理论上说，更有利于防范和纠正执法司法问题。但与以维护自身利益为动机的权利主体相比，履行职务行为的权力主体往往缺乏制约权力的利益动机。而且，政法机关之间的互相制约通常发生在有配合关系，甚至是熟人关系的圈子内，容易产生做老好人、怕得罪人的不愿制约的心理，甚至有可能异化为官官相护的权力同盟。最高人民检察院工作报告多次提到检察机关不愿监督、不敢监督的问题。因此，如果不解决以权力制约权力的激励机制问题，法律所设计的制约并不会自动发生。

从性质上看，政法机关之间的监督制约可分为两类：第一类是刑事诉讼过程的互相制约，如检察机关在审查起诉过程中对侦查机关的制约，法院在行使审判权过程中对检察机关的制约，法院在行使减刑、假释裁定权过程中对监狱的制约。第二类是基于法律监督权的单向制约，如检察机关对看守所、监狱活动的监督，对法院民事、行政诉讼的监督。对这两类制约，需设计不同的激励机制。

---

① 参见张军：《坚定"四个自信"深化检察理论研究 为新时代检察工作提供强有力理论支撑》，载《人民检察》2018第9期，第8页。

第一类制约主要通过司法人员行使办案权实现，司法责任制是最有效的激励机制。传统的办案审批制是集体决定、集体负责，办案人员无决定权亦无责任。在这种体制下，办案人员是否对前一环节行使制约权，完全取决于个人素质和觉悟。新的司法责任制是谁办案谁负责，办案人员有决定权亦承担相应责任。如果办案人员不制约前一环节，别人的错误就会变成自己的错误，同样要被追究办案责任。实践表明，司法责任制为办案人员积极主动行使制约权提供了内在动力和正当性理由。同时，司法责任制也为另一种制约形式提供了有效的激励，即办案人员可以以司法责任制为理由抵御本单位内外的各种不正当干预和压力。从上述意义上说，党的十八大以来确立的司法责任制，不只是对司法机关内部权力运行体制的历史性重构，也是在健全互相制约的政法体制上迈出的关键性一步。

第二类制约主要通过司法人员行使监督权实现。这类监督有两种形式：一是派驻监督。这是传统上检察机关对看守所、监狱所采用的监督形式。其优点在于在场监督，检察人员长期工作在派驻单位，熟悉派驻单位情况和问题。其缺点亦在于在场监督，监督者和被监督者形成熟人关系，易产生熟人监督难题，使监督流于形式。为破解这种监督难题，2018年《人民检察院组织法》确立"派驻＋巡回"模式后，检察机关开展了"派驻"改"巡回"试点。[①] 二是外部监督。检察机关对法院民事、行政诉讼活动采用这种监督形式。这是一种远距离、非在场的监督，易产生信息不对称问题。总体上看，这两种监督的共同问题在于监督者有权而无责，因而存在监督者激励不足的缺陷。在这方面，应借鉴党内纪委（纪检组）的监督主体责任制度，明确监督部门和人员的监督责任，对监督失职渎职行为严格问责。

[①] 参见徐盈雁：《改"派驻"为"巡回"，监狱检察方式迎来重大改革》，载《检察日报》2018年6月1日。

如何理解政法：范畴、传统和原理

三、政法机关外部关系的规范性原理

所谓政法机关的外部关系，是指大政法体制下政法机关与其他治理主体的关系。如前所述，大政法体制起源于 1980 年代确立的社会治安综合治理体制，当时是为解决相当突出的社会治安问题而设计的。中央综治委首任主任乔石指出，"要保证社会治安的持续稳定，光靠政法部门自己的力量不行，必须依靠全社会的共同努力。"① 进入 21 世纪后，随着中国社会进入矛盾凸显期、信访高发期、诉讼爆炸期，综合治理体制已从社会治安领域扩展到社会管理和社会治理全领域，逐步演变为"共建共治共享的社会治理体制"。党的十九届四中全会提出，坚持和完善共建共治共享的社会治理制度，建设人人有责、人人尽责、人人享有的社会治理共同体，建设更高水平的平安中国。②

与传统的以政法机关为中心的综合治理体制相比，这种新型社会治理体制，不仅承认和构建了政法机关与其他治理主体的合作共治、互利共赢的平等关系结构，而且蕴含和贯彻了将治理防线从政法机关前置到其他主体的先后时序逻辑，即"把着眼点放在前置防线、前瞻治理、前端控制、前期处置上"③，从而实现了对政法机关外部关系的系统性重构。由于政法机关的外部关系大体上可分为政法机关与社会主体、政法机关与基层党政组织、政法机关与其他党政机关三方面，我们可以将这三种关系的规范

---

① 乔石：《维护正常的社会经济秩序始终是政法工作的头等任务》，见《乔石谈民主与法制》上，人民出版社、中国长安出版社 2012 年版，第 118 页。
② 参见《中共中央关于坚持和完善中国特色社会主义制度 推进国家治理体系和治理能力现代化若干重大问题的决定》，载《人民日报》2019 年 11 月 6 日。
③ 郭声琨：《坚持和完善共建共治共享的社会治理制度》，载《人民日报》2019 年 11 月 28 日。

性原理概括为社会自治优位、基层治理优位、前端治理优位。此处所说的"优位",是指在社会治理板块结构上的先后顺序安排,即将其他治理机制置于政法治理机制之前,优先发挥其他治理机制的作用,政法治理机制履行兜底功能。

(一) 社会自治优位

所谓社会自治优位,就是把社会自我治理机制前置为社会治理的第一道防线,最大限度地实现社会问题由社会自身解决。这是党的十八大以来确立的新的规范性原理,代表了政法体制的未来发展方向,但仍有待在政法工作实践中全面贯彻落实。社会自治机制包括邻里互助、社会救助、单位自治、行业自律、社会组织服务等机制。这一规范性原理的正当性理据至少包括三方面:第一,合意性。与以对抗、强制为主要特征的官方纠纷解决机制相比,以协商、调解为主要特征的社会自治机制,更有利于以合意的方式解决矛盾问题,减少对社会关系的损害,增加社会和谐因素。第二,简约性。从社会治理角度看,社会自治就是社会主体自主解决身边矛盾问题的过程,能够做到早发现、早防范、早解决,因而是一种最简约、最快捷的治理机制。第三,低成本。社会自治是一种不需要政府介入、不消耗政府资源的治理机制。大力发展社会自治机制,有利于节约政府治理成本,减轻政法机关的维稳压力。

中国社会治理体制从"社会管制""社会管理"到"社会治理"的范式变迁,反映了政府与社会之间、特别是政法机关与社会主体之间关系("政社关系")的理论认识和制度安排的历史性变化。我们可以从位移、位阶、位序三个维度考察政社关系的历史性变化。

从位移维度看,政社关系从总体性支配关系向还权关系转变。在社会管制范式下,政府权力全面进入社会领域,大包大揽所有社会事务和社会责任,以实现对社会空间的总体性支配。改革开放以来,简政放权成为政府改革的主旋律,政府权力逐步退出社会空间,市民社会和公共领域逐步形成。肩负巨大维稳压力的政法机关,是这一历史进程的积极推动者。政法机关提出,改变政府包打天下的格局,"面对纷繁复杂的社会事务,政府必须保持必要的谦抑,把不擅长、做不好的事情交给社会组织去做"①。政法机关在推进社会自治上的策略有三种。一是退出策略,即从更适合于社会经营的行业领域退出来。例如,公安机关从社会安保安防领域退出来,推动形成庞大的安保安防产业。人民法院开展审判辅助事务社会化改革,推动诉讼服务行业的发展。二是扶持策略,即扶持社会组织的发展。中央政法委提出,加快培育与现代社会治理结构相适应的公益性、互助性社会组织,支持行业协会商会类社会组织发展,发挥好他们在参与社会事务、维护公共利益、救助困难群众、化解矛盾纠纷中重要作用。三是引导策略,即引导企事业单位增强自我治理能力。政法机关在办理案件的过程中,引导企事业单位健全内部利益协调、诉求表达、权益保障等内部治理结构,及时解决职工合理合法要求。②

  从位阶维度看,政社关系从强制型关系向契约型关系转变。在社会管制和社会管理范式下,政府与社会主体是命令服从关系。政府可以强制性地给社会主体分配义务,但可能产生社会主体懈怠、规避义务的现象。在社会治理范式下,政府与社会主体是伙伴关系,在市场机制下开展合作,以契约形式明确各自权利和义务。中央政法委提出,要善于运用市场思维、市场机制推进社会治理创新,善于通过购买服务、项目外包、保险等

---

  ① 孟建柱:《积极推动创新提高预防各类风险能力》,南方网,http://news.southcn.com/china/content/2016-10/14/content_157513114.htm,2020 年 3 月 12 日。

  ② 参见陈一新:《新时代市域社会治理理念体系能力现代化》,载《社会治理》2018 年第 8 期,第 10 页。

方式化解矛盾、防控风险,提高社会治理市场化水平。[1]例如,在解决严重精神障碍患者的监护问题上,政法机关会同有关部门推出的监护人以奖代补和监护人责任险机制,都属于市场化、契约化的解决方案。其中,以奖代补是对监护得力而没有发生肇事肇祸行为的监护人进行奖励,监护人责任险则是为了解决严重精神障碍患者实施肇事肇祸行为后的损害赔偿问题。[2]

在位序关系上,政社关系从政在社前向社在政前转变。在社会管制和社会管理范式下,政府体系是防范化解社会矛盾的第一道防线。在社会治理范式下,社会体系是防范化解社会矛盾的第一道防线,只有当社会体系失灵失效时,政府体系才有必要启动。这和古典礼法传统礼在法前的位序安排是一脉相承的。改革开放四十多年,面对诉讼案件持续快速增长之势,政法机关在纠纷解决理念上的一个最显著变化,就是从以诉讼为中心到把非诉讼纠纷解决机制挺在前面,引导更多纠纷通过非诉方式解决。[3]在非诉讼纠纷解决机制中,重点是把民间性纠纷解决机制挺在前面。最高人民法院已出台多项有关推进多元化纠纷解决机制改革的文件,通过鼓励当事人先行协商和解、探索建立调解前置程序、健全委派委托调解程序、探索开展诉前鉴定评估、建立诉讼风险告知程序、完善调解协议司法确认程序、加强与公证机构的对接等,引导当事人优先选择民间性机制解决纠纷。[4]

---

[1] 参见孟建柱:《深入推进社会治理创新 进一步增强人民群众安全感——学习贯彻习近平总书记关于加强和创新社会治理重要指示》,载《社会治理》2016年第6期,第12页。

[2] 参见徐冉:《精神障碍患者监护人责任保险的功效及建议》,载《中国银行保险报》2019年12月26日。

[3] 参见郭声琨:《坚持以习近平新时代中国特色社会主义思想为指导 进一步提升新时代政法工作能力和水平》,载《求是》2019年第11期。

[4] 参见《关于建立健全诉讼与非诉讼相衔接的矛盾纠纷解决机制的若干意见》(法发〔2009〕45号)、《关于人民法院进一步深化多元化纠纷解决机制改革的意见》(法发〔2016〕14号)、《关于进一步完善委派调解机制的指导意见》(法发〔2020〕3号)。

（二）基层治理优位

所谓基层治理优位，是指在政府治理纵向体系中，把基层治理前置为政府治理的前沿阵地，最大限度让社会矛盾问题解决在基层、化解在萌芽状态。这一规范性原理的正当性理据主要体现在基层治理的两大优势上。一是知识优势。基层党政干部作为基层治理行动主体，熟悉本乡本土的地方性知识[①]，知道如何以当地人最能接受的方式解决矛盾问题。在化解小矛盾小纠纷上，这类地方性知识往往比冷冰冰的法律更有解开心结、定分止争的功效。二是时机优势。基层党政干部生活在基层群众身边，拥有在早期阶段发现和解决问题的有利时机，能够做到把问题化解在萌芽状态。如果基层治理失职失能，基层矛盾问题化解不了，就会产生"上行效应"甚至"放大效应"，演变为入县、入省乃至进京的诉访矛盾，迫使政法机关以更高的成本解决。因此，理性自利的政法机关有足够的动机重视和支持基层治理，推动矛盾纠纷化解在基层。被奉为政法战线一面旗帜的"枫桥经验"的成功之处，就在于能实现"小事不出村、大事不出镇、矛盾不上交"。

这种基层治理优位的治理原理是中国共产党执政逻辑在治理领域的延伸。作为走"农村包围城市、武装夺取政权"革命道路的执政党，深谙基层工作在执政治国中的重要性，将基层从政治体系的边陲地带重置为中心地带，改写了"皇权不下县"的古典政治版图。执政党本身积极实施政党下基层的发展战略，在城乡基层普遍建立并做实做强基层党组织，推动基层党组织在基层治理中扮演主导角色。"枫桥经验"的首要元素就是"党

[①] 参见苏力：《为什么"送法上门"?》，载《社会学研究》1998年第2期，第51-52页。

建统领",即充分发挥基层党组织的"领头雁"作用,带领群团组织、自治组织、社会组织共同做好基层治理工作。①

近年来持续推进的"政法下乡进村工程",可以说是政法机关支持基层治理的重要举措,也强化了政法机关的基层渗透力。在乡镇(街道)一级,继公检法司系统设置公安派出所、检察室、派出法庭、司法所之后,党委政法委和原综治办系统相继推动设置政法委员和综治中心。2019年《政法工作条例》明确规定,乡镇(街道)党组织配备政法委员,乡镇(街道)综治中心由政法委员统筹指导。在村(社区)一级,政法机关普遍实施"三官一律"②驻村(社区)制度,将政法力量布局到最基层治理单元,构建"一村一警官""一村一检察官""一村一法官""一村一法律顾问"格局。除了这种临时驻村模式,不少地方还在村(社区)设置1—2名专职辅警,协助派出所在相应村(社区)从事警务辅助工作。公安部提出,进一步提升社区农村警力专职化水平,完善现代化社区农村警务工作体系。③总体上说,由于政法力量的下沉增强了基层专业化、法治化的治理力量,能够起到分担基层治理压力的作用,基层党政组织对此普遍持欢迎态度。

值得特别指出的是,由党委政法委和原综治委所主导和推进的网格化管理,是创新基层治理体制、提升基层治理能力的重要探索。所谓网格化管理,是指以楼栋、街区等为标准把城乡社区进一步细分为若干网格,配备网格长和若干名网格员,负责对网格内所有人、地、物、事、组织的巡查走访、信息采集、问题上报、服务管理。这一新的管理模式有两个突出

---

① 参见中国法学会"枫桥经验"理论总结和经验提升课题组:《"枫桥经验"的理论构建》,法律出版社2018年版,第29页。
② "三官一律"是指警官、法官、检察官、律师。
③ 参见王巍:《公安部:推动警力下沉 坚持发展新时代"枫桥经验"》,新京报,http://www.bjnews.com.cn/news/2019/03/21/558726.html,2020年3月15日。

特点：一是全要素、无缝隙管理。由网格长和网格员运用"人力＋科技"手段，对网格内所有社会治理事（部）件进行巡查管理，及时发现、处理网格内的问题隐患，对无法自行处置的问题隐患第一时间上报。二是统一调度、联动处置。由市（县、区）和乡镇（街道）综治中心运用智能化信息平台，对网格上报的问题线索进行分析分类，分别交由各执法部门及时处置，并对部门处置情况进行监督考核。[①] 这种管理模式在社区之下增设了网格这一新的管理层级，打破了以往条块分割、各自为政的管理体制，构建了主动排查、快速处置风险隐患的治理体制，可以说是基层治理现代化的突破性尝试。

（三）前端治理优位

所谓前端治理优位，是指在政府治理横向体系中，把前端治理置于政府治理的优先地位，最大限度在前端治理环节消解社会安全稳定风险。在政府治理横向体系中，政法机关处于后端治理环节，主要是在社会安全稳定风险落地后依法处置，属于应对型治理。大多数其他党政机关处于前端治理环节，如能依法正确履行部门职责，可防范或消解潜在的安全稳定风险，起到预防型治理作用。相反，如果前端治理环节缺位或失职，遗留的风险隐患就会传导到后端治理环节，转化为政法机关难以解决的棘手社会矛盾。长期以来，在征地拆迁、资源开发、工程建设、环境保护、集资借贷等领域群体性矛盾纠纷易发多发，就与前端治理环节规划不科学、决策不合理、监管不到位有直接关系。对此，肩负维稳责任的政法机关深有体会，呼吁前端治理环节的党政机关树立安全与发展并重的理念，把平安建

---

① 参见刘伟、王柏秀：《网格化治理视角下的社会治理模式创新——以苏州市吴中区为例》，载《国家治理》2019年第8期，第27页以下。

设融入经济社会发展全过程,把防控风险贯彻到规划、决策、监管各领域环节,从源头上预防和减少社会矛盾的产生。[1]

前端治理优位原理可以用预防型政府理论来加以说明。"预防型政府"是政治学界提出的一种新的政府治理模式,主张面对风险社会和公众预防性需求,政府治理模式应从事后应对向事先预防转变,政府角色应从回应型政府向预防型政府转换。[2] 中国和很多国家都越来越重视政府的预防性治理功能。习近平多次就防范化解重大风险发表重要讲话,强调既要有防范风险的先手,也要有应对和化解风险挑战的高招;既要打好防范和抵御风险的有准备之战,也要打好化险为夷、转危为机的战略主动战。[3] 在加强和创新社会治理的指示中,他要求政法综治系统"提高预测预警预防各类风险能力"[4]。

近年来,前端治理优位原理的实践应用带来了中国政府治理体制的新变革、新动向。第一,强化对前端治理的制度约束,从源头上防范和减轻后端治理的负荷。这方面的一个重要举措,是建立健全党政机关依法民主决策的程序,强化对前端决策环节的程序约束。依法民主决策的过程,是广泛听取和吸纳各方面意见,在不同利益诉求中求同存异、聚同化异的过程,有利于使公共决策尽可能兼顾各方利益,防止因决策不当引发社会矛盾。国务院《重大行政决策程序暂行条例》确立了公众参与、专家论证、风险评估、合法性审查等决策程序,并将政法机关提出的社会稳定、公共

---

[1] 参见蔡长春:《健全完善社会治安综合治理体制机制:全国社会治安综合治理表彰大会精神解读》,法制网 https://baijiahao.baidu.com/s?id=15809673388873803558&wfr=spider&for=pc,2020年3月15日。
[2] 参见侯书和:《"预防性政府"解析》,载《社会科学战线》2013年第4期,第218页以下。
[3] 参见习近平:《提高防控能力着力防范化解重大风险 保持经济持续健康发展社会大局稳定》,载《人民日报》2019年1月22日。
[4] 习近平:《完善中国特色社会主义社会治理体系 努力建设更高水平的平安中国》,载《人民日报》2016年10月13日。

安全风险评估纳入风险评估程序。①

　　第二，建立健全跨部门合作治理机制，推进前端治理和后端治理的贯通融合。按照是常规设置机制还是临时设置机制，又可分为两类：第一类是常设性的跨部门合作治理机制。这种机制主要是2018年机构改革前的社会治安综合治理机制和改革后的平安建设工作协调机制。这一协调机制由党委政法委牵头，负责统筹政法系统和相关部门的资源力量，形成问题联治、工作联动、平安联创的良好局面。② 第二类是临时性的跨部门合作治理机制。这类机制通常为实施某项治理任务而建立，任务完成后即撤销。例如，为有效治理电信网络诈骗犯罪高发问题，2015年国务院建立了打击治理电信网络新型违法犯罪工作部际联席会议机制，由公安部牵头，23个部门参加。③ 无论是常设机制，还是临时机制，通常都由政法机关牵头，这是对政法机关的社会治理专业优势的体制性承认。

　　第三，扩大政法机关前端治理参与权，使后端治理环节的合理意见反馈到前端治理环节。政法机关在办理大量案件的过程中，往往能洞察到前端治理的缺陷，提出完善前端治理的合理意见，但需要有向前端治理环节反馈的制度化渠道。《立法法》《行政法规制定程序条例》等法律法规赋予了政法机关立法提案权、参与权，可就完善前端治理领域立法，向有关立法主体提出意见建议。《民事诉讼法》《行政诉讼法》《人民检察院组织法》等法律赋予了法院、检察院司法建议权、检察建议权，可就加强和优化前端治理，向有关部门提出意见建议。例如，2018年修改后的《人民检察院组织法》确立了检察建议制度，规定有关单位应当予以配合，并及时将

---

① 参见《重大行政决策程序暂行条例》第22条，载《人民日报》2019年6月4日。
② 参见习近平：《全面深入做好新时代政法各项工作 促进社会公平正义保障人民安居乐业》，载《人民日报》2019年1月17日。
③ 参见郭声琨：《坚决打击治理电信网络新型违法犯罪》，公安部网站，http://www.gov.cn/guowuyuan/2015-10/10/content_2944676.htm，2020年3月15日。

采纳情况书面回复人民检察院。① 近年来，政法机关越来越重视运用这些权力，推动前端治理环节完善有关立法和制度，从源头上减少影响社会和谐安定的问题发生。比如，2018年最高人民检察院针对校园安全管理规定执行不严格、预防性侵害教育缺位等问题，向教育部发出"一号检察建议"，推动教育部出台和落实了一系列加强中小学（幼儿园）预防性侵害学生工作的制度措施。②

四、执政党与政法机关关系的规范性原理

执政党与政法机关的关系是中国国家治理体系中党政关系在政法领域的缩影。在这种治理体系下，执政党和政府并非两个独自运行的系统，而是在执政党的集中统一领导下，形成了统筹协同的党政结构。③ 这一政治结构的合法性来源于宪法，优越性体现在整体性治理上。作为国际社会备受推崇的公共管理范式，整体性治理是指政府部门运转和权力运行从分散走向集中、从破碎走向整合、从冲突走向协同，实现协作性、无缝隙的公共治理。④ 中国的党政结构开创了一种中国式的整体性治理模式，即"各国家机关是一个统一整体，既合理分工，又密切协作，既充分发扬民主，又有效进行集中，克服了议而不决、决而不行、行而不实等不良现象，避免了相互掣肘、效率低下的弊端"⑤。

---

① 参见《人民检察院组织法》第21条，载《人民日报》2018年12月1日。
② 参见彭波：《"一号检察建议"发出后》，载《人民日报》2019年5月23日。
③ 参见王浦劬、汤彬：《当代中国治理的党政结构与功能机制分析》，载《中国社会科学》2019年第9期，第7页。
④ 参见竺乾威：《从新公共管理到整体性治理》，载《中国行政管理》2008年第10期，第52页以下。
⑤ 习近平：《坚持、完善和发展中国特色社会主义国家制度与法律制度》，载《求是》2019年第23期，第6页。

党管政法是这种党政结构在政法领域的逻辑展开，不仅界定了执政党与政法机关之间的关系，而且构成了政法体制的基石性原理。正是由于执政党的集中统一领导，中国政法体制才能既贯通政法机关之间的关系，又融合政法机关和其他治理主体之间的关系。不过，党管政法突破了西方法治理论所谓"司法独立""司法不党"原则，因而是中国政法体制中最容易引起误解的方面。要消除这些误解，就要把政法工作实践中党管政法的一整套规范性原理、操作性原则梳理出来，把其中蕴含的一系列中国经验、中国智慧阐释清楚。

（一）宏观领导

这是界定党管政法的范围的规范性原理。在谈到党委政法委的职能时，乔石曾提出，"要管得虚一点，着重抓宏观指导和协调"[1]。本章将政法工作管理区分为宏观领导和微观管理，前者是指执政党对政法工作方针政策、体制机制、队伍建设等全局工作的指导，后者是指政法机关对执法办案等业务工作的管理。党的十八大之前，关于党的领导的基本定位是"政治领导、思想领导、组织领导"，"不插手、不干预司法机关正常司法活动，不代替司法机关对案件定性处理"[2]。党的十八大以后，党管政法的范围进一步明确为"管方向、管政策、管原则、管干部，不包办具体事务，不要越俎代庖"[3]。这些定位实际上区分了宏观领导和微观管理，前

---

[1] 乔石：《加强社会主义民主和法制 维护社会稳定》，见《乔石谈民主与法制》上，人民出版社、中国长安出版社2012年版，第194页。

[2] 罗干：《深入开展社会主义法治理念教育 切实加强政法队伍思想政治建设》，见《罗干谈政法综治工作》，中国长安出版社2015年版，第271页。

[3] 习近平：《在中央政法工作会议上的讲话》，见中央文献研究室编：《习近平关于全面依法治国论述摘编》，中央文献出版社2015年版，第111页。

者是执政党的领导的肯定性方面,后者是执政党的领导的排除性方面。

将执政党的领导定位为宏观领导的根本原因,就在于执政党的领导优势集中体现在宏观领导上。在国家治理体系中,执政党的领导优势之一是以执政党的整体主义克服政府系统的部门主义之弊。政府系统被划分为立法、行政、司法等部门,容易滋生部门本位主义,产生部门之间互相割据、掣肘的现象。执政党可以跳出部门利益、局部理性的窠臼,站在整体利益、全局理性的角度,制订出符合全体利益和长远利益的方针政策。这是政法体制下党管政法工作大政方针的正当性基础。执政党可以利用总揽全局、协调各方的执政权,统筹协调相关部门对有分歧的问题,提出协商一致的解决方案。这是政法体制下政法机关之间分工协作、政法机关和其他部门合作共治的重要保障机制。

执政党的领导优势之二是以执政党的行动主义弥补政府运行的科层制短板。现代政府的运转方式是科层制,即以纵横交织的层级体系为组织载体,以非人格化的规则体系为行动规范,推动政府决策自上而下地执行。科层制的主要优点是政府运行的制度化、程式化、秩序化,但也容易出现官僚主义、行动迟缓、执行梗阻等问题。执政党的运转方式是行动主义,可以突破繁复的科层链条,以特定治理事项为中心,对问题作出快速的反应和处理。因而,执政党的行动主义为克服科层制短板提供了一种外部性解决方案。[①] 特别是执政党可以利用其机动灵活的纪检、督察等机制,及时发现、查处党员干部的违法违纪行为,清除政府运行中的腐败、梗阻因素。这是政法体制下党管政法干部的正当性理据之一。

执政党的领导优势之三是以执政党的绩效主义补救执法司法的法条主义之弊。按照法治的训诫,政府应依据法律规则执法司法,但这容易简单

[①] 参见王浦劬、汤彬:《当代中国治理的党政结构与功能机制分析》,载《中国社会科学》2019年第9期,第16页。

化为法条主义。所谓法条主义,是指执法司法过分拘泥于法条的教义分析和逻辑推理,忽视法条背后的政策考量和情理因素,从而容易出现明显有悖社情民意的结果。[1] 执政党执政的合法性来源于人民的拥护,必然追求人民所期待的治理绩效,构建让人民满意的执法司法制度。执政党通过加强政治领导、思想领导,组织开展执法为民、服务大局等法治教育,就是要推动执法司法人员更好把握中国法治的终极目标和基本精神,防止法条主义式的机械执法办案,在法治约束下取得人民满意的执法司法绩效。[2] 这是政法体制下执政党进行政治领导、思想领导的要义之所在。

如果说执政党的领导优势决定了执政党应当管什么,那么政法机关的职能优势决定了执政党不该管什么。政法机关的职能优势主要包括:一是职业性优势,即拥有一大批精通法律政策、富有执法办案经验的执法司法人员,能对案件作出专业化处理。二是亲历性优势,即执法司法人员部分或全程亲历案件的现场调查、讯问、庭审等过程,比案外人掌握更充分的第一手信息。三是程序性优势,即执法司法活动遵循一套复杂严密的程序,能把法律瑕疵和错误控制在最小限度。由这些职能优势所决定,包括执政党在内的所有党政组织都应尊重政法机关的执法司法权,不得随意干预、插手执法司法活动。

为保证政法机关依法独立行使执法司法权,宏观领导原理包括两项排除性原则,即不替代、不干预原则。不替代原则,是指执政党组织不得行使政法机关及其内设组织的法定职权职责。这既包括党委及其政法委不得行使宪法和法律赋予政法机关的职权职责,又包括政法机关党组(党委)

---

[1] 参见苏力:《法条主义、民意与难办案件》,载《中外法学》2009年第1期,第93页以下。
[2] 近年来,即使是号称司法独立的西方国家,也在顺应国民的期待推进司法改革,构建国民信任或满意的司法制度。参见《日本司法改革审议会意见书——支撑21世纪日本的司法制度》,张卫平、李旺译,见《司法改革论评》第3辑,中国法制出版社2002年版,第317-319页;《美国联邦司法改革纲要(上、下)》,何帆、林娜、张嘉伟译,载《人民法院报》2016年9月23、30日。

不得行使法律赋予审判委员会、检察委员会等业务机构的职权职责。不干预原则,是指执政党组织及领导干部不得违法干预执法司法活动、插手具体案件处理。2015年,《领导干部干预司法活动、插手具体案件处理的记录、通报和责任追究规定》《司法机关内部人员过问案件的记录和责任追究规定》两项党内法规,从外部关系和内部关系两方面将不干预原则转化为可执行、可问责的制度,有利于确保司法机关和司法人员依法独立行使职权。

上述分析表明,党管政法制度设计背后隐含的一项智慧是,将执政党的领导优势和政法机关的职能优势有机结合起来,最大限度提升政法工作质量和效能。因此,党管政法实际上是把执政党的领导优势转化为国家治理效能的理性选择。

(二) 归口领导

这是界定党管政法之体制的规范性原理。归口领导作为中国共产党对党和国家工作实施领导的体制架构,是建立在一种特殊的政治分类学的基础之上的。在长期的革命和建设实践中,中国共产党运用马克思主义理论对党和国家工作进行分类,提出了军事、组织、宣传、财经、外事、统战、政法、群团等一系列工作范畴[①],确立起了一种富有中国特色的政治分类学。根据这种分类学,中国共产党将各部门各行业划分为若干个系统或口,分别设置相应的党的职能部门,实行归口领导和管理。近年来,加强党的领导的一个重要方向,是强化党的职能部门的归口管理职能。2018年《关于深化党和国家机构改革的决定》提出,优化党的组织、宣传、统战、政法、机关党建设、教育培训等部门职责配置,加强归口协调职能,

---

① 《中国共产党章程》第18条规定,党的中央、地方和基层组织必须"经常讨论和检查党的宣传工作、教育工作、组织工作、纪律检查工作、群众工作、统一战线工作等"。

统筹本系统本领域工作。① 各级党委设立政法委，对"政法口"工作进行统一领导，就是这种归口领导体制在政法领域的应用。党委政法委对政法工作的归口领导，既具有归口领导的一般性，又有政法领域的特殊性，总体上可概括为三个基本特点。

第一，常态化。归口领导具有正规化、常规化的特点，这是以党的职能部门的设置为前提的。改革开放以来，随着政法综治维稳工作日益宽泛化、跨界化，党委政法委的机构职能亦呈增长之势，角色定位也从党委参谋助手②向决策部门转变。2015年《中共中央关于全面推进依法治国若干重大问题的决定》明确了党委政法委的六大任务，即把握政治方向、协调各方职能、统筹政法工作、建设政法队伍、督促依法履职、创造公正司法环境。③ 2019年《政法工作条例》在此基础上规定了党委政法委的10项职责，主要包括对政法领域维护政治安全、社会治安综合治理、维护社会稳定、反邪教、反暴恐、法治建设、政法队伍建设、政法宣传舆论引导等工作的宏观指导和统筹。④

第二，专业化。归口领导的另一个优势，就是以专业化的执政党机构和人员领导专业化的国家工作。政法工作无疑是专业性很强的工作，需要党委政法委实施专业化的领导。但是，党委政法委的专业化不能简单地理解为法律专业化，而是一种宽口径的专业化。虽然党委政法委负有统筹协调执法司法工作之职，但其工作重心主要在统筹协调安全稳定工作上。特别是在市、县两级，由于很少有执法司法方针政策问题需要统筹协调，党委政法委的主要职责就是做好安全稳定工作。这就要求党委政法委干部不只是具备法学专

---

① 参见《中共中央关于深化党和国家机构改革的决定》，载《人民日报》2018年3月5日。
② 参见彭真：《在中央政法委员会第一次会议上的讲话纪要》，见彭真：《论新中国的政法工作》，中央文献出版社1992年版，第216-217页。
③ 参见《中共中央关于全面推进依法治国若干重大问题的决定》，载《人民日报》2014年10月29日。
④ 参见《中国共产党政法工作条例》第12条，载《人民日报》2019年1月19日。

业素质,还要具备政治学、社会学、管理学等专业素质。同时,党委政法委干部要履行好宏观领导职责,不仅要具有较高理论和政策水平,还要熟悉政法机关的业务工作。这是党委政法委业务干部多从政法机关优秀干部中选调的重要原因,也是地方政法委书记多从公安局长中产生的知识论依据。从长远来看,党委政法委干部的专业化、职业化,应走政法精英化之路。

第三,集体决策。党委政法委在归口领导上的一个特殊方面,在于其领导机构的人员构成和运行方式。从其名称看,党委政法委和其他党委职能部门的重要区别,是称做"委员会",而不是称作"部"。这一名称实际上反映了党委政法委的特殊性。党委政法委的委员主要由各政法机关主要负责人构成,而且公、检、法三长在行政级别上同党委政法委书记平级。由全体委员出席的全体会议是党委政法委的最高议事决策机制,负责审议研究政法工作重要文件和重大事项。党委政法委的这种独特运行机制,使之成为政法机关之间平等对话协商的制度化平台,成为凝聚并上传政法机关集体共识的制度化管道。

(三) 法治化领导

这是界定党管政法之方式的规范性原理。经过近百年艰难曲折的探索,中国共产党创立了治党治国的法治化模式,即依据国家法律治国理政、依据党内法规管党治党。这一法治化模式的法理基础在于,国家法律是对包括中国共产党在内的所有政治和社会主体的行为的普遍性调整(第一次调整),是中国共产党治国理政的根本遵循;党内法规是在国家法律的基础上对中国共产党党组织和党员的行为的特殊性调整(第二次调整),是中国共产党管党治党的根本遵循。[①] 执政党对政法工作的法治化领导,

---

① 参见宋功德:《坚持依规治党》,载《中国法学》2018年第2期,第12页。

首先要依据国家法律,其次要依据党内法规。

坚持宪法为上、党章为本,是法治化领导的核心原则。尽管宪法和党章均未使用"政法"范畴,但它们以互相区别、互相呼应、互相补充的方式确立了党管政法的总依据和总遵循。其中,宪法是党管政法的前提性、底线性规范。这体现为,宪法关于中国共产党领导地位的规定,构成了党管政法的宪制性基础和合法性来源;宪法关于行政机关、审判机关、检察机关由人民代表大会产生、对它负责、受它监督,法院、检察院依法独立行使审判权、检察权,公、检、法三机关在刑事诉讼中分工负责、互相配合、互相制约等规定,构成了党管政法必须遵循的底线性规范。党章是党管政法的框架性、本原性规范。这体现为,党章关于党的根本制度、组织体系和体制机制的规定,是党管政法的领导模式和框架结构设计的直接依据;党章关于坚持党的领导、人民当家作主、依法治国有机统一,实行依法治国和以德治国相结合,建设中国特色社会主义法治体系,坚持总体国家安全观,严格区分和正确处理敌我矛盾和人民内部矛盾这两类不同性质的矛盾,加强社会治安综合治理等规定,是党管政法必须遵循的指导性原则。

作为国家工作范畴的政法工作,历来是国家法治建设的重点领域,是国家法律法规密集度高的场域,已形成较为完备的法律体系。(1)政法机关组织法,包括法院、检察院、公安机关等机关组织法律法规;(2)政法职业及相关主体法,包括法官、检察官、人民警察、律师、人民陪审员等法律;(3)诉讼与非诉讼纠纷解决法,包括民事诉讼、刑事诉讼、行政诉讼、公证、仲裁、人民调解、司法鉴定等法律法规;(4)社会治理法,包括户口登记、居民身份证、治安管理、道路交通管理、出入境管理、禁毒、枪支管理等法律法规。(5)国家安全法,包括总体国家安全、反间谍、反恐怖主义、网络安全、国家情报等法律法规。这些法律法规是政法机关依法履职的法律准绳,也是党领导政法工作的基本遵循。

相对于国家法律而言,规范党管政法工作的党内法规制度一直较为稀缺，这是过去有的地方党管政法乱象产生的重要原因。2019年中共中央制定的《政法工作条例》，是政法领域第一部党内基本法规，为党管政法工作立规矩、定方圆，在中国政法事业发展史上具有里程碑意义。该条例的一个重要贡献，就是明确规定了从党中央到地方党委、党委政法委、政法机关党组（党委）的领导权责，规定了请示报告、决策执行、监督制约、考评考核、督导检查、问责追责等领导机制，构建起了一种从外部领导到内部执政、从党中央集中统一领导到分层级分系统领导的全方位领导体制，有利于推动党与政法机关关系向科学化、法治化转变。不过，该条例具有很强的纲领性、原则性、概括性，仍需要制定一系列配套法规，使之转化为一系列程序化、精细化、可操作的制度，进而构建起全政法领域党内法规制度体系[①]，真正把领导权关进制度的笼子里。一是健全领导主体制度。制定党委政法委工作条例、政法机关党组（党委）工作条例等中央党内法规，进一步明确机构设立、机构职责、人员组成、内设机构、决策与执行程序等事项。二是健全领导行为制度。制定政治督察、执法监督、综治督导、政法干部管理等中央党内法规，推进党的领导行为规范化、程序化、透明化。三是健全防错纠错制度。针对党管政法中的放任不管、越俎代庖、非法干预案件等问题[②]，制定完善巡视督察、追责问责等中央党内法规，督促党组织依法依规正确行使领导权。

五、结　语

最后，我们可以从知识论和方法论层面，对政法体制研究所涉及的中

[①] 参见段瑞群：《政法领域党内法规体系化建构研究——以〈中国共产党政法工作条例〉文本为例》，载《中国法律评论》2019年第4期，第199页以下。

[②] 参见习近平：《在中央政法工作会议上的讲话》，见中央文献研究室编：《习近平关于全面依法治国论述摘编》，中央文献出版社2015年版，第70页。

国和西方治理体制、学术研究的相互关系等问题，作出几点并非结论性的简要概括。

第一，我们应当看到，中国政法体制与西方法治体制并不是完全不可通约、格格不入的，而是共享了许多相似相近的治理经验。例如，前述的司法权与行政权分离、审判权与检察权分离、司法行政权与司法权的分离、警察权与军事权分离等原则，这些原则事实上跨越了东西方的政治意识形态和文化边界，可以说是现代国家治理的普遍经验。就此而言，中国政法体制和西方法治体制之间具有可比较、可沟通的方面，并且可以进行经验互鉴、知识互享。

第二，从根本上说，中国政法体制是中国文化内生性选择和演化的产物。虽然中国政法体制分享了西方法治体制中具有普遍意义的治理经验，但绝不是西方法治体制的再版、翻版，而是"在我国历史传承、文化传统、经济社会发展的基础上长期发展、渐进改进、内生性演化的结果"①。中国政法体制已在许多方面突破和超越了西方法治体制，因而简单地援用西方法治话语体系来解释它，无异于将其拖上"普罗克拉斯提斯之床"，看到的只能是其乖戾扭曲的形象。

第三，在中国法治学术研究中，政法理论研究仍然是短板。每个民族的人文社会科学理论都脱胎于本民族的独特历史和实践，都是对本民族的独特历史记忆和实践经验的理性提取。西方法治理论不过是西方法治实践经验和文明成就的思想升华。在中国长期的政法实践中，不仅积累了一大批像"枫桥经验"一样有用管用的本土治理经验，而且发展出了一整套具有自我描述、自我证成、自我规范功能的本土政法话语。但是，这些治理经验、话语在很大程度上仍是一套在政法界内部流行的"行话"，面临

---

① 习近平：《不断提高运用中国特色社会主义制度有效治理国家的能力》，见习近平：《习近平谈治国理政》第1卷，外文出版社2014年版，第105页。

"有理讲不出、讲了传不远"①的知识传播困境,难以被圈外人士和域外人士所理解。破解这一困境的使命落在了以学术知识生产为志业的法律学人的身上。我们应对这套本土经验、智慧保持必要的尊重,视之为法治实践奉献给法律学人的丰厚智识资源。同时,应善于运用学术工具和方法,对之进行原理提纯、思想提炼,使之转化为具有解释力、说服力、传播力的理论。这正是本章研究的出发点和着力点,但本章研究还只是一次初步的探索。

---

① 习近平:《在哲学社会科学工作座谈会上的讲话》,载《人民日报》2016年5月19日。

第四章　党法关系的规范性原理

党法关系，即政党和法治的关系，并非是中国或者社会主义国家所特有的问题，而是一个具有普遍意义的现代性议题。从英国、美国、法国等现代化先行国家情况来看，现代政党和现代民主、现代法治之间具有密切的共生关系。例如，在1688年英国光荣革命中，英国历史上（也是世界历史上）两个最早的政党——辉格党和托利党联手发动了推翻詹姆士二世统治的非暴力政变。这场革命所诞生的《权利法案》，确立了议会至上的原则，限制了国王权力，在英国民主法治发展史上具有里程碑意义。

不过，在西方政治学和法学中，党法关系问题通常不是学术研究的显性主题。这是因为，在西方两党制或多党制下，政党执政的方式通常是推荐本党党员竞选或担任国家公职，由本党党员到议会或政府贯彻本党主张。因此，政党并不直接领导国家法治事务，而主要是通过其担任国家公职的党员管理国家法治事务。西方政党介入国家法治的间接性、非线性、隐蔽性特征，容易使人相信国家法治特别是司法是不受政党影响的。但实际上，在现代政党政治下，国家法治运行不可能不受政党政治的深刻影响。即使是号称政党无涉、政治中立的西方司法场域，事实上也无法摆脱政党政治的"万有引力"。正如有的学者所揭示的那样，在美国政党与司法的"显性距离"背后,还存在"隐性关联"[①]。

在马克思主义政党执政的社会主义国家,由于执政党长期并全面领导国家法治工作,执政党和法治的关系就成为法治理论研究和法治体制设计的重要议题。特别是在当代中国,中国共产党对全面依法治国实行集中统一领导,党和法治的关系十分密切,党法关系问题成为法治理论研究和法治体制设计的中心议题。对此,习近平强调:"党和法的关系是政治和法治关系的集中反映。"[②] "党和法治的关系是法治建设的核心问题。"[③] "党和法的关系是一个根本问题,处理得好,则法治兴、党兴、国家兴;处理得不好,则法治衰、党衰、国家衰。"[④] 而且,当代中国的党法关系以最完整的光谱把政党和法治关系的丰富内涵和宽广外延展现出来。可以说,当代中国的党法关系是研究现代政党和现代法治之间紧密而复杂的关系的最佳样本。习近平法治思想是考量党法关系的最佳理论框架,深刻揭示了党法关系的基本原理。

值得指出的是,笔者试图打破过去那种把党法关系问题封闭在中国语境下自说自话的学术讨论方式,转而从现代国家法治建设普遍面临的政党和法治的三组基本关系出发,即政党和国家机关、政党政策和国家法律、政党规章和国家法律的关系,通过国际和国内相参照、相比较的方式,既考量现代政党政治下党法关系的普遍规律和共同原理,又分析中国特色社

[①] 封丽霞:《政党与司法:关联与距离——对美国司法独立的另一种解读》,载《中外法学》2005年第4期,第416页。
[②] 习近平:《在省部级主要领导干部学习贯彻党的十八届四中全会精神全面推进依法治国专题研讨班上的讲话》,见中共中央文献研究室编:《习近平关于全面依法治国论述摘编》,中央文献出版社2015年版,第34页。
[③] 习近平:《关于〈中共中央关于全面推进依法治国若干重大问题的决定〉的说明》,见习近平:《论坚持全面依法治国》,中央文献出版社2020年版,第91页。
[④] 习近平:《在省部级主要领导干部学习贯彻党的十八届四中全会精神全面推进依法治国专题研讨班上的讲话》,见中共中央文献研究室编:《习近平关于全面依法治国论述摘编》,中央文献出版社2015年版,第33页。

会主义制度下党法关系的显著特征，从而揭示党法关系的世界面向和中国面向。

一、政党和国家机关关系的规范性原理

由于立法、执法、司法职能由国家机关承担，因此党法关系的最重要方面，就是政党和国家机关的关系。在现代民主法治体制下，这一关系主要体现为，执政党通过何种渠道或方式合法地控制国家机关，从而主导立法、执法、司法活动。即使是在党政关系较为松散的西方国家，执政党为了掌控法治建设主导权，都要以间接或直接的方式控制国家立法、执法、司法机关。"民主制中政党政府的出现，使政党能够同时对行政机构和立法机构施加影响，而且（至少在有的时候）还能影响到司法机构"[1]。中国宪法以根本大法的形式确立了中国共产党的领导地位，中国共产党和国家政权的关系十分紧密，坚持中国共产党对法治建设的领导，构成了党法关系的基础性原理。从中外法治实践来看，执政党和国家机关的关系可以区分为外部领导、内部执政、党政融合三种模式，体现了执政党从外部到内部、从间接到直接、从分到合主导国家法治建设的政治格局。这三种模式实际上就是构建现代政党和国家机关关系的三项规范性原理。

（一）外部领导

所谓外部领导，是指执政党为了保证政党意志在所有国家机关得到协

---

[1] [法]让·布隆代尔、毛里齐奥·科塔：《政党政府的性质》，曾淼、林德山译，北京大学出版社2006年版，第16页。

调一致的贯彻,对国家机关的方针政策、人事安排等重大事务实施的领导。在西方三权分立体制下,执政党作为一种独立于三权之外的政治力量,通过制定政纲、统一政策、挑选官员等方式,起到沟通和协调三权的纽带作用。美国政治学家古德诺指出:"政党不仅担负起了挑选在政府体制中表达国家意志的机关的成员,即立法机关成员的责任,而且担负起了挑选执行这种意志的人员,即执行官员的责任。"[1] 政党事先要确立一个可以被称为政纲的东西,要求每个争取担任重要官职的候选人正式接受这个政纲,在当选后以这个政纲为行动指南。[2] 西方国家执政党正是通过这些类似于我们所说的政治领导、组织领导等外部领导方式,在一定程度上起到了防止三权各行其是、促进三权协调运转的作用。

外部领导是中国共产党领导国家机关法治工作的最重要形式。正是通过中国共产党的强有力的外部领导,各个国家机关在法治工作上紧密协作配合,形成合意合力,防止各自为战,甚至彼此掣肘、相互抵牾。中国共产党的外部领导的规范性原理可概括为统一领导、全面领导、宏观领导三个方面。

1. 统一领导

这是界定外部领导主体的规范性原理。对各个国家机关法治工作的统一领导权,只能由中国共产党行使。中国共产党统一领导的主要优势在于,以执政党的整体主义克服国家机关的部门主义之弊。国家法治工作由不同机构承担,条块化、碎片化特点较为明显。例如,法律、地方性法规的制定由市级以上人民代表大会及其常委会负责,行政执法、法制宣传教育、公共法律服务、基层依法治理等工作由各级人民政府负责[3],监察执

---

[1] [美] 古德诺:《政治与行政》,王元译,华夏出版社1987年版,第57页。
[2] 参见 [美] 古德诺:《政治与行政》,王元译,华夏出版社1987年版,第58页。
[3] 其中,行政立法工作由市级以上人民政府负责。

法工作由各级监察机关负责,审判工作由各级人民法院负责,检察工作由各级人民检察院负责,容易形成"铁路警察各管一段"的工作格局。中国共产党对国家机关法治工作的统一领导,可以站在整体利益、全局理性的角度,制定出符合全体利益和长远利益的法治工作方针政策,跳出部门利益、局部理性的窠臼。同时,中国共产党可以利用总揽全局、协调各方的领导权,统筹协调相关部门对有分歧的法治问题进行集体研究,提出以集体共识为基础的解决方案,破解不同国家机关之间的合作困境。对于党的统一领导优势,习近平指出,"在党的领导下,各国家机关是一个统一整体,既合理分工,又密切协作,既充分发扬民主,又有效进行集中,克服了议而不决、决而不行、行而不实等不良现象,避免了相互掣肘、效率低下的弊端。"[①] 正是由于执政党对法治建设的统一领导,中国形成了既有分工负责又有集中统一、既有制约又有配合、既有公正又有效率的法治工作体制,超越了西方分权型、对抗型、否决型的法治工作体制。

党的十八大以来,党对法治工作的外部领导体制不断完善,外部领导工作逐步走向体系化、制度化、常态化,有力促进了法治中国建设的统一领导、统一部署、统一实施。

一是党中央和地方各级党委对法治工作的集中统一领导。从中央层面看,这种集中统一领导的形式越来越多样化。第一,以党的全国代表大会形式讨论决定法治建设重大问题。例如,党的十九大对全面推进依法治国的总目标、坚持全面依法治国基本方略、深化依法治国实践等作出了总体安排。[②] 第二,以中央全会形式专门研究部署法治建设重大问题。例如,2014年召开的党的十八届四中全会,是党的历史上第一次专门以法治建

[①] 习近平:《坚持、完善和发展中国特色社会主义国家制度与法律制度》,载《求是》2019年第23期,第6页。

[②] 参见《习近平法治思想概论》编写组:《习近平法治思想概论》,高等教育出版社2021年版,第82-83页。

设为主题的中央全会,审议通过了《关于全面推进依法治国若干重大问题的决定》,对新时代法治中国建设作出了顶层设计,在中国社会主义法治建设史上具有里程碑意义。第三,以中央工作会议形式专题研究决定法治建设重要工作。例如,2020年召开的中央全面依法治国工作会议,是党的历史上第一次以法治建设为主题的中央工作会议。这次会议全面总结了党的十八大以来法治建设取得的成就,确立了习近平法治思想的指导思想地位,对新阶段全面依法治国工作作出了战略部署。第四,中央政治局及其常务委员会研究审议法治建设重大问题。中央政治局及其常务委员会是党中央的领导机构。根据《中国共产党章程》《中国共产党中央委员会工作条例》等党内法规,中央政治局及其常务委员会在中央委员会全体会议闭会期间,行使中央委员会的职权,讨论和决定关系党和国家事业发展全局的重大问题,其中当然包括法治建设的重大问题。[1]

二是党委法治决策议事协调机构对法治工作的统筹协调。设立专门的决策议事协调机构,是中国共产党加强对重大工作领导的重要经验。早在1958年,中共中央就成立了财经、政法、外事、科学、文教等小组,加强对这些工作的统一领导。党的十八大以来,党中央在全面深化改革、国家安全、网络安全、军民融合发展等重要领域成立了决策议事协调机构,对加强党对相关工作的领导和统筹协调,起到至关重要的作用。[2] 2018年党和国家机构改革后,从中央到县级地方党委都普遍设立了法治决策议事协调机构,即全面依法治国(省、市、县)委员会。该委员会的主要职责

---

[1] 参见黄文艺:《坚持党对全面依法治国的领导》,载《法治现代化研究》2021年第1期,第49—50页。

[2] 参见习近平:《关于深化党和国家机构改革决定稿和方案稿的说明》,见《〈中共中央关于深化党和国家机构改革的决定〉〈深化党和国家机构改革方案〉辅导读本》编写组编:《〈中共中央关于深化党和国家机构改革的决定〉〈深化党和国家机构改革方案〉辅导读本》,人民出版社2018年版,第89页。

是对法治建设进行统一规划、统筹协调、整体推进、督促落实，重点推动解决部门、地方解决不了的重大事项，协调解决部门、地方之间存在分歧的重大问题。这就是党的法治领导体制的重大创新，有利于推进党对法治工作领导的常态化、专业化。

三是党委政法委对政法工作的归口领导。党委政法委是党委领导和管理政法工作的职能部门，对审判、检察、公安、国家安全、司法行政等政法机关实行归口领导。由于政法机关在立法、执法、司法、守法四个环节都扮演重要角色，在法治中国建设中居于重要地位①，党委政法委对政法机关工作的归口领导也是党对法治工作领导的重要方面。《政法工作条例》明确规定了党委政法委的10项职责，包括指导、支持和监督政法机关依法行使职权，加强法治中国建设重大问题研究，推进严格执法、公正司法等。②

2. 全面领导

这是界定外部领导范围的规范性原理。党的全面领导原则是毛泽东在1962年1月扩大中央工作会议上首次明确提出的："工、农、商、学、兵、政、党这七个方面，党是领导一切的。"③ 党的十九大重申了这一重大原则，将"坚持党对一切工作的领导"确立为新时代中国特色社会主义方略"十四个坚持"之首。在法治建设领域，党的全面领导体现为"三个领导"，即党的政治领导、思想领导、组织领导。值得指出的是，"三个领导"的中国话语，是对现代政党的三大重要功能的经典式表达，具有明显的正当性、合法性基础。

党的政治领导主要体现为党管法治建设大政方针，这是以政党的政治

---

① 参见黄文艺：《新时代政法改革论纲》，载《中国法学》2019年第4期，第7页。
② 参见《中国共产党政法工作条例》第12条。
③ 《毛泽东文集》第8卷，人民出版社1999年版，第305页。

表达功能为正当性理据的。现代政党的政治表达功能是,"把社会中的要求传达给政府的机构,是联结政府与社会的桥梁"①。有学者认为,政党是把群众偏好变成公共政策的基本组织。②党的政治领导的核心要义,就是履行好民意民利表达功能,将人民意愿和利益反映到法治建设的重大决策中,让人民成为法治建设的决定者、受益者。党的政治领导的主要形式,就是以党代会、全会形式研究作出法治建设长远安排,以党的常委会等形式研究决定法治建设重要事项。

党的思想领导主要体现为党管法治意识形态,这是以政党的政治整合功能为正当性理据的。现代政党的政治整合功能是,"创立国家认同和建立合法性",保持政治共识和社会凝聚力,"是执行'凝聚'功能的机构"③。党的思想领导的主要任务,就是履行好政治整合功能,建设具有强大凝聚力和引领力的社会主义法治文化,更好地强信心、聚人心、筑同心。例如,从1980年代起在党中央领导下推进的法治宣传教育活动,持续不断地向大众普及现代法治精神、观念、知识,乃是一场开展法治启蒙、培育法治共识、构建法治认同的法治新文化运动。近年来在党中央领导下法治队伍开展的社会主义法治理念教育、社会主义核心价值观教育、习近平新时代中国特色社会主义思想大学习大研讨大培训等活动,乃是一场构筑政治共识、凝聚法治合力的思想改造运动。

党的组织领导主要体现为党管法治机关领导干部,这是以政党的政治录用功能为正当性理据的。现代政党的政治录用功能是,从社会精英中选拔、培养政治领导人,依法提名或推荐其竞选或担任国家公职。西方学者

---

① [美]乔瓦尼·萨尔托里:《政党的类型、组织与功能》,胡小君、朱昔群编译,载《马克思主义与现实》2006年第3期,第71页。
② 参见王长江主编:《政党政治原理》,中共中央党校出版社2009年版,第55页。
③ [美]乔瓦尼·萨尔托里:《政党的类型、组织与功能》,胡小君、朱昔群编译,载《马克思主义与现实》2006年第3期,第70页。

普遍看重政党的这一功能,"政党是由在选举中正式提出的正式标识来辨别身份的、能够通过选举（自由的或不自由的）提名候选人占据公共职位的政治集团"①。有学者认为,政党"提供了准备、选择和培养国家各级领导人的重要机制","像是政府的门卫,控制着个人进入政府的程序"②。党的组织领导的主要任务,就是履行好选人用人职能,加强法治领导干部培养和管理工作,选优配强国家机关法治领导干部。近年来,党中央从法治领导干部的职业特点出发,设计了一系列区别于普通领导干部的选任管理措施。例如,2017年中共中央《关于新形势下加强政法队伍建设的意见》提出,把知法懂法作为政法领导干部任职的必备条件,规范对政法领导干部配偶、子女及其配偶从事相关法律职业的管理,严格执行地方各级法院院长、检察院检察长、公安厅局长易地交流任职制度,推动政法领导干部跨地区、跨部门、跨行业交流锻炼等。③

3. 宏观领导

这是界定外部领导边界的规范性原理。中国共产党对法治建设的全面领导,并不意味着党组织包办国家机关法治工作。党的领导主要是对法治建设的宏观领导,而不是对法治业务工作的微观管理。

将党的领导定位为宏观领导,而将微观管理留给国家机关,有利于发挥党组织和国家机关各自的比较优势。党组织的比较优势在于把方向、定政策、管原则,更适合于实施宏观领导。国家机关的比较优势在于业务、执行上,更适合于进行微观管理。

如果说宏观领导原理从肯定的方面明确了外部领导的范围,那么不替代、不干预原则则从否定的方面划出了外部领导的边界。在谈到党对政法

---

① ［意］G. 萨托利：《政党与政党体制》,王明进译,商务印书馆 2006 年版,第 95 页。
② 燕继荣：《政治学十五讲》,北京大学出版社 2004 年版,第 178 页。
③ 参见《坚定理想信念 打造过硬政法队伍——中央政法委机关负责人就〈关于新形势下加强政法队伍建设的意见〉答记者问》,载《人民日报》2017 年 1 月 19 日。

工作的领导的错误倾向时，习近平指出："有的对政法部门职责范围内的事情管得过多过细，管了一些不该管、管不好的具体业务工作；有的甚至为了一己私利，插手和干预司法个案。"[①] 这实际上提出了不替代和不干预原则。不替代原则，是指党的领导机关和领导干部不得包办国家机关的法治业务工作。"对来自群众反映政法机关执法办案中存在问题的举告，党政领导干部可以依法按程序批转，但不得提出倾向性意见，更不能替政法机关拍板定案。"[②] 不干预原则，是指党的领导机关和领导干部不得借党的领导之名违法干预执法司法活动、插手具体案件处理。习近平指出，每个党政组织、每个领导干部"就不能以党自居，就不能把党的领导作为个人以言代法、以权压法、徇私枉法的挡箭牌。我们有些事情要提交党委把握，但这种把握不是私情插手，不是包庇性插手，而是一种政治性、程序性、职责性把握，这个界线一定要划分清楚"[③]。

（二）内部执政

所谓内部执政，通常是指执政党通过在国家机关建立党组织和委派干部依法执掌该国家机关的权力。[④] 西方国家政党主要是通过这种方式掌控立法机关和行政机关。在议会（立法机关）中，不论是执政党还是在野党、多数党还是少数党，都会成立议会党团。议会党团的主要功能是协调

---

① 习近平：《党的领导和社会主义法治是一致的》，见习近平：《论坚持全面依法治国》，中央文献出版社2020年版，第43-44页。
② 习近平：《严格执法，公正司法》，见习近平：《论坚持全面依法治国》，中央文献出版社2020年版，第50页。
③ 习近平：《在省部级主要领导干部学习贯彻党的十八届四中全会精神全面推进依法治国专题研讨班上的讲话》，见中共中央文献研究室编：《习近平关于全面依法治国论述摘编》，中央文献出版社2015年版，第37页。
④ 参见张恒山：《中国共产党的领导与执政辨析》，载《中国社会科学》2004年第1期，第8-9页。

本党议员在立法或其他活动中的立场和行动,推动本党议员作出集体行动。通常而言,在议会制国家,由于政府是由议会多数党组阁,多数党可通过其议会党团实现对议会、政府的双重控制;在总统制国家,由于政府首脑和议会议员按照不同方式选举产生,执政党掌控议会主要是通过本党的议会党团,掌控政府则主要是通过出任总统的本党领袖。

在社会主义国家,内部执政是马克思主义政党领导国家机关的重要形式,这主要是通过国家机关内部的党组织和党员干部的作用发挥来实现。董必武曾指出,"党在政府中实现它的政策,是经过和依靠政府内工作的党员和党团(党组)"①。"党是通过自己的党员和党组织领导国家机关"②。具体而言,中国共产党依靠国家机关内部的党组、基层党组织和党员干部三种力量领导国家机关的法治工作。

1. 党组

与西方国家政党仅在议会设立党团不同,中国共产党在所有国家机构都设立党组织,其中最重要的是党组。在党的组织体系中,党组是党到国家机关内部执政的重要制度设计,是党的系统和国家政权系统进行权力、能量、信息交换的重要媒介,有利于加强党对国家政权系统的领导的有效性。《中国共产党党组工作条例》第2条规定,党组在本单位发挥领导作用,是党对非党组织实施领导的重要组织形式。③ 国家机关党组是党对国家机关法治工作领导链条中不可或缺的环节,是把党的方针政策贯彻到本部门本系统法治工作的枢纽站。《政法工作条例》第15条规定了政法机关党组(党委)的6项领导职权,诸如执行党的路线方针政策和党中央重大决策部署,研究依法处理有关国家政治安全和社会稳定的重大事项或者重

---

① 董必武:《更好地领导政府工作》,见《董必武法学文集》,法律出版社2001年版,第3页。
② 董必武:《关于改革司法机关及政法干部补充、训练诸问题》,见《董必武法学文集》,法律出版社2001年版,第347页。
③ 参见《中国共产党党组工作条例》第2条。

大案件的原则、政策和措施，研究制定本单位或者本系统执法司法政策等。[①] 从这两部条例的规定来看，党组不仅管党务，也管政务、管业务。但是，在政务、业务领导上，党组主要发挥把方向、管大局、保落实的领导作用。正如在外部领导中党委不能代替或包办国家机关法治工作一样，在内部执政中党组也不能替代或包办国家机关内部业务组织的法定职能。例如，在人民法院内部，党组不能替代或干预合议庭、审判委员会的审判职能。《人民法院组织法》第37条规定，审判委员会"讨论决定重大、疑难、复杂案件的法律适用"，"讨论决定本院已经发生法律效力的判决、裁定、调解书是否应当再审"。因此，人民法院党组不宜行使审判委员会的这些法定职权。

2. 基层党组织

基层党组织是指国家机关内设部门设立的党组织。根据《中国共产党党和国家机关基层组织工作条例》的规定，国家机关基层党组织依党员人数多少，分别设置为基层党委、党总支、党支部。与党组不同，基层党组织的职责是管党务，而不管业务。该条例第2条明确规定，基层党组织"协助本单位负责人完成任务"，"不领导本单位业务工作"。但是，基层党组织负有"宣传和执行党的路线、方针、政策，宣传和执行党中央、党的上级组织和本组织的决议"，"团结、组织党内外干部和群众，努力完成本单位所担负的任务"等重要职责。[②] 因此，基层党组织在组织本单位党员干部做好法治工作上发挥重要作用。在2019年中央政法工作会议上，习近平强调，"加强政法机关基层党组织建设"[③]。

3. 党员干部

国家机关党员干部作为具体行使国家立法权、执法权、监察权、司法

[①] 参见《中国共产党政法工作条例》第15条。
[②] 参见《中国共产党党和国家机关基层组织工作条例》第10条。
[③] 习近平：《维护政治安全、社会安定、人民安宁》，见习近平：《论坚持全面依法治国》，中央文献出版社2020年版，第249页。

权的人员，是中国共产党在国家机关内部执政的主体力量，决定着国家法治建设的质量和效能。习近平指出，"领导干部对法治建设既可以起到关键推动作用，也可能起到致命破坏作用"①。

（三）党政融合

所谓党政融合，执政党组织和国家机关合并设立或合署办公，共同领导和管理法治工作。这是社会主义国家特有的党政关系模式。这种独特模式主要适用于那些职能相近、联系密切的党政机关。实行这种模式的政理和法理考量主要有：一是坚持党对极端重要工作的绝对领导。例如，军队在党和国家工作全局中的地位极其重要，事关党的领导和社会主义政权的稳固。因此，为了实现党对军队的绝对领导，作为党中央机构的中共中央军事委员会和作为国家机关的中央军事委员会合并设置。二是实现党政机构职能的优化协同高效。当党的机构和政府机构在职能上交叉重叠的程度较高时，实行合并设置或合署办公，有利于防止多头管理、重复管理，提高管理效率。习近平指出："坚持一类事项原则上由一个部门统筹、一件事情原则上由一个部门负责，避免政出多门、责任不明、推诿扯皮，科学设定党和国家机构，正确定位、合理分工、增强合力，防止机构重叠、职能重复、工作重合。"②

2018年党和国家机构改革后，我国党政关系发生重大变化，党政机

---

① 习近平：《在省部级主要领导干部学习贯彻党的十八届四中全会精神全面推进依法治国专题研讨班上的讲话》，见中共中央文献研究室编：《习近平关于全面依法治国论述摘编》，中央文献出版社2015年版，第120页。

② 习近平：《关于深化党和国家机构改革决定稿和方案稿的说明》，见《〈中共中央关于深化党和国家机构改革的决定〉〈深化党和国家机构改革方案〉辅导读本》编写组编：《〈中共中央关于深化党和国家机构改革的决定〉〈深化党和国家机构改革方案〉辅导读本》，人民出版社2018年版，第85页。

构融合格局显著增强。总体上看，目前我国党政融合主要有以下四种形式。[①] 一是"合并设立型"，即一个机构、一块牌子，统一设置内设机构、核定编制、配备领导职数。例如，很多省、市、县将为党委和政府的信访机构合并设置，其名称为"××党委××人民政府信访办公室"。二是"合署办公型"，即两个机构、两块牌子，但部分领导班子成员交叉任职，部分内设机构实行合并设置，并且两个机构同址办公。例如，从中央到县一级，各级党的纪委和监委实行合署办公。三是"机构并入型"，即政府机构并入党的机构，对外保留或加挂政府机构牌子。例如，2018年党和国家机构改革后，将国家公务员局并入中央组织部，中央组织部对外保留国家公务员局牌子。将国家新闻出版广电总局的新闻出版管理职责、电影管理职责划入中央宣传部，中央宣传部对外加挂国家新闻出版署（国家版权局）、国家电影局牌子。将国家宗教事务局、国务院侨务办公室并入中央统战部，中央统战部对外保留两个机构牌子。四是"跨域设置型"，即党的决策议事协调机构办公室或秘书组设在政府部门，由政府部门行使其综合协调职能。例如，2018年党和国家机构改革后，中央全面依法治国委员会办公室设在司法部，中央审计委员会办公室设在审计署，中央教育工作领导小组秘书组设在教育部。

党政融合在推进法治建设上的最大优势在于，将党政机关之间原有的外部领导关系变成了内部领导或共同管理的关系，缩短了从党的决策到政的执行的运行链条，有利于减少运行过程中信息损失、能量损耗、权力梗阻，减少党的决策执行过程中的沟通、传输、监督成本，从而最终提高法治工作效率。党政融合模式所产生的主要问题在于，合并合署机构的行为的法律适用和法律救济。特别是当政府机构合并到党的机构后，其行为是

[①] 参见林鸿潮：《党政机构融合与行政法的回应》，载《当代法学》2019年第4期，第50页。

否还适用行政法,其相对人能否寻求行政或司法救济。总体上看,党和国家机构改革的顶层设计注意到了这个问题,但仍需要在法治实践中进一步完善制度设计。按照现代法治原理,党政融合后,政府机构要么应保留其牌子,要么应保持其行政属性,其行政行为应接受行政法的调整,其相对人应有权寻求行政或司法救济。

二、政党政策与国家法律关系的规范性原理

党法关系的第二个方面,是政党政策与国家法律的关系。现代政党的重要功能是组织政府并制定政策。"政党是最优的政治决策机构,是在政府层面上制定和执行政策的机构。"[①] 社会主义国家,执政党更注重制订方针政策,执政党的领导主要表现为方针政策的领导。

在现代政党政治下,任何一项重要法律的制定都会受到政党政治的深刻影响,往往是不同政党及其政策相互博弈的结果。其中,执政党由于拥有主导立法议程的优势,因而其经济的、政治的、社会的、文化的、环境的政策必然给国家法律打下深刻烙印。西方法学家亦认识到法律背后的政策影响。德国比较法学家茨威格特、克茨在讨论社会主义国家政策对法的影响后指出:"这绝不是说西方法律体系中法律'不受政策的影响'。恰恰相反,即使在西方国家,每一项法律规则也都具有或明确或模糊的政策背景,否则便几乎不可能理解法律是如何产生或在实践中是如何适用的。实际上,许多制定法都有意地寻求推进重建社会生活的某些经济的或社会的

---

① [美]乔瓦尼·萨尔托里:《政党的类型、组织与功能》,胡小君、朱昔群编译,载《马克思主义与现实》2006年第3期,第71页。

政策。"① 这里所说的政策，既包括国家政策，也包括执政党的政策。

在当代中国法治理论和实践中，中国共产党的政策和国家法律的关系一直是重点议题。在长期的法治实践中，历史上曾出现过重政策轻法律、用政策取代法律的偏向，当前又存在忽视或否定政策、甚至试图把政策从法治场域中驱逐出去的偏向。这两种偏向实际上都是把党的政策和国家法律割裂开来、对立起来理解，要么认为党的政策高于国家法律，国家法律必须服从党的政策，要么认为实行法治就只能讲国家法律，不能讲党的政策。对此，习近平指出："我们党的政策和国家法律都是人民根本意志的反映，在本质上是一致的。党的政策是国家法律的先导和指引，是立法的依据和执法司法的重要指导。要善于通过法定程序使党的主张成为国家意志、形成法律，通过法律保障党的政策有效实施，确保党发挥总揽全局、协调各方的领导核心作用。党的政策成为国家法律后，实施法律就是贯彻党的意志，依法办事就是执行党的政策。"② 从中外法治实践看，政党政策和国家法律的关系的规范性原理可概括为互相作用、互相转化、互相补充三个方面。

（一）互相作用

政党政策和国家法律的互动是双向的，既包括政党政策对国家法律的作用，又包括国家法律对政党政策的作用。在我国，首要的方面是中国共产党政策对国家法律的作用。党的政策是国家法律的先导和指引，对国家立法、执法、司法、普法活动具有重要的指导作用。党的政策对国家法治

---

① ［德］茨威格特、克茨：《比较法总论》，潘汉典译，贵州人民出版社1992年版，第519-520页。
② 习近平：《党的领导和社会主义法治是一致的》，见习近平：《论坚持全面依法治国》，中央文献出版社2020年版，第43页。

建设的指引作用，不仅体现在党的经济社会发展政策上，更体现在党的法治工作政策上。党在领导法治建设的长期实践中，在立法、执法、司法、普法等领域确立了一系列方针政策，形成了相对独立的"法律政策"[①]现象。从法治建设实践看，这些政策对法治发展方向和实际成效具有决定性影响。例如，我国严格控制和减少死刑适用的刑事政策，指引我国刑事立法逐步减少死刑罪名。正是在这一政策引领下，2011年《刑法修正案（八）》和2015年《刑法修正案（九）》先后废除了22种犯罪的死刑规定，使刑法规定的死刑罪名从68个减至46个。习近平在2019年全国公安工作会议上明确提出了执法工作新政策："把打击犯罪同保障人权、追求效率同实现公正、执法目的和执法形式有机统一起来，坚持以法为据、以理服人、以情感人，努力实现最佳的法律效果、政治效果和社会效果。"[②]这一新政策将引领执法工作进一步提升质量、效率和公信力。

另一方面，国家法律对党的政策变化亦有推动作用。党的十八大以来，全面依法治国的深入推进，推动了党的监督执纪问责政策的深刻变迁，诸如"执纪执法贯通""监察与司法衔接""权责一致、错责相当"等。

（二）互相转化

政策和法律之间的相互转化，是现代国家治理的常态性景观。西方学者早已观察到这种动向，将政策因素纳入法治视野之中。德沃金将政策视为同规则、原则相并列的法的要素。昂格尔在分析现代西方法律发展趋势时指出，资本主义社会进入福利国家后，法律推理模式从形式主义推理向

[①] 肖金明：《为全面法治重构政策与法律关系》，载《中国行政管理》2013年第5期，第39页。

[②] 习近平：《关于严格规范公正文明执法》，见习近平：《论坚持全面依法治国》，中央文献出版社2020年版，第260页。

目的性或政策导向的推理转变。① 在我国，把中国共产党的政策转化为国家法律内容，是中国立法最为显著的特征之一。据有的学者的统计，在我国现行有效的260余部法律里面，有80余部法律中的250多个条款直接有国家政策条款，如产业政策、税收政策、价格政策、就业政策、财政政策、社会保险政策、计划生育政策、国家货币政策、外汇管制政策、自由贸易政策、文化政策、体育政策、文物政策、航运政策、教育政策等，几乎囊括了所有政策类型。② 正是经过立法持续不断的确认，大量法律之外的政策已经转化为法律之内的规定。

另一方面，在当今法治时代，法律理念、精神和原则越来越多地写进政党的决定文件中，转化为政党执政治国的政策。进入新时代，中国共产党更加注重把全面依法治国的新理念新思想转化为管党治党、治国理政的基本政策。例如，面对资本野蛮生长、无序扩张问题，2021年中央经济工作会议明确提出了资本监管的新政策，即"要为资本设置'红绿灯'，依法加强对资本的有效监管"③。这一新政策就是法治理念的体现。

（三）互相补充

政策和法律作为现代国家治理不可或缺的两种手段，既各有所长，亦各有所短。政策更具有宏观性、指导性、灵活性，能及时应对经济社会发展中出现的新问题新情况。法律更具有普遍性、明晰性、稳定性，更适合

---

① 参见［美］昂格尔：《现代社会中的法律》，吴玉章、周汉华译，中国政法大学出版社1994年版，第181页。
② 参见刘作翔：《当代中国的规范体系：理论与制度结构》，载《中国社会科学》2019年第7期，第99页。
③ 《中央经济工作会议在北京举行》，载《人民日报》2021年12月11日。

于调整相对稳定、相对成熟的社会关系。党的十八届四中全会提出,"发挥政策和法律的各自优势,促进党的政策和国家法律互联互动"。例如,在重要改革举措的试点上,在重大利益格局的调整上,可充分发挥政策的机动和灵活探索作用。当改革积累的成功经验需要普遍推广时,改革所理顺的利益关系需要固化定型时,就要及时发挥法律的确认和实施作用。①

此外,党的政策在法律适用上可以补充现行法律之不足。一是法律漏洞填补功能。"法律的阳光也有照不到的阴暗角落"。任何国家的法律规则都不可能完美无缺,必然存在这样或那样的漏洞。长期以来,我国形成了一种"有法律依法律,无法律依政策"的治理传统。面对法律空白和盲点,执法司法机关可以通过援引政策来处理案件。二是法律解释功能。我国法律解释的一项基本要求是,"要以党和国家政策为指导,发挥中国特色社会主义法治的优势"②。在解释法律时,坚持以实践证明正确的党的政策为依据,既能够确保法律解释更符合时代精神和社会需要,产生更好的法律效果和社会效果,还可以起到限制自由裁量权的作用,防止执法司法权的滥用。

三、政党规章与国家法律关系的规范性原理

党法关系的第三个方面,是政党规章与国家法律的关系,可简称为党规和国法的关系。尽管现代政党通常都有章程、纪律等党规,但在不同的政治制度和法治语境下,党规与国法关系的考量视角、提问形式、讨论方式会有明显差异。在西方法治语境下,党规作为政党内部规范,被划入社会自治规则范畴。党规和国法关系问题较为简单,

---

① 参见何毅亭:《坚持依法执政》,载《人民日报》2014 年 12 月 15 日。
② 张文显主编:《法理学》,高等教育出版社 2018 年版,第 295 页。

主要是处理好政党法律规范①与政党内部规范两类政党规范的关系，即哪些政党事务应由国法予以外部干预，哪些政党事务应由党规进行自主调整。

在社会主义国家，执政党党规不只是政党内部规范，作用力不限于党内事务领域，往往穿透到国法所支配的国家事务和社会事务领域。中国共产党作为世界上最大的执政党，在长期的治党和执政过程中逐步创建了一个由3 000多部法规所构成的比较完善的党内法规体系。"这在世界上是独一无二的，彰显出中国共产党作为世界上最大的政党具有的大党的气派、大党的智慧、大党的治理之道。"② 党规不仅是党管党治党的主要依据，也是党治国理政的基本遵循，被纳入国家法治体系之中。因此，党规与国法的关联性更为密切，不仅在调整事务上交界交壤，而且在规范内容上交叉交织。正确处理好党规与国法这两类规范的关系，是中国共产党治国理政所面临的重大课题。如果二者关系处理好了，做到相辅相成、相得益彰，就能起到共建法治、共襄伟业的效果。如果二者关系处理不好，出现互相混淆、互相替代甚至互相抵牾，则会严重影响法治现代化和国家治理现代化。在百年党史上，对于党规与国法的关系，经历了从不加区分甚至机械对立的认识转变为寻求相辅相成的历史过程。③ 党的十八大以来，党中央在推动党内法规制度建设迈上快车道的过程中，对如何处理党规与国法的关系提出了一系列指导原则和操作标准，推动两类规范相互促进、共同发展。这些指导原则和操作标准可概括为以下三条规范性原理。

---

① 政党法律规范包括宪法和政党法、选举法、专项政党立法等法律中有关政党的规范。参见刘红凛：《政党政治与政党规范》，上海人民出版社2010年版，第120页。
② 中共中央办公厅法规局：《中国共产党党内法规体系》，载《人民日报》2021年8月4日。
③ 参见宋功德：《党内法规的百年演进与治理之道》，载《中国法学》2021年第5期，第18页。

如何理解政法：范畴、传统和原理

（一）合理分工

这一原理所回应和解决的问题是，如何清晰地划定党规和国法的楚河汉界，防止两类规范错位越位。从近年来的理论认识和实践经验来看，可把党规和国法的划界标准概括为事务标准和主体标准。

事务标准是学术界普遍承认的区分党规和国法调整范围的基础性标准。按照这一标准，党规调整党务，国法调整国务。中央党规文件对党内法规调整事项的规定体现了党规只管党务的原则。例如，《党内法规制定条例》第 3 条规定，党内法规"规范党的领导和党的建设活动"。第 4 条列出的制定党内法规的 4 类事项，均属于党务范畴。《关于加强党内法规制度建设的意见》把党内法规制度体系分为党的组织法规制度、党的领导法规制度、党的自身建设法规制度、党的监督保障法规制度 4 大板块[①]，实际上也是把党务划分为党的组织、党的领导、党的自身建设、党的监督保障等 4 个方面。如果涉及国务，不宜由党规作出具体规定，而应由国法加以调整，党规可作援引性规定。例如，对于党员违法行为的责任追究，党规不能规定具体的违法情形和法律责任，只能原则性规定"涉嫌违法犯罪的，按照国家有关法律规定处理"[②]。

主体标准是与事务标准有密切联系的更具识别性、操作性意义的标准。依据这一标准，党规以党组织和党员为规制对象，国法以各类政治和社会主体为规制对象。受此影响，党规一般只设定党组织的职权职责、党员的义务权利及其违反党规的纪律处分。在涉及党政关系、党党关系、党群关系时，党规通常不对国家机构、民主党派、社会主体设定义务责任，

[①] 参见《关于加强党内法规制度建设的意见》，载《人民日报》2017 年 6 月 26 日。
[②] 宋功德：《坚持依规治党》，载《中国法学》2018 年第 2 期，第 13 页。

而只对党组织和党员提出要求。例如,《关于加强政党协商的实施意见》作为一部规范中国共产党同民主党派关系的党规,主要规定了从中共中央到地方各级党委开展政党协商的职责任务。当党组织的设立及其活动需要有关政治和社会主体履行支持配合义务时,通常应由国法明确有关政治和社会主体的法定义务。例如,《公司法》第18条规定:"在公司中,根据中国共产党章程的规定,设立中国共产党的组织,开展党的活动。公司应当为党组织的活动提供必要条件。"另一方面,国法虽然广泛调整各类政治和社会主体的行为,可以就政党活动进行必要规制,但通常要尊重政党的自治权,并不过多干涉政党内部事务,主要以宪法和法律形式明确中国共产党的领导地位,赋予党组织在各类组织中设立和开展活动的合法性。

值得指出的是,对于中国治理实践中存在的大量党政融合事项,如果强行将其拆分为两类事项或两类主体,分别制定党规、国法,不仅会浪费党政立法资源,还有可能出现党规国法不同步不衔接问题。党政联合发文是规避这些风险的最优选择,由此催生了一类兼具党规国法双重属性的新法源,笔者称之为"混合性法规"[1]。党的十八大以来,随着党的领导全面加强,党政联合发文呈井喷式增长,混合性法规数量越来越多。无论是《党内法规制定条例》,还是《立法法》,都未确认其名分和地位,产生了信息公开、司法审查等法律适用困境。今后,应通过修改《党内法规制定条例》《立法法》,推动混合性法规"入规""入法",从而破解法律适用困境。对影响公民、法人或其他组织合法权益的混合性法规,应允许相对人运用法律救济机制维护自身合法权益。[2]

---

[1] 一些学者以发文的红头和文号为党委文件和党委发文字号为据,称之为混合性党规。但是,如果因此而否定其国法性质,则不利于行政相对人运用法律救济机制维护自身合法权益。
[2] 参见章志远:《挑战与回应:党政联合发文的法治化路径初探》,载《党内法规理论研究》2019年第1期,第83-85页。

（二）衔接协调

这一原理所回应和解决的问题是，如何推进党规和国法无缝衔接，防止两类规范脱节断档或交叉重复。习近平明确提出了这一原理，"要完善党内法规制定体制机制，注重党内法规同国家法律的衔接和协调"[①]。这一原理建立在学者提出的"二次调整"法理基础之上，即"党内法规是在国家法的第一次调整之后又作第二次调整"[②]。国法是对包括中国共产党在内的所有政治和社会主体的行为的普遍性调整（第一次调整），党规是在国家法律的基础上对中国共产党党组织和党员的行为的特殊性调整（第二次调整）。从二次调整的逻辑看，国法在先、党规在后，党规应同国法对标对表。这一原理也有宪法和党章依据。宪法序言规定，各政党"都必须以宪法为根本活动准则"。党章总纲规定，"党必须在宪法和法律范围内活动"。

党规同国法的衔接协调是全方位的，可分为实体协调和程序衔接两方面。其中，实体协调，是指在同类或相关事项上，党规规定应同国法规定相吻合。

一是同类事项规定不抵触。当党规和国法对同类事项作出规定时，党规规定不能同国法规定发生冲突，以免让执行者无所适从。例如，《党政领导干部选拔任用工作条例》等干部管理党规与《公务员法》《法官法》《检察官法》等公职人员管理法律，都调整国家机关选人用人管人问题。党规在领导干部任职条件、晋升年限等方面的规定，应注意同国法的相关

[①] 习近平：《加快建设社会主义法治国家》，见习近平：《论坚持全面依法治国》，中央文献出版社2020年版，第112页。

[②] 宋功德：《坚持依规治党》，载《中国法学》2018年第2期，第12页。

规定保持一致，不能作出冲突性规定。

二是相关组织赋权不重合。党规关于党组织领导权的赋权规定，不能与国法对国家机构、企业、事业单位等主体的行政管理权、经营管理权的赋权规定相重合。否则，不仅容易导致党政、党企等关系紧张，还会出现以党规取代或架空国法的问题。在这方面，应坚持前述的宏观领导原理，将党组织的领导权定位为把方向、管全局、议大事。《中国共产党国有企业基层组织工作条例（试行）》将国有企业党委（党组）的领导职责定位为"把方向、管大局、保落实，依照规定讨论和决定企业重大事项"①，以防止党组织取代股东会、董事会、监事会、经理层。由于总体上遵循了宏观领导原理，党的十八大以来制定的党的组织法规在普遍强化党组织领导权的同时，避免了同国法赋权规定相重合。

三是人员行为标准不趋同。一名共产党员可能同时兼有公民、公职人员等多重身份，必须同时遵从党规、国法的相关约束性规定。"党章等党规对党员的要求比法律要求更高，党员不仅要严格遵守法律法规，而且要严格遵守党章等党规，对自己提出更高要求。"② 就立规而言，党规关于党员行为的纪律底线，不能同国法关于公民、公职人员行为的法律底线混同。习近平指出："把公民不能违反的法律底线作为党组织和党员的纪律底线，降低了对党员要求，最后造成的结果就是'违纪只是小节、违法才去处理'，'要么是好同志、要么是阶下囚'的不良后果。"③ 解决这一问题的原则是党规严于国法。这一原则的法理正当性在于政党自治原理。政

---

① 《中国共产党国有企业基层组织工作条例（试行）》第 11 条。
② 习近平：《加快建设社会主义法治国家》，见习近平：《论坚持全面依法治国》，中央文献出版社 2020 年版，第 112 页。
③ 习近平：《在十八届中央政治局常委会第一百一十九次会议关于审议中国共产党廉政准则、党纪处分条例修订稿时的讲话》，见中共中央文献研究室编：《习近平关于严明党的纪律和规矩论述摘编》，中央文献出版社、中国方正出版社 2016 年版，第 65 页。

党可对党员订立契约，设定高于法律标准的纪律标准，自愿加入政党就意味着入约守约。从世界政党法治看，党规严于国法是普遍通行原则。[①] 中国共产党是先锋队，共产党员是先进分子，理应遵从比普通公民更高更严的行为规矩。

程序衔接，是指在前后关联的程序安排上，党规规定应同国法规定相对接，确保党组织工作程序和国家机关工作程序相贯通。在不少领域，党规所规制的党组织工作程序和国法所规制的国家机关工作程序存在时空上的前后连接关系。例如，在公职人员的选任过程中，党组织的考察、提名程序与国家机关的选举、任命程序前后相连。在党员干部的违纪违法问题处理过程中，纪委的执纪程序、监察机关的执法程序和司法机关的司法程序前后相续。在这两类程序中，党组织工作程序在前，往往具有实质性、决定性意义。国家机关工作程序在后，具有公开性、透明性特点，必须接受公众的监督和评判。只有当党规所规定的程序和国法所规定的程序在标准上前后一致，在机制上前后贯通，才能确保党组织的决定顺利通过法定程序得以贯彻，并经得起法律检验和公众评判。

（三）相辅相成

这一原理所回应和解决的问题是，如何增强党规和国法之间的良性互动，促进两类规范互补共荣。习近平指出，"全面推进依法治国，必须努力形成国家法律法规和党内法规制度相辅相成、相互促进、相互保障的格局"[②]。

[①] 参见欧爱民：《党内法规与国家法律关系论》，社会科学文献出版社 2018 年版，第 47 页。
[②] 习近平：《关于〈中共中央关于全面推进依法治国若干重大问题的决定〉的说明》，见习近平：《论坚持全面依法治国》，中央文献出版社 2020 年版，第 96 页。

一是内容上相互补充。党规和国法都遵循大致相同的法治原理,但在旨趣和取向上又互有差异、互为补充。择其要者,有以下三个方面。第一,党规和国法均坚持权利和义务相统一的原理,但二者各有侧重。党规对党组织和党员行为的调整更体现义务重心的逻辑,而国法对普通公民行为的调整更体现权利本位的逻辑。党章和宪法关于党员和公民的权利义务规定体现了这两种不同的逻辑。党章关于党员义务权利的规定,历来是先义务后权利。[1] 除 1975 年宪法外,宪法关于公民基本权利义务的规定,历来是先权利后义务。第二,党规和国法均坚持治身和治心相统一,但二者方式有别。党规往往直接指向党员的思想观念,明确设定思想道德标准。《关于新形势下党内政治生活的若干准则》对党员提出了大量思想信念准则,诸如对马克思主义的信仰、对社会主义和共产主义的信念,牢固树立政治意识、大局意识、核心意识、看齐意识,对党忠诚老实、光明磊落,站稳群众立场、增进群众感情等。国法通常不以公民的内心观念为调整对象,主要是通过对外在行为的约束来影响人们的内心动机。第三,党规和国法均坚持明底线和立高线相结合,但二者路径有异。对党组织和党员,党规既明确划定纪律底线标准,又直接确立高线行为标准。例如,《中国共产党廉洁自律准则》提出了先公后私、克己奉公、吃苦在前、享受在后、甘于奉献等高线标准。对普通公民,国法重在明确行为底线标准,通常并不提出高线道德要求,但国法通过对失德败德行为的惩戒和对义行善举的保护,会起到激励人们崇德向善的功效。

二是功能上相互保障。党规和国法在功能上具有互相借力、互相支撑、互相强化的特点。邓小平曾指出,"没有党规党法,国法就很难保

---

[1] 参见宋功德:《党内法规的百年演进与治理之道》,载《中国法学》2021 年第 5 期,第 27—28 页。

障"①。从实践来看,党规和国法的相互保障在多个层面体现出来。第一,在公权力约束上,党规和国法双管齐下,把公权力关进制度的笼子里,形成了一张严密的制度之网。在当代中国,党的领导权和执政权是最为重要的公权力。对党的领导权和执政权的约束,国法只起有限作用,主要依靠党规,特别是党的领导法规。只有党规和国法在制度上无缝对接,才能编织起一张全方位制约和监督公权力的天罗地网。第二,在人民权利保障上,党规和国法同向发力,把人民至上转化为党政干部的内心信念和行为规矩,让人民权利得到更充分的尊重和保障。党规既从鼓励教育的角度引导党员干部增强亲民、爱民、忧民、为民的内心情感,又从问责惩戒的角度引导党员干部不做侵犯人民权利的行为。这样,党规就在保障国法所确立的人民权利的落地落实上能起到强有力的加持提升作用。

三是机制上相互贯通。党规和国法的运行操作机制应当互联互通,更好携手共进。这种贯通机制,应当贯穿于决策统筹、执法执规、一体监督、完善救济和普法宣纪的全过程。② 这包括:第一,建立健全党规国法决策统筹机制。中央全面依法治国委员会和省级党委全面依法治省(区、市)委员会,对党规和国法规划、制定、实施、监督等重大事项进行统一决策、统一部署,确保二者同步推进、协调发展。第二,建立健全立规立法联动机制。建立党规和国法制定规划计划编制联动机制,确立党规和国法清理联动机制,实行党规和国法规范性文件备案审查联动机制,切实维护国家法治统一。③ 第三,建立健全执规执法一体机制。对于党规国法规

---

① 邓小平:《解放思想,实事求是,团结一致向前看》,见《邓小平文选》第2卷,人民出版社1994年版,第147页。
② 参见韩春晖:《依法治国和依规治党有机统一研究》,载《中国法学》2021年第4期,第161页。
③ 参见《习近平法治思想概论》编写组:《习近平法治思想概论》,高等教育出版社2021年版,第317页。

定的共同或关联事项，党政系统可组建联合执行机制，提高执规执法效率，避免多头或重复执规执法。第四，建立健全宣规普法共振机制。坚持谁执规、谁宣规和谁执法、谁普法相统一，推动党规宣传机制和国法普及机制相对接，让党员干部更好遵规守法。[①]

[①] 参见韩春晖：《依法治国和依规治党有机统一研究》，载《中国法学》2021年第4期，第162－163页。

第五章 平安中国的政法哲学阐释

2013年习近平对政法工作作出重要指示时所提出的"平安中国"，是习近平法治思想所创立的新法治话语体系中的原创性范畴，也是凝聚中国传统治理智慧、表达人民群众普遍诉求的国家治理范畴。党的十九大以来，平安中国已逐步从政法领域的目标性范畴上升为国家治理的目标性范畴。党的十九届五中全会将建设更高水平的平安中国确立为"十四五"时期的重要任务，将平安中国建设达到更高水平确立为2035年远景目标的重要内容。党的二十届三中全会将建设更高水平平安中国确立为进一步全面深化改革的目标。但是，在我国社会科学研究特别是法学研究中，平安中国并未受到应有的学术重视，也缺乏有分量的研究成果。本章试图从政法哲学的角度，对平安中国所蕴含的治理理论、制度和实践内涵进行解读，以期推动平安中国理论研究。

一、平安中国范畴的知识史梳理

回顾中华民族几千年文明史，平安中国的提出无疑具有深厚的民族性格基因、深远的历史文化根基和深刻的传统治理智慧。自古以来,中华民族就有厌恶动荡战乱、追求国泰民安的强烈集体意愿和心理结构。"有着五千多年历史的中华文明,始终崇尚和平,和平、和睦、和谐的追求深深植根于中华民族的精神世界之中,深深溶化在中国人民的血脉之中。……'以和为贵'、'和而不同'、'化干戈为玉帛'、'国泰民安'、'睦邻友好'、'天下太平'、'天下大同'等理念世代相传。"① 中国仁人志士怀有"为万世开太平"的政治抱负,前赴后继地探索跳出治乱兴衰历史周期率之道,提出了各种各样的治国安邦方案。

(一) 古典的"天下太平"范畴

"天下太平、共享大同是中华民族绵延数千年的理想。"② 早在先秦时代,儒道两家就提出了"太平"概念,把"天下太平"视为治国的理想境界。《庄子》称:"以此事上,以此畜下,以此治物,以此修身,知谋不用,必归其天。此之谓太平,治之至也。"③《孔子家语》云:"是故天下太平,万民顺伏,百官承事,上下有礼也。"④《孝经》称:"上敬下欢,存安没享,人用和睦,以致太平。"⑤ 从两汉时期起,"太平"概念逐渐成为古代典籍的高频词汇,天下太平问题已成为古典礼法哲学的重要主题。大体而言,古代先贤关于天下太平的讨论,主要围绕什么是天下太平、如何达致天下太平这两个问题展开。

---

① 习近平:《在德国科尔伯基金会的演讲》,载《人民日报》2014年3月30日。
② 习近平:《在中法建交五十周年纪念大会上的讲话》,见中共中央党史和文献研究院编:《习近平关于总体国家安全观论述摘编》,中央文献出版社2018年版,第262页。
③ 《庄子·天道》。
④ 《孔子家语·问玉》。
⑤ 《孝经·孝治》。

关于什么是天下太平，古代先贤从多元视角描述了天下太平的基本标志，立体化地阐释出了太平之世的丰富内涵。对这些论述加以梳理，可将其分解为以下三种阐释进路。

一是从君臣、上下、官民、父子、夫妇等关系出发，把天下太平诠释为各类主体各归其位、各得其宜，最终形成人际关系和谐、和睦、和美的状态。汉代思想家大多从这个角度来阐释天下太平的理想状态。董仲舒提出："众圣辅德，贤能佐职，教化大行，天下和洽，万民皆安仁乐谊，各得其宜，动作应礼，从容中道。"[1] 刘安认为："天下安宁，政教和平，百姓肃睦，上下相亲。"[2] 韩婴称："太平之时，民行役者不逾时，男女不失时以偶。孝子不失时以养；外无旷夫，内无怨女；上无不慈之父，下无不孝之子；父子相成，夫妇相保；天下和平，国家安宁；人事备乎下，天道应乎上。"[3]

二是从盗贼、囚犯、诉讼、冤案、贪墨数量等政刑指标出发，把天下太平的理想状态归结为天下无贼、天下无囚、天下无冤、天下无讼、天下无刑、天下无贪等。[4] 古人把盗贼绝迹、路不拾遗、夜不闭户视为社会治安的理想状态，所谓"海内升平，路不拾遗，外户不闭，商旅野宿焉"[5]。古人把监狱囚犯多少作为评价地方官员治理绩效的重要指标。《隋书》称，刘旷为平乡令，"风教大洽，狱中无系囚，争讼绝息，囹圄尽皆生草，庭可张罗"[6]。古代统治者将民无冤曲视作司法的最高境界。《汉书》称："张释之为廷尉，天下无冤民；于定国为廷尉，民自以不冤。"[7] 孔子提出了

---

[1] 《汉书·董仲舒传》。
[2] 《淮南子·氾论训》。
[3] 《韩诗外传》卷3。
[4] 参见黄文艺、邱滨泽：《论中国古典政法传统》，载《中外法学》2022年第1期，第34-35页。
[5] 《资治通鉴·唐纪八》。
[6] 《隋书·循吏列传》。
[7] 《汉书·于定国传》。

"无讼"的司法理想:"听讼,吾犹人也,必也使无讼乎!"① 陈子昂从刑措不用的角度定义太平之美:"昔者圣人务理天下者,美在太平;太平之美者,在于刑措。"② 史书称颂:"成康之际,天下安宁,刑错四十馀年不用。"③

三是从人际和谐、政刑治理等多元维度来综合界定天下太平的内涵。《礼记》所描述的"天下大同"理想和"天下太平"理想是相通的,包含了天下为公、人际和谐、政刑治理等元素:"大道之行也,天下为公,选贤与能,讲信修睦。故人不独亲其亲,不独子其子,使老有所终,壮有所用,幼有所长,矜、寡、孤、独、废疾者皆有所养,男有分,女有归。货恶其弃于地也,不必藏于己;力恶其不出于身也,不必为己。是故谋闭而不兴,盗窃乱贼而不作,故外户而不闭,是谓大同。"④ 董仲舒也曾从人际和谐、政刑治理、天降祥瑞等方面来综合界定天下太平的状态:"古以大治,上下和睦,习俗美盛,不令而行,不禁而止,吏亡奸邪,民亡盗贼,囹圄空虚,德润草木,泽被四海,凤凰来集,麒麟来游。"⑤

关于如何达致天下太平,古代先贤深刻认识到影响治乱的因素很多,因而提出了多元化的太平之道。王符以富民和教民为太平之基,可谓概括出古代先贤的一个基本共识。"夫为国者以富民为本,以正学为基……故明君之法,务此二者,以为成太平之基,致休征之祥。"⑥ 古代开明的统治者都认识到,百姓困苦乃是盗贼丛生甚至天下大乱的根源。唐太宗李世民指出:"民之所以为盗者,由赋繁役重,官吏贪求,饥寒切身,故不暇

---

① 《论语·颜渊》。
② 《谏刑书》。
③ 《史记·周本纪》。
④ 《礼记·礼运》。
⑤ 《汉书·董仲舒传》。
⑥ 《潜夫论·务本》。

顾廉耻耳。"① 明太祖朱元璋亦认为："今天下有司能用心于赋役，使民不至于劳困，则民岂有不足，田野岂有不安，争讼岂有不息，官吏岂有不清？"② 受儒家思想影响，古代政治家、思想家往往把礼义教化作为实现天下太平的必由之路，具有崇德礼（礼乐）而贬政刑的倾向。《礼记》称："言而履之，礼也；行而乐之，乐也。君子力此二者，以南面而立，夫是以天下太平也。"③ 政刑只是辅助德礼的治具，单靠政刑无法达致太平之世。刘向称："教化，所恃以为治也，刑法所以助治也。今废所恃而独立其所助，非所以致太平也。"④ 王符认为："法令刑赏者，乃所以治民事而致整理尔，未足以兴大化而升太平也。"⑤

（二）现代的"平安中国"范畴

对国家治乱兴衰问题的深度关注和深切考量，是从古至今中国政治法律哲学一以贯之的思想传统。在长期的执政治国实践中，中国共产党把稳定、和谐、平安等价值置于高位阶的治理目标，持续探索党和国家长治久安之道。在经历"文化大革命"后，邓小平反复强调稳定压倒一切："中国的问题，压倒一切的是需要稳定。凡是妨碍稳定的就要对付，不能让步，不能迁就。……中国不能乱，这个道理要反复讲，放开讲。"⑥ 进入21世纪，面对社会矛盾凸显，中国共产党把和谐摆在重要位置，强调社会和谐是中国特色社会主义的本质属性。胡锦涛指出："我们要构建的社

---

① 《资治通鉴·唐纪八》。
② 《明太祖实录》卷172。
③ 《礼记·仲尼燕居》。
④ 《汉书·礼乐志》。
⑤ 《潜夫论·本训》。
⑥ 邓小平：《中国不允许乱》，见《邓小平文选》第3卷，人民出版社1993年版，第286页。

会主义和谐社会,是经济建设、政治建设、文化建设、社会建设协调发展的社会,是人与人、人与社会、人与自然整体和谐的社会。"① 党的十八大之后,习近平在总结中华优秀传统文化和党治国理政经验的基础上明确提出了"平安中国":"把人民群众对平安中国建设的要求作为努力方向,坚持源头治理、系统治理、综合治理、依法治理,努力解决深层次问题,着力建设平安中国,确保人民安居乐业、社会安定有序、国家长治久安。"②

与古典的"天下太平"相比,现代的"平安中国"具有以下几个鲜明特征。

第一,"平安中国"是在深刻总结世界各国治理经验教训的基础上提出来的。平安中国的提出,不仅是对中国几千年治国智慧的系统总结,更是对世界各国治理经验教训的理性提取。"从世界范围看,许多国家由于政局动荡、社会动乱,不仅失去发展机遇,也给这些国家的人民带来深重灾难。"③ 第二次世界大战以来,不少发展中国家难以跳出治乱循环周期率,每隔一段时间就进入政治动荡、国家失序局面,导致经济发展无法摆脱"中等收入陷阱"。面对当今世界的困局乱局变局,习近平站在国家治理现代化的高度,明确提出了平安中国范畴,把建设更高水平的平安中国确立为新时代新征程的全局性、战略性目标。这无疑对于巩固社会长期稳定的中国奇迹、全面建设社会主义现代化国家、实现第二个百年奋斗目标具有重大理论和实践意义。

第二,"平安中国"包含政治稳定、公共安全、社会安定、个人安全、

---

① 胡锦涛:《社会和谐是社会主义社会的本质属性》,见《胡锦涛文选》第2卷,人民出版社2016年版,第523页。
② 习近平:《就建设平安中国作出的指示》,见中共中央文献研究室编:《习近平关于社会主义社会建设论述摘编》,中央文献出版社2017年版,第142页。
③ 习近平:《在十八届中央政治局第二次集体学习时的讲话》,见中共中央文献研究室编:《习近平关于社会主义社会建设论述摘编》,中央文献出版社2017年版,第141页。

人际和谐等丰富内涵。与平安相关的范畴有很多，诸如秩序、安全、稳定、和平、和谐等。平安中国作为一个原创性范畴，把这些范畴的丰富内涵有机整合起来，重组为一个统摄性、包容性、体系性强的新范畴。例如，在西方法哲学中，秩序通常被理解为"在自然进程和社会进程中存在着某种程度的一致性、连续性、稳定性"①。但平安中国不只意味着社会进程的连续性、稳定性、可预测性，还强调人际关系的和谐性、友善性、团结性。党的十九大以来，随着平安中国上升为国家治理的目标性范畴，这一范畴已成为对国家治理体系的构建和完善具有牵引性、检验性功能的理论构架。

第三，"平安中国"贯穿着强烈的以人民为中心的立场。习近平坚持从为了人民、依靠人民、造福人民、保护人民出发提出和阐述平安中国建设。一是从人民的平安需求出发论证平安的重要性。"平安是老百姓解决温饱后的第一需求，是极重要的民生，也是最基本的发展环境。"② "国泰民安是人民群众最基本、最普遍的愿望。"③ 二是从人民的主体地位出发论述平安中国建设的基础性力量。"充分发挥广大人民群众积极性、主动性、创造性，切实维护广大人民群众安全权益，始终把人民作为国家安全的基础性力量，汇聚起维护国家安全的强大力量。"④ 三是从造福人民出发论述平安中国建设的根本任务。推进平安中国建设，必须坚持以人民安全为宗旨，保障人民生命财产安全，保障人民安居乐业。

---

① ［美］博登海默：《法理学：法律哲学与法律方法》，邓正来译，中国政法大学出版社 2004 年版，第 227-228 页。

② 习近平：《在中央政法工作会议上的讲话》，见中共中央文献研究室编：《习近平关于社会主义社会建设论述摘编》，中央文献出版社 2017 年版，第 148 页。

③ 习近平：《在首个全民国家安全教育日之际作出的指示》，见中共中央文献研究室编：《习近平关于社会主义社会建设论述摘编》，中央文献出版社 2017 年版，第 181 页。

④ 《习近平在中央政治局第二十六次集体学习时强调 坚持系统思维构建大安全格局 为建设社会主义现代化国家提供坚强保障》，载《人民日报》2020 年 12 月 13 日。

第五章 平安中国的政法哲学阐释

第四,"平安中国"蕴含着法安天下的基本理念。虽然现代政法哲学和古典礼法哲学共享综合治理的思想,但二者对法在平安(太平)上的地位和作用有显著区别。古典礼法哲学更强调以礼乐(德礼)治天下、安天下,现代政法哲学更强调法治天下、法安天下。习近平反复强调,"法安天下"[①],"法治是平安建设的重要保障",充分"发挥法治的引领和保障作用"[②]。值得指出的是,习近平法治思想的一个显著特色就是从国家治乱兴衰的维度论述法治的重要作用。习近平反复强调,全面推进依法治国是维护社会和谐稳定、确保党和国家长治久安的根本要求和长远考虑。"全面推进依法治国,是解决党和国家事业发展面临的一系列重大问题,解放和增强社会活力、促进社会公平正义、维护社会和谐稳定、确保党和国家长治久安的根本要求。"[③]"全面推进依法治国,是着眼于实现中华民族伟大复兴中国梦、实现党和国家长治久安的长远考虑。"[④]

二、平安中国的语义分析

在当代中国语境下,无论是在日常语言中,还是在政治话语体系中,"平安"都是一个使用频率高、语义内涵宽的概念。特别是党的十八大以来,各行各业都使用"平安""平安中国"语词,出现了词同而义不同的

---

① 习近平:《坚持依法治国和以德治国相结合》,见习近平:《论坚持全面依法治国》,中央文献出版社2020年版,第165页。
② 习近平:《就深入推进平安中国建设作出的指示》,见中共中央文献研究室编:《习近平关于社会主义社会建设论述摘编》,中央文献出版社2017年版,第149—150页。
③ 习近平:《关于〈中共中央关于全面推进依法治国若干重大问题的决定〉的说明》,见习近平:《论坚持全面依法治国》,中央文献出版社2020年版,第85页。
④ 习近平:《在中共十八届四中全会第二次全体会议上的讲话》,见中共中央文献研究室编:《习近平关于全面依法治国论述摘编》,中央文献出版社2015年版,第11页。

现象。本部分从政治语言学的角度，根据"平安中国"所涉及的政治和社会场域的范围大小，将其语义区分为狭义、中义、广义三种。

（一）狭义上的平安中国

狭义上的平安中国，是指社会治安意义上的平安社会。曾任中央政法委书记的罗干指出："平安建设是以解决社会治安问题、维护社会和谐稳定为目的的群众性创建活动。解决好人民群众关注的社会治安问题，是平安建设的核心内容"①。这是与老百姓切身利益最密切的平安，主要是指各类威胁社会安全的违法犯罪得到有效控制，社会成员人身和财产安全得到有效保障，日常生活生产秩序得到有效维护。

从治理体制上看，狭义上的平安中国建设主要依靠公安机关。中国共产党自局部执政时起，就以"公安"来命名治安保卫机构。② 这一名称的优点就在于清晰地揭示出了公安机关与社会治安、公共安全的直接关系。在第一次全国公安工作会议上，周恩来曾提出了"国家安危公安系于一半"③ 的命题。有学者认为，公安是指国家所固有的保卫国家安全、维护社会安定、保障人民安宁的内务职能。④《公安机关组织管理条例》第 2 条对公安机关的职能作了明确规定，即"承担依法预防、制止和惩治违法犯罪活动，保护人民，服务经济社会发展，维护国家安全，维护社会治安秩序的职责"。

---

① 罗干：《进一步深化平安建设，努力维护社会和谐稳定》，见《罗干谈政法综治工作》，中国长安出版社 2015 年版，第 339 页。

② 参见罗锋、李健和主编：《中国警学理论》，中国人民公安大学出版社、群众出版社 2017 年版，第 24 页。

③ 公安部《罗瑞卿论人民公安工作》编辑组编：《罗瑞卿论人民公安工作（1949—1959）》，群众出版社 1994 年版，第 6 页。

④ 参见康大民：《广义公安论与公安学基础理论研究》，载《公安大学学报》1999 年第 6 期。

从古今中外情况看，社会治安状况是衡量一个国家安不安全、平不平安的核心指标。尽管中外评价社会治安状况的指标和方法多样，但普遍承认刑事案件发案数量是最重要指标。2015年中共中央办公厅、国务院办公厅印发的《关于加强社会治安防控体系建设的意见》提出的主要目标是，"努力使影响公共安全的暴力恐怖犯罪、个人极端暴力犯罪等得到有效遏制，使影响群众安全感的多发性案件和公共安全事故得到有效防范"。近年来，中国被公认为是世界上最有安全感的国家之一，社会治安状况处于历史最好水平，也是用各种案件数据说话。据统计，2023年，全国公安机关共立刑事案件数、查处治安案件数较2019年分别下降12.9%、9.7%，其中爆炸、杀人等八类严重暴力刑事案件数下降10.7%，每十万人命案发生数为0.46起。我国是世界上命案发案率最低、刑事犯罪率最低、枪爆案件最少的国家之一。①

（二）中义上的平安中国

中义上的平安中国，是指政法机关所要推进的平安中国建设。如前所述，平安中国是2013年习近平对政法工作作出重要指示时明确提出的。这种意义上的平安中国比狭义上的平安中国内涵更为丰富，是指政治安全防线稳固、矛盾纠纷有效化解、违法犯罪有效遏制、灾害事故有效防范、社会心态理性平和、人民群众安居乐业的平安和谐状态。

从治理体制上看，中义上的平安中国建设主要依靠政法机关。政法是中国共产党的政治分类学的产物，是当代中国最具标识性的体制范畴，代

---

① 参见《公安部在京召开专题新闻发布会 通报全国公安机关五年来全力做好各项公安工作取得显著成效情况》，载中华人民共和国公安部网站，https://www.mps.gov.cn/n2254536/n2254544/n2254552/n9582428/index.html。

表了一种关于审判、检察、警察、国家安全、司法行政等机关相互关系的独特定义和制度安排。[1] 从新中国成立初期起，公安机关、检察机关、审判机关、司法行政机关等强力机关就因性质地位的相近性、职权职责的关联性而被划入政法机关的范畴。2019年颁行的《政法工作条例》以党内基本法规形式对这一体制予以法治化确认。该条例第3条规定了政法机关的范围，包括党委政法委、审判机关、检察机关、公安机关、国家安全机关、司法行政机关等单位。其中，党委政法委是党委领导和管理政法工作的职能部门，是实现党对政法工作领导的重要组织形式。第5条规定了政法机关的主要职责，即"维护国家政治安全、确保社会大局稳定、促进社会公平正义、保障人民安居乐业"。这些职责主要属于中义上的平安范畴。

不过，中义上的平安中国建设不可能靠政法机关单打独斗，而需要党政机关和全社会共同努力。为此，从20世纪90年代开始，从中央到地方都成立了社会治安综合治理委员会及其办公室（以下简称"综治委""综治办"），综治委主任一般由党委政法委书记兼任，综治办和政法委实行合署办公。2018年党和国家机构改革后，综治委、综治办被撤销，其职能合并入党委政法委。从2019年至2020年，地方各级党委先后成立了平安建设领导小组，组长一般由党委书记兼任，办公室主任一般由党委政法委书记兼任，日常工作由党委政法委承担。2020年，党中央决定成立平安中国建设协调小组，负责平安中国建设的统筹谋划、组织协调、督导考核，组长由中央政法委书记兼任。从过去的综合治理领导体制到现在的平安建设领导体制，这种制度设计一以贯之地体现了由党委政法委主导和统筹平安建设工作的意图。

---

[1] 参见黄文艺：《中国政法体制的规范性原理》，载《法学研究》2020年第4期，第3—22页。

(三) 广义上的平安中国

广义上的平安中国,是指总体国家安全观意义上的大平安。早在浙江工作时,习近平就指出:"我们提出的'平安',不是仅指社会治安或安全生产的狭义的'平安',而是涵盖了经济、政治、文化和社会各方面宽领域、大范围、多层面的广义'平安'。"[1] 2014年,习近平在中央国家安全委员会第一次会议上明确提出了总体国家安全观:"当前我国国家安全内涵和外延比历史上任何时候都要丰富,时空领域比历史上任何时候都要宽广,内外因素比历史上任何时候都要复杂,必须坚持总体国家安全观,以人民安全为宗旨,以政治安全为根本,以经济安全为基础,以军事、文化、社会安全为保障,以促进国际安全为依托,走出一条中国特色国家安全道路。"[2] 总体国家安全观确立了新时代"大平安观":一是清晰指明了平安建设的地位。习近平指出:"国家安全和社会稳定是改革发展的前提","国家安全是头等大事","国家安全是安邦定国的重要基石。"[3] 这些重要论述把国家安全与平安建设的战略地位提升到了新的高度。二是深入拓展了平安建设的内涵。总体国家安全观准确把握新时代国家安全形势新变化新趋势,推动安全内涵从传统安全向非传统安全、从内部安全向外部安全、从国土安全到国民安全、从自身安全向共同安全拓展,确立起了平安

---

[1] 习近平:《平安和谐是落实科学发展观题中之义》,见习近平:《之江新语》,浙江人民出版社2007年版,第119页。

[2] 习近平:《在中央国家安全委员会第一次会议上的讲话》,见中共中央党史和文献研究院编:《习近平关于总体国家安全观论述摘编》,中央文献出版社2018年版,第4页。

[3] 习近平:《关于〈中共中央关于全面深化改革若干重大问题的决定〉的说明》《在中央国家安全委员会第一次会议上的讲话》《决胜全面建成小康社会,夺取新时代中国特色社会主义伟大胜利》,见中共中央党史和文献研究院编:《习近平关于总体国家安全观论述摘编》,中央文献出版社2018年版,第3、10、14页。

建设大视野、大格局、大境界。三是系统擘画了平安建设的蓝图。总体国家安全观所确立的涵盖政治、军事、国土、经济、文化、社会、科技、网络、生态、资源、核、海外利益、太空、深海、极地、生物等诸多领域安全的国家安全体系，为新时代平安建设提供了科学化系统化的路线图和施工图。

从治理体制上看，广义上的平安中国建设由党中央集中统一领导。2015 年制定的《国家安全法》确立了国家安全领导体制，即大平安建设领导体制。该法第 4 条规定：坚持中国共产党对国家安全工作的领导，建立集中统一、高效权威的国家安全领导体制。第 5 条规定：中央国家安全领导机构负责国家安全工作的决策和议事协调，研究制定、指导实施国家安全战略和有关重大方针政策，统筹协调国家安全重大事项和重要工作，推动国家安全法治建设。中央国家安全委员会就是该法所规定的中央国家安全领导机构，也是大平安建设领导机构。中央国家安全委员会成立于 2013 年，主席由习近平担任。此后，县级以上地方党委都成立了国家安全委员会，统筹协调本地区国家安全重大事项和重要工作。"各地区各部门主要负责同志要落实好平安建设领导责任制，履行好维护一方稳定、守护一方平安的政治责任。"[1]

在以上三种意义的平安中国中，本章重点讨论的是中义上的平安中国。

三、平安中国的理念分析

自古以来，中国政治家、思想家持之以恒地探索实现政通人和、国泰民安之道，不断提出和发展体现中国智慧、中国精神、中国气派的治理理

---

[1] 习近平：《维护政治安全、社会安定、人民安宁》，见习近平：《论坚持全面依法治国》，中央文献出版社 2020 年版，第 247 页。

念，形成了脉络相承、博大精深的治理哲学。例如，古代儒家提出了德礼（礼乐）政刑并举的思想，当代提出了坚持源头治理、综合治理、系统治理、依法治理的思想，政治、自治、法治、德治、智治"五治融合"的思想。① 在笔者看来，当代平安中国的治理哲学的核心观念可概括为预防治理、系统治理、综合治理、规则治理、契约治理、智能治理等六大治理理念。

（一）预防治理

古代先贤把防患于未然、治病于未病作为社会治理的最高境界。《黄帝内经》云："是故圣人不治已病治未病，不治已乱治未乱，此之谓也。夫病已成而后药之，乱已成而后治之，譬犹渴而穿井，斗而铸锥，不亦晚乎？"②《道德经》云："为之于未有，治之于未乱。"③ 裴松之称："明者防祸于未萌，智者图患于将来。"④ 这些论断都蕴含着从治病到治国都要坚持预防为先、预防为主的治理哲学。改革开放以来，随着中国进入社会矛盾凸显期、刑事犯罪高发期、诉讼案件剧增期，当代中国治理哲学越来越回归古典治理传统，把社会治理的重心放到预测预警预防上来，尽可能将各类矛盾风险防范于源头、消解于未萌、化解于无形。习近平指出，"古人说：'消未起之患、治未病之疾，医之于无事之前。'法治建设既要抓末端、治已病，更要抓前端、治未病。我国国情决定了我们不能成为'诉讼

---

① 参见郭声琨：《深入学习贯彻党的十九届四中全会精神 推进市域社会治理现代化 建设更高水平平安中国》，载《人民法院报》2019年12月4日；陈一新：《"五治"是推进国家治理现代化的基本方式》，载《求是》2020年第3期。
② 《黄帝内经·素问·四气调神大论》。
③ 《道德经》第64章。
④ 《三国志·裴松之注》卷54。

大国'。我国有14亿人口，大大小小的事都要打官司，那必然不堪重负！要推动更多法治力量向引导和疏导端用力，完善预防性法律制度，坚持和发展新时代'枫桥经验'，完善社会矛盾纠纷多元预防调处化解综合机制"①。

在社会治安治理上，预防治理体现为"预防警务"理念，即把社会治安工作重心放到预警预防上来，最大限度减少违法犯罪的发生。2001年《中共中央国务院关于进一步加强社会治安综合治理的意见》强调："要坚决纠正'重打轻防'的错误倾向，切实把思想观念、工作重点、警力配置、经费投入、考核奖惩机制等真正落到'预防为主'上来"。公安机关明确提出了"预防警务"理念，要求充分发挥社会治安防控体系优势，及时发现、预防、制止违法犯罪。②

在社会矛盾化解上，预防治理体现为"前端治理"理念，即加强政府规划、决策、监管工作，从源头上防止社会矛盾风险的发生。在政法话语体系中，政法机关处于后端（末端）治理环节，其他党政机关处于前端治理环节。如果前端治理环节缺位或失职，就会将社会矛盾风险传导给后端治理环节，变成政法机关必须处理的诉访矛盾。③ 因此，政法机关主张，"要坚持末端处理与前端治理相结合，提高预防化解矛盾实效"④。加强前端治理，就是各个党政机关将防控社会稳定风险贯穿于规划、决策、监管全过程，防止因规划不科学、决策不合理、监管不到位而引发社会矛盾。

在诉讼治理上，预防治理体现为"诉源治理"理念，即源头上化解社

---

① 习近平：《坚定不移走中国特色社会主义法治道路 为全面建设社会主义现代化国家提供有力法治保障》，载《求是》2021年第5期，第13页。
② 参见《加快推进社会治安防控体系现代化 不断提升防控体系整体效能和社会治理水平》，《人民公安报》2021年10月15日。
③ 参见黄文艺：《中国政法体制的规范性原理》，载《法学研究》2020年第5期，第14页。
④ 孟建柱：《坚持以法治为引领 提高政法机关服务大局的能力和水平》，载《求是》2015年第6期。

会矛盾纠纷,最大限度避免或减少诉讼性纠纷。面对日益严峻的"案多人少"问题,中央政法委和最高人民法院提出了"诉源治理"概念。中央政法委提出,"完善诉源治理机制,把非诉讼纠纷解决机制挺在前面,引导更多纠纷在诉讼外解决"[①]。诉源治理至少包括两重含义:一是完善群众诉求表达、利益协调、权益保障机制,及时回应诉求、疏导利益、抚平情绪,从源头上防范纠纷发生之可能;二是把非诉讼纠纷解决机制挺在前面,引导纠纷尽可能以非诉讼方式化解,减少进入诉讼途径的纠纷量。

(二) 系统治理

系统治理是指各类治理主体各负其责、各尽其能,实现优势互补、无缝协作,防止力量分散化、资源碎片化。改革开放初期的社会治安综合治理就包含了系统治理的观念。1991年《中共中央国务院关于加强社会治安综合治理的决定》强调,在各级党委和政府的统一领导下,各部门协调一致,齐抓共管。2013年党的十八届三中全会明确提出:"坚持系统治理,加强党委领导,发挥政府主导作用,鼓励和支持社会各方面参与,实现政府治理和社会自我调节、居民自治良性互动。"党的十九届四中全会提出,坚持和完善共建共治共享的社会治理制度,建设人人有责、人人尽责、人人享有的社会治理共同体,建设更高水平的平安中国。[②] 总的看,系统治理包括党的领导、政社共治、部门协作、分层治理、区域合作等基本面向。

第一,党的领导是系统治理的政治保障。正是由于中国共产党的集中

[①] 郭声琨:《坚持以习近平新时代中国特色社会主义思想为指导 进一步提升新时代政法工作能力和水平》,载《求是》2019年第11期。

[②] 参见《中共中央关于坚持和完善中国特色社会主义制度 推进国家治理体系和治理能力现代化若干重大问题的决定》,载《人民日报》2019年11月6日。

统一领导,才能把各种治理力量资源整合起来,形成共建共治共享的社会治理格局,凝聚起平安中国建设的强大合力。习近平在2019年中央政法工作会议上指出:"要善于把党的领导和我国社会主义制度优势转化为社会治理效能,完善党委领导、政府负责、社会协同、公众参与、法治保障的社会治理体制,打造共建共治共享的社会治理格局。"①

第二,政社共治是系统治理的基础环节。在现代治理体系中,政府和社会是两大主体力量。现代社会治理的普遍特征是把社会力量挺在前面,让社会问题由社会力量解决,政府只做社会做不了、做不好的事情。改革开放以来,在社会治理变革中,政社关系经历了从政在社前到社在政前、从政府办社会到还权于社会、从强制关系到契约关系的转变过程。党的十八大以来,党中央明确提出建设人人有责、人人尽责、人人享有的社会治理共同体,激发社会自治、自主、自律的力量,让群众身边问题由群众自己解决。

第三,部门协作是系统治理的横向机制。在政府治理体系中,从横向上看,平安建设需要各个党政机关齐抓共管。早在改革开放初期,政法系统就认识到,"要争取社会治安的持续稳定好转,光靠政法部门的工作还不够,还要靠各条战线、各个方面工作的进展"②。在新时代,只有各个部门共同发力,才能解决影响安全稳定的难点堵点痛点问题,构建起平安共建共治共享圈。"要创新完善平安建设工作协调机制,统筹好政法系统和相关部门的资源力量,形成问题联治、工作联动、平安联创的良好局面。"③为加强对平安建设工作的统筹协调,从中央到地方各级党委普遍

---

① 习近平:《维护政治安全、社会安定、人民安宁》,见习近平:《论坚持全面依法治国》,中央文献出版社2020年版,第247页。
② 乔石:《加强学习 振奋精神 做好政法工作》,见《乔石谈民主与法制》上,人民出版社、中国长安出版社2012年版,第80页。
③ 习近平:《维护政治安全、社会安定、人民安宁》,见习近平:《论坚持全面依法治国》,中央文献出版社2020年版,第247页。

设立了平安建设领导（协调）小组。因此，应充分发挥平安建设领导（协调）小组牵头抓总、统筹协调、督办落实等作用，激发各部门各单位参与平安建设的积极性，构建起区域统筹、齐抓共管的协同治理机制。

第四，分层治理是系统治理的纵向机制。在政府治理体系中，从纵向上看，平安建设需要从各个治理层级上下联动。这就是说，在党中央的集中统一领导下，明确从中央到省、市、县、乡、村各治理层级的职能分工，构建权责明晰、上下贯通、高效联动、运转灵活的分层治理机制。[①]党中央对平安中国建设实施集中统一领导，决定平安中国建设的大政方针、重大举措、重大事项。省级是省域平安建设的总指挥部，市级是重大矛盾风险的防控地，县级是普通矛盾纠纷的终点站，乡级是矛盾纠纷化解的主阵地，村级是矛盾纠纷化解的第一线。其中，乡级和村级基层治理在平安中国建设居于基础性、要害性地位。"枫桥经验"最突出的优势，就是把矛盾风险防范化解在基层，实现小事不出村、大事不出镇、矛盾不上交。

（三）综合治理

中国自古以来就注重各种治理手段相融相合、互济互补，形成了多管齐下、多措并举的综合治理传统。古代先贤提出了道、德、礼、乐、仁、义、政、法、术、势等各种治理之道。《尹文子》概括了八种治术："仁、义、礼、乐、名、法、刑、赏，凡此八者，五帝、三王治世之术也。"[②]《太平经》列出了十种"治法"："一为元气治，二为自然治，三为道治，四为德治，五为仁治，六为义治，七为礼治，八为文治，九为法治，十为

---

① 参见陈一新：《加强和创新社会治理》，载《人民日报》2021年1月22日。
② 《尹文子简注·大道下》。

武治。"[1] 他们认识到，每种治理手段各有其长亦各有其短，只有多种治理手段并行不悖、相得益彰，方能做到经国序民、天下太平。《礼记》云："礼节民心，乐和民声，政以行之，刑以防之。礼乐刑政，四达而不悖，则王道备矣。"[2]

综合治理是平安中国建设的基础性理念。早在改革开放初期，为解决当时较为突出的社会治安问题，中央政法委明确提出了"社会治安综合治理"的概念。1982年《中共中央关于加强政法工作的指示》提出："把各条战线、各个部门、各个方面的力量组织起来，采取思想的、政治的、经济的、行政的、法律的各种措施和多种方式，推广适合各种情况的安全保卫责任制，把'综合治理'真正落实到各个方面。"[3] 1991年《中共中央、国务院关于加强社会治安综合治理的决定》把综合治理概括为，运用政治的、经济的、行政的、法律的、文化的、教育的等多种手段，打击、防范、教育、管理、建设、改造六个方面环环相扣。[4] 进入新时代，综合治理概念从社会治安领域进一步扩展适用于社会治理和国家治理领域。2019年以来，中央政法委提出了政治、自治、法治、德治、智治"五治融合"的综合治理思想，"充分发挥政治引领作用、自治基础作用、法治保障作用、德治先导作用、科技支撑作用。"[5] "'五治'是我们党领导人民探索中国特色社会主义国家治理之路的实践结晶，也是新时代推进国家治理现代化的基本方式。"[6]

---

[1] 《太平经合校》卷67。
[2] 《十三经注疏·礼记正义》卷37。
[3] 《中共中央关于加强政法工作的指示》，见中共中央文献研究室编：《三中全会以来重要文献选编》下册，人民出版社1982年版，第1096页。
[4] 参见《中共中央、国务院关于加强社会治安综合治理的决定》，见中共中央文献研究室编：《十三大以来重要文献选编》下册，人民出版社1993年版，第1443-1455页。
[5] 郭声琨：《深入学习贯彻党的十九届四中全会精神 推进市域社会治理现代化 建设更高水平平安中国》，载《人民法院报》2019年12月4日。
[6] 陈一新：《"五治"是推进国家治理现代化的基本方式》，载《求是》2020年第3期。

如果说德礼政刑相为终始代表了古典版的综合治理范式，那么政治、自治、法治、德治、智治"五治融合"就代表了现代版的综合治理范式。[1] 其中，政治，是指充分发挥政治系统的作用，通过领导、规划、监管、服务等方式，防范化解各种安全稳定风险。自治，是指充分发挥社会体系的作用，通过邻里互助、慈善救助、社区自治、行业自律等方式，让社会问题尽可能由社会解决。法治，是指充分发挥法治体系的作用，通过立法、执法、司法、法治教育等方式，引导社会问题依法有序公正高效地解决。德治，是指充分发挥道德体系的作用，通过治心化性、抑恶扬善、移风易俗等方式，促进人心正、社风净、民风纯。智治，就是充分发挥现代科技的作用，推进社会治理工作数字化、网格化、智能化，提高平安建设的效能效率。

（四）规则治理

规则之治是现代社会治理的基本模式，是平安中国建设的基础范式。无论是法律规则还是非法律规则，作为公共意志表达和集体选择产物的规则，能为人们的行为安排提供确定的理性预期，防止公权主体的恣意和私权主体的任性。基层治理实践证明，无规则地"花钱买平安"、无标准地"以妥协求和谐"，只能是"按下葫芦浮起瓢"，不仅难以保障长久的平安和谐，还会诱发民众以访施压、以闹逐利的非理性行为。平安中国建设所需要的规则是包括法律规则和非法律规则在内的多元规则，所实行的规则之治是多元规则之共治。

第一，软法和硬法共治。学界根据规则之强制力不同，将规则分为硬

---

[1] 参见黄文艺：《政法范畴的本体论诠释》，载《中国社会科学》2022年第2期，第77页。

法（国家法规则）和软法（社会规则）。中国自古以来就推行礼法合治，重视发挥各类社会规则的作用。习近平在讲到立法先行时强调完善两个规范体系："加快完善法律、行政法规、地方性法规体系，完善包括市民公约、乡规民约、行业规章、团体章程在内的社会规范体系，为全面推进依法治国提供基本遵循。"① 前者是硬法规范体系，后者是软法规范体系。在平安中国建设中，应坚持将软法要挺在前面，能用软法解决的问题，就不一定要硬法出手。近年来，不少行业特别是新兴行业出现的混乱无序、野蛮生长问题，往往与这些领域的制度供给不及时、不充分，因而"明规则"缺位、"潜规则"盛行有关。所以，应鼓励行业组织制定行业规章制度等软法规则，加强行业自治自律，推动行业立治有体、施治有序。

第二，民法和刑法共治。从部门法分类来看，平安中国建设所运用的法律规则主要有民法、行政法、刑法等规则。长期以来，一些政法机关习惯于运用刑事手段进行社会治理，存在重刑轻民甚至"过度刑法化"②的问题。近年来，从学界到政界越来越强调运用民法手段进行社会治理。中央政法委提出，"树立谦抑理念，对通过民事、行政法律手段就能妥善处理的经济案件，不使用刑事强制手段，努力以较小成本取得较好效果。"③学术界提出，"民刑共治"④，"刑法要谦抑，民法要扩张"⑤。在平安建设实践中，大部分社会矛盾纠纷都属于民事性质的，通过民事法律手段就能妥

---

① 习近平：《加快建设社会主义法治国家》，见习近平：《论坚持全面依法治国》，中央文献出版社2020年版，第112页。
② 何荣功：《社会治理"过度刑法化"的法哲学批判》，载《中外法学》2015年第2期，第523页。
③ 孟建柱：《提高工作预见性 营造安全稳定的社会环境——学习贯彻习近平总书记关于政法工作的重要指示》，载《社会治理》2017年第2期，第16页。
④ 刘艳红：《民刑共治：国家治理体系与治理能力现代化路径》，载《法学论坛》2021年第5期，第40-49页。
⑤ 王利明：《民法要扩张 刑法要谦抑》，载《中国大学教学》2019年第11期，第33-37页。

善处理。刑法只是社会治理的最后法律手段，是平安建设的最后一道防线，"坚决防止以刑事案件名义插手民事纠纷、经济案件"[①]。

第三，中央法和地方法共治。2015年修改《立法法》时，已赋予所有设区的市地方立法权。平安建设的许多规则都可由地方先行制定和实施，积累经验后再由中央层面制定法律法规。从制度创新看，枫桥经验、网格治理等新制度新经验都是先由地方探索出来的，然后再由中央层面总结推广。在2019年以来中央政法委推进的市域社会治理现代化实践中，各地出台了一系列地方性法规，如《南京市社会治理促进条例》《深圳经济特区平安建设条例》等。因此，在平安建设的制度供给和运行模式上，应坚持中央法和地方法并重，实行中央法和地方法共治。

（五）契约治理

在现代社会，平安建设的各类主体处于平等关系，因此它们之间的合作治理只能建立在契约关系的基础之上，呈现为一种契约治理格局，即党的十八大以来所讲的共建共治共享的社会治理新格局。具体来说，契约治理包含共商、共治、共享三大元素。

一是共商。从启动环节来看，契约治理源于相关各方在平等协商的基础上所达成的合意、共识。契约治理的要义是众人之事众人商量，形成体现各方共同意志的契约。这里所说的契约，不仅包括以合同文本形式存在的显性契约，还包括以非合同形式存在的隐性契约。平安建设领域最典型的隐性契约，就是政府对社会主体作出的、并为社会主体所相信的各种奖励性承诺，如对见义勇为行为、志愿者活动的奖励。

---

① 习近平：《充分认识颁布实施民法典重大意义，依法更好保障人民合法权益》，见习近平：《论坚持全面依法治国》，中央文献出版社2020年版，第282页。

二是共治。从实施环节看，契约治理表现为相关各方在契约框架下的共同治理，即各方依据契约所确立的权利义务，对社会安全稳定问题进行合作治理。例如，社会组织根据与政府签订的公共服务合同，向社会成员提供公共法律服务、纠纷化解等服务。

三是共享。从结果环节看，契约治理表现为相关各方共同受益。这里所说的受益，不仅体现为相关各方都从平安这种公共产品中受益，还体现为相关各方能获得所约定的回报。例如，按照严重精神障碍患者监护以奖代补的规定，因尽到监护责任而没有发生肇事肇祸行为的监护人，就有权获得政府的相应奖励。

（六）智能治理

智能化是平安建设现代化的鲜明标志，是破解平安建设难题的重要法宝。党的十八大以来，政法机关牢牢把握新一轮科技革命的历史性机遇，深入推进社会治理大数据、智能化建设，化后知为先知、化不知为可知、化不能为可能，防控各种矛盾风险和违法犯罪的能力显著提升。

一是加快平安建设数据集成共享。智能治理要以大数据为基础。只有拥有海量数据，才能产生超级算力、形成超级智能。近年来，在各级党委和政府的推动下，政法机关一直在推进政府部门政务数据、公共服务机构服务数据、互联网平台公共数据等各类数据资源整合，加快建设社会治理数据库，充分发挥大数据"千里眼""顺风耳""雷达站"的作用，提高矛盾风险的预测预警预防能力，推动构建预防性社会治理新模式。

二是加快平安建设智能科技研发，升级智能感知、智能采集、智能分析、智能预警、智能决策等技术，提高平安建设全要素、全过程、全链条的智能化水平，实现平安建设少人化乃至无人化的目标。如何以数字技术取代人海战术，推动平安建设少人化或无人化，是平安建设智能化的最终目标。传统的平安建设基本上依靠"人海战术"，即人盯人、人管人、人防人，因而基层反映最多的问题是人手不足问题。当前，不少面向基层平安建设的智能系统，仍属于弱人工智能，非但没有起到减负减人的作用，反而加剧了增负增人效应。因此，应加快研发面向多场景、多应用、多安全级别等自主无人系统，提高平安建设智能化、无人化水平。

四、平安中国的机制分析

平安中国不只是一个目标性、理念性范畴，也是一个制度性、操作性范畴，包括一整套紧密相连、衔接协调的体制机制和制度安排。经过持续不断的探索和完善，平安中国建设体系已演化出一系列既有功能分工又有密切协作的精细化治理体系。究其要者，主要包括维护政治安全体系、社会治安防控体系、社会纠纷解决体系、社会公平保障体系、社会德治德育体系、社会应急管理体系。

（一）维护政治安全体系

政治安全包括国家主权、政权体系、社会制度、意识形态等方面的安全，在平安建设中居于首要地位和最高层次。"政治安全攸关我们党和国家安危，其核心是政权安全和制度安全。"[1] 在传统的政法话语中，政法

---

[1] 《总体国家安全观干部读本》编委会：《总体国家安全观干部读本》，人民出版社2016年版，第79页。

如何理解政法：范畴、传统和原理

机关的主要职能被定位为维护人民民主专政。"政法工作就是直接的、明显的巩固与发展人民民主专政"[1]，"政法部门的任务主要是关于人民民主专政的具体实施，要指导群众的政治斗争"[2]。军队和政法机关被视为专政机关，并被赋予"枪杆子""刀把子"象征符号。"军队是人民民主专政的坚强柱石，政法机关是人民民主专政的专门机关。它们是党和人民手中掌握的枪杆子、刀把子。"[3] 如果说1997年《刑法》将"反革命罪"改为"危害国家安全罪"，开启了从国家安全角度理解政法机关专政职能的话语转向，那么党的十八大以来提出的总体国家安全观，则催生了对政法机关专政职能的新诠释，即维护国家政治安全。习近平在2017年对政法工作的指示中强调，"要把维护国家政治安全特别是政权安全、制度安全放在第一位，提高对各种矛盾问题预测预警预防能力"[4]。

党的十八大以来，维护政治安全机制的一个历史性变化就是更加注重在法治轨道上保障国家政治安全。在立法上，国家立法机关出台统领性的国家安全法，制定修改反间谍法、反恐怖主义法、境外非政府组织境内活动管理法、国家情报法、密码法、香港特别行政区维护国家安全法等，构建起比较完备的国家安全法律体系，为依法防范和惩治境内外敌对势力的分裂、颠覆、渗透、破坏活动提供了法律依据。在执法司法上，国家政法机关综合运用刑事、行政、民事等法律手段惩治各种危害国家政治安全的违法犯罪行为。一是运用刑事法律手段，依法惩治《刑法》所规定的各种

---

[1] 董必武：《关于改革司法机关及政法干部补充、训练诸问题》，见《董必武法学文集》，法律出版社2001年版，第126页。

[2] 彭真：《关于政法工作的情况和目前任务》，见彭真：《论新中国的政法工作》，中央文献出版社1992年版，第26页。

[3] 江泽民：《坚决打击走私犯罪活动》，见《江泽民文选》第2卷，人民出版社2006年版，第169页。

[4] 习近平：《全面提升防范应对各类风险挑战的水平 确保国家长治久安人民安居乐业》，载《人民日报》2017年1月13日。

危害国家安全的犯罪活动。二是运用行政执法方式,有效防范遏制境内外人员的渗透破坏活动。三是通过民事诉讼手段,有效制止损害社会主义核心价值观和意识形态安全的行为。例如,法院通过依法审理侵犯英烈人物名誉权等民事案件[①],不仅依法保护了当事人合法权益,也为有关行业、群体的活动划出了行为底线,起到了维护意识形态安全的作用。

(二) 社会治安防控体系

社会治安直接影响人民群众生命财产安全,在平安中国建设居于基础性地位。自2001年党中央明确提出"建立和完善全社会的防控体系"以来,构建和完善社会治安防控体系逐步成为一项在党委政府领导下对社会治安问题进行有组织的系统化治理的平安建设重点工程。[②] 2015年,中共中央办公厅、国务院办公厅印发的《关于加强社会治安防控体系建设的意见》提出,健全点线面结合、网上网下结合、人防物防技防结合、打防管控结合的立体化社会治安防控体系。党的十八大以来,面对更为严峻复杂的违法犯罪新形势新动向,社会治安防控触角进一步向基层、向行业、向网络拓展延伸,逐步构建起了人防物防技防结合、打防管控结合的立体化、数字化、智能化的社会治安防控体系。

一是坚持向社会细胞拓展,推动治安防控体系深入到每个楼栋、每个家庭、每个居民,有效防控群众身边的安全风险。治安隐患突出的重点地区、重点部位、重点场所、重点人群,历来是社会治安防控的重点对象。在这些领域,已构建起了行之有效的防控体系,并有力遏制了社会面违法

---

① 典型判例有狼牙山五壮士、叶挺烈士、方志敏烈士等名誉权案。
② 参见宫志刚、李小波:《社会治安防控体系若干基本问题研究》,载《中国人民公安大学学报(社会科学版)》2014年第2期,第107页。

犯罪高发势头。近年来，随着社会治安风险越来越多地分散到、隐藏于楼栋、邻里、家庭等各类社会细胞内部，社会治安防控体系向这些社会细胞延伸。例如，家庭可能是殴打、虐待等私人暴力的潜伏地，一次琐碎的邻里纠纷、亲友纠纷可能会酿成刑事案件。《反家庭暴力法》《家庭教育促进法》等法律，已逐步将法律干预的触角延伸到那些传统上所谓"法律不入之地"的家务事、私生活空间。这些法律也为治安防控体系合法地延伸到基层社会空间，防范只有当事人本人或其密接者才可感知到的安全风险提供了法律依据。

二是坚持向行业领域拓展，推动治安防控体系延伸到各行各业，有效防控行业治安隐患。旅馆业、旧货业等重点行业历来是治安防控体系建设的重点领域。随着新一轮科技革命深化和经济发展方式转型，传统行业呈现新动向新特点，新产业新业态不断涌现，行业治理依然是社会治安防控的重点任务。在2018至2021年的扫黑除恶专项斗争中暴露出金融放贷、工程建设、交通运输、市场流通、资源环保等行业领域怪象乱象多发、黑恶问题频出。这就要求公安机关和行业监管部门、行业协会、企事业单位等力量一道构建起各行各业的治安防控体系，打造各式各样的平安行业圈。

三是坚持向网络空间拓展，推动治安防控体系覆盖到网络社会，有效防控网络空间安全风险。随着线上办公、线上交流、线上消费逐步成为主导性的工作和生活方式，色情、赌博、诈骗等许多传统形态的违法犯罪加速向网络空间转移，黑客攻击、虚拟财产盗窃等新型网络违法犯罪迅速增长。这就要求加快构建网上社会治安防控体系，确保网络空间安全、文明、清朗。由于网络安全管理涉及网信、电信、公安等诸多部门，需要依据《网络安全法》理顺各部门执法职权，构建公安机关和网信部门紧密协作、相关部门和社会力量广泛参与的网络社会治安防控体系，着力维护网络空间安全和秩序。

(三) 社会纠纷解决体系

面对社会矛盾凸显期特别是诉讼快速增长期,防范化解社会矛盾纠纷的能力和水平,直接影响社会和谐稳定。近年来,在预防治理、综合治理等理念的影响下,中国加快整合各部门各系统的纠纷解决力量资源,构建彼此衔接、各尽其能的多元化纠纷解决体系,推动矛盾纠纷分类分道分流防范化解。不过,"多元化纠纷解决机制的建构与完善是一个宏大的社会工程,需要在体制改革、司法改革、法治建设的进程中,运用综合治理的理念进行顶层设计和实践创新"[①]。

一是构建党委政法委统筹协调机制。长期以来,法院系统出于破解"案多人少"矛盾的理性自利动机,扮演着推进多元化纠纷解决机制建设的主力军角色。法院系统在这方面有其优势,但也有明显的局限性。其一是法院把各行业各系统的纠纷解决资源整合起来的权力和能力不足,很容易遇到其他部门或明或暗的不配合。其二是法院的主责主业是审理和执行各类案件,不允许也不可能将主要精力放到多元化纠纷解决建设上。相比之下,党委政法委作为统筹社会治理和平安建设的党委职能部门,既负有预防化解社会矛盾风险的重要职责,也拥有代表党委整合各类纠纷解决资源的合法身份。《政法工作条例》第12条所规定的党委政法委第4项职责包括:"创新完善多部门参与的平安建设工作协调机制,协调推动预防、化解影响稳定的社会矛盾和风险"。因此,由党委政法委统筹推进多元化纠纷解决体系建设,在体制上更具正当性、权威性,在操作上更有力度,

---

[①] 范愉:《当代世界多元化纠纷解决机制的发展与启示》,载《中国应用法学》2017年第3期,第63页。

更有实效。

二是理顺不同类型纠纷解决机制的关系。依照纠纷解决主体和性质的不同，纠纷解决机制可分为民间性、行政性、诉讼性三类。按照位阶排序，应当把民间性纠纷解决机制挺在最前面，作为纠纷解决的第一道防线。民间性纠纷解决机制属于社会自治机制，通常采用协商、调解等合意的方式解决纠纷，具有及时就地化解纠纷、修复社会关系、节约公共资源等优势，因而应成为纠纷解决的优先选择。行政性纠纷解决机制是纠纷解决的第二道防线。和诉讼相比，行政调解、行政裁决、行政复议、信访等机制，具有程序简便、成本低廉等优势，起着化解社会纠纷的"分流阀"作用，在防止普通纠纷演变为刑事案件、升级为群体性事件上具有重要作用。诉讼是纠纷解决的最后一道防线，是程序更严密、对抗性更强、社会成本更高的解纷机制，更适合于解决那些法律关系复杂、责任认定争议大的纠纷。因此，纠纷解决的理想选择是，尽可能引导纠纷通过非诉讼方式解决，诉讼只是迫不得已的最后选择。

三是加快发展民间性纠纷解决机制。中国传统上是一个民间性纠纷解决机制相当发达和成熟的国家。但是，自清末以来，经历多次反传统的政治革命和社会运动之后，传统的民间性纠纷解决机制逐步走向支离破碎。21世纪以来，面对社会矛盾纠纷快速增长之势，从学界到政界逐步认识到民间性纠纷解决机制的重要作用，推动重建民间性纠纷解决机制。目前，同较为健全的行政性、诉讼性纠纷解决机制相比，民间性纠纷解决机制面临专业性、权威性、公信力、竞争力不足的突出问题。因此，应以增强权威性为目标，吸收退休司法人员、律师、法学专家和其他行业专业人士进入纠纷解决机构，让老百姓感觉到民间性纠纷解决机制也能够提供专业的公平正义。以增强高效性为目标，健全就近及时有效处理纠纷制度，让老百姓感受到民间性纠纷解决机制能够提供比诉讼更快速的公平正义。以发挥互联网优势为目标,支持互联网企业、电商平台构建完善线上纠纷解决机制,为涉网纠纷当事人提供高效便捷、成本低廉的纠纷解决服务。

(四) 社会公平保障体系

社会公平正义是社会和谐稳定的压舱石。只有确立起符合民众期待的社会公平保障体系,切实维护和实现社会公平正义,社会成员才能心情舒畅,社会关系才能和谐和顺。中国自古就有"不患寡而患不均,不患贫而患不安"的传统。古代政治家亦认为,"理国要道,在于公平正直"[①]。中国共产党把公平正义视为中国特色社会主义的内在要求,并致力于构建社会公平保障体系。"加紧建设对保障社会公平正义具有重大作用的制度,逐步建立以权利公平、机会公平、规则公平为主要内容的社会公平保障体系,努力营造公平的社会环境,保证人民平等参与、平等发展权利。"[②]社会公平保障的重点领域主要包括民生和法治两个领域。

在民生领域,教育、就业、住房、收入分配、医疗卫生、养老等方面的公平,事关每个社会成员的生存生活质量和成长发展机会,在社会公平保障体系中具有普惠性、基础性、兜底性特征,因而被置于优先地位予以考虑。当代中国民生保障体系的显著特色,就在于把起点公平、过程公平、结果公平统一起来,最大限度地让全体社会成员共享国家发展成果。在起点公平保障上,通过平等地分配和保障公民的教育、劳动、就业、财产等经济社会权利,让每个人都不输在起跑线上。在过程公平保障上,通

[①] 《贞观政要》卷5。
[②] 习近平:《切实把思想统一到党的十八届三中全会精神上来》,见中共中央文献研究室编:《十八大以来重要文献选编》上册,中央文献出版社2014年版,第552页。

过公平设置各种行业、岗位、职位的准入条件，完善公平竞争、人尽其才、才尽其用的制度机制，让每个人都有人生出彩的机会。在结果公平保障上，通过完善扶贫脱贫、救助救济、保险保障等制度，在幼有所育、学有所教、劳有所得、病有所医、老有所养、住有所居、弱有所扶上持续用力，让每个人都能过上有尊严而体面的生活。

在法治领域，随着越来越多的经济社会资源为法律所调控，越来越多的经济社会纠纷涌入执法司法机关，立法、执法、司法等方面公平在社会公平保障体系中占有十分显要的地位。中国共产党把公正视为法治的生命线，推动把公正贯穿到法治建设各领域和法治运行全过程。"必须牢牢把握社会公平正义这一法治价值追求，努力让人民群众在每一项法律制度、每一个执法决定、每一宗司法案件中都感受到公平正义。"[①] 在公正立法上，把公正、公平、公开原则贯穿立法全过程，以立法程序公正保障立法实体公正，确保立法遵法理、合情理、尽事理。在执法公正上，坚持法律面前人人平等，依法平等保护合法行为和惩治违法行为，做到铁面无私、不偏不倚、不枉不纵。在司法公正上，完善司法机关依法独立公正行使职权的体制机制，健全事实认定符合客观真相、办案结果符合实体公正、办案过程符合程序公正的法律制度，加强对司法权的制约监督，杜绝关系案、人情案、金钱案。

（五）社会德治德育体系

平安建设的难点在于人心治理，即如何通过治心化性使人向上向善。古代先贤开出的良方是德治，即治国以道德教化为先。董仲舒提出，"夫

[①] 习近平：《在中央全面依法治国委员会第一次会议上的讲话》，见习近平：《论坚持全面依法治国》，中央文献出版社2020年版，第229页。

万民之从利也,如水之走下,不以教化堤防之,不能止也。是故教化立而奸邪皆止者,其堤防完也;教化废而奸邪并出,刑罚不能胜者,其堤防坏也"[1]。现代社会的人心治理远较古代社会的人心治理更为艰巨复杂,面临价值观念多元化、利己主义膨胀、心理疾患严重等诸多问题。例如,随着现代社会生活节奏加快、竞争加剧、压力加大,社会心理健康问题日益突出,容易引发公共安全事件。近年来,极少数生活失意、心态失衡、心理失常人员采取持刀砍人、开车撞人等极端手段报复社会的极端暴力犯罪案件增多,往往造成较大规模的群死群伤事件。

第一,充分发挥领导干部的道德表率作用。中国自古就有民以吏为师、正人先正己等传统。"其身正,不令而行;其身不正,虽令不从。"习近平强调,领导干部要"以德修身、以德立威、以德服众","努力成为全社会的道德楷模,带头践行社会主义核心价值观,讲党性、重品行、作表率,带头注重家庭、家教、家风,保持共产党人的高尚品格和廉洁操守,以实际行动带动全社会崇德向善、尊法守法。"[2]

第二,充分发挥执法司法的道德教化功能。自古以来,中国司法除依法辨明是非曲直之外,还要承担阐明礼义、教化民众的功能。当代中国的执法司法更加注重发挥好个案的道德教化作用。"要坚持严格执法,弘扬真善美、打击假恶丑。要坚持公正司法,发挥司法断案惩恶扬善功能。"[3] 法院系统注重发挥以案释法的教育作用:"充分发挥司法的教育、评价、指引、规范功能,努力让热点案件审判成为全民共享的'法治公开课'。"[4] 检

---

[1] 《汉书·董仲舒传》。
[2] 习近平:《坚持依法治国和以德治国相结合》,见习近平:《论坚持全面依法治国》,中央文献出版社2020年版,第167—168页。
[3] 习近平:《坚持依法治国和以德治国相结合》,见习近平:《论坚持全面依法治国》,中央文献出版社2020年版,第166页。
[4] 周强:《最高人民法院关于加强刑事审判工作情况的报告》,载《人民法院报》2019年10月27日。

察系统注重发挥办案的社会治理作用:"检察机关不仅要依法办案,还要将办案职能向社会治理领域延伸……努力做到'办理一案、治理一片'。"①

第三,充分发挥学校教育的立德树人作用。古代先贤早就认识到学校教育在社会治理上的重要功能。"立大学以教于国,设庠序以化于邑,渐民以仁,摩民以义,节民以礼,故其刑罚甚轻而禁不犯者,教化行而习俗美也。"② 当代中国坚持育人育才相统一,把立德树人融入学校思想道德教育、文化知识教育、社会实践教育等各环节,致力于通过学校教育提高公民政治素养、道德修养、文明涵养,支撑起社会关系和谐和美和顺。

第四,充分发挥先进文化的滋养濡化作用。这主要体现为,把社会主义核心价值观融入道德建设和法治建设之中,加强教育引导、实践养成、制度保障,使之成为社会和谐稳定的精神纽带和文化基石。挖掘各地本乡本土优秀文化元素,发挥家风家训、礼俗礼仪、乡贤乡杰等规训作用,促进家风正、民风纯、社风净。

第五,充分发挥心理服务体系的防治功能。当代中国,加强社会心理服务体系被视为健康中国和平安中国建设的重要内容。"要健全社会心理服务体系和疏导机制、危机干预机制,塑造自尊自信、理性平和、亲善友爱的社会心态。"③ 这包括,构建覆盖城乡的社会心理服务体系,为城乡居民提供方便、可及的心理健康服务。充分发挥综治信息系统平台优势,开展社会心态预测预警,及时发现和处理高危风险人员及突发事件。贯彻落实《精神卫生法》,健全精神障碍问题的预防、治疗、康复机制,提高预防、治疗、康复水平。

---

① 张军:《坚持以习近平法治思想为引领 为书写法治中国建设新篇章贡献检察力量》,载《求是》2021年第5期。
② 《汉书·董仲舒传》。
③ 习近平:《维护政治安全、社会安定、人民安宁》,见习近平:《论坚持全面依法治国》,中央文献出版社2020年版,第247-248页。

（六）社会应急管理体系

现代社会是高风险社会，各类影响安全稳定的风险易发多发高发。健全中国特色的社会应急管理机制，提高重大突发风险的防范应对能力，乃是平安中国建设的应有之义。社会应急管理体系主要包括灾害事故应急管理、公共卫生应急管理、社会稳定应急管理等三类机制。

第一，完善灾害事故应急管理机制。中国是世界上自然灾害最严重的国家之一，灾害种类多、发生频率高、灾情影响大。同时，中国正处在工业化、城镇化推进期，生产安全事故隐患易发多发。在2018年党和国家机构改革中，为提高对各类灾害事故的统一应对处置能力，从国务院到县级以上地方各级政府成立应急管理行政部门。这"有利于整合优化应急力量和资源，建成一支综合性常备应急骨干力量，推动形成统一指挥、专常兼备、反应灵敏、上下联动、平战结合的中国特色应急管理体制。"[1] 这一改革成果和近年来应急管理新经验需要通过立法加以固化和细化。这要求对《突发事件应对法》《安全生产法》《消防法》等一系列法律法规进行整体性修改，构建起一个完备可行的应急管理法律体系。

第二，完善公共卫生应急管理机制。新冠肺炎疫情对全球造成的灾难性影响表明，公共卫生风险越来越成为公共安全的严重威胁。习近平明确提出，"及时推动完善重大疫情防控体制机制、健全国家公共卫生应急管理体系"[2]。一是完善公共卫生重大风险监测预警机制，完善传染病疫情

---

[1] 习近平：《关于深化党和国家机构改革决定稿和方案稿的说明》，见《〈中共中央关于深化党和国家机构改革的决定〉〈深化党和国家机构改革方案〉辅导读本》编写组编：《〈中共中央关于深化党和国家机构改革的决定〉〈深化党和国家机构改革方案〉辅导读本》，人民出版社2018年版，第94-95页。

[2] 习近平：《全面提高依法防控依法治理能力 健全国家公共卫生应急管理体系》，载《求是》2020年第5期。

监测系统，改进异常健康事件监测机制，健全多渠道监测预警机制，提高实时预警、快速研判的能力。二是健全重大疫情应急响应机制，构建集中统一高效的领导指挥体系，做到指令清晰、系统有序、条块畅达、执行有力，精准解决疫情第一线问题。三是优化重大疫情救治体系，建立健全分级、分层、分流的传染病等重大疫情救治机制，做到早发现、早报告、早救治。四是及时修订《传染病防治法》《突发公共卫生事件应急条例》等法律法规，构建科学完备的公共卫生应急管理法律制度，提高公共卫生应急管理规范化、法治化水平。

第三，完善社会稳定事件应急管理机制。我国正处于社会结构转型期、社会矛盾凸显期，特定利益群体关联性、组织性上升，社会稳定风险的复杂性、敏感性加深，群体性事件易发多发。在此背景下，政法机关探索出了一系列社会稳定事件应急管理机制。这主要包括，建立以社情、警情、案情、舆情为基础的社会稳定指数系统，健全社会稳定风险监测预警机制，做好定性定量分析和分级分色预警工作，健全群体性事件现场处置方案，妥善解决现场纠纷和争端，做到防范未然、快处即然、妥处已然。

第六章 新时代中国政法改革

长期以来，政法领域改革主要集中于司法领域，无论是理论界还是实务界，都一直在讨论研究"司法改革"，很少有人提及"政法改革"。党的十八大以来，随着全面深化改革战略在国家治理领域的深入实施，政法领域改革从以往以司法改革为主拓展到政法工作各方面，作为实践形态的"政法改革"逐步生成，作为理论范畴的"政法改革"呼之欲出。在2019年中央政法工作会议上，习近平明确提出，加快推进政法领域全面深化改革，推动改革取得新的突破性进展。[1] 中共中央制定印发的《政法工作条例》，明确使用并多处提到"政法改革"范畴。[2] 中央全面深化改革委员会第六次全体会议审议通过了《关于政法领域全面深化改革的实施意见》[3]，这是第一份对政法改革作出全面部署的改革文件。从司法改革到政法改革，是法治领域改革的一次历史性飞跃，标志着法治领域改革进入

---

[1] 参见习近平：《全面深入做好新时代政法各项工作 促进社会公平正义保障人民安居乐业》，载《人民日报》2019年1月17日。
[2] 参见《中国共产党政法工作条例》第10条第5项、第12条第3项、第20条第3项、第21条第5项。
[3] 参见《习近平主持召开中央全面深化改革委员会第六次会议强调 对标重要领域和关键环节改革 继续啃硬骨头确保干一件成一件》，载《人民日报》2019年1月24日。

如何理解政法：范畴、传统和原理

系统性变革的新阶段。由于政法改革范畴提出的时间不长，理论界对政法改革问题的研究尚处于起步状态。[①] 本章试图对新时代中国政法改革的地位意义、内涵外延、理念思路、目标任务等问题进行初步探索，以期推动理论界和实务界对这一问题的深入研究。

一、政法改革的战略地位

全面深化改革无疑是新时代最显著的标志性特征，已覆盖到经济、政治、文化、社会、生态文明各领域，贯穿于治党治国治军、内政外交国防各方面，展现出更强的系统性、整体性、重塑性。政法改革作为这场深刻变革的重要组成部分，不仅对政法事业发展进步举足轻重，也对社会主义现代化强国建设影响深远。

（一）政法改革是推进国家治理体系和治理能力现代化的应有之义

从人类政治文明史来看，任何常态意义上的国家，都要设置承担治安、司法职能的机构，向社会成员提供争端解决、权利救济、安全保障等公共产品。即使是西方古典自由主义者所憧憬的有限政府，如亚当·斯密所称的守夜人式政府[②]、米尔顿·弗里德曼所称的自由社会政府[③]，这些

[①] 代表性的文章，参见陈一新：《勇攀新时代政法领域全面深化改革新高峰》，载《人民日报》2019年1月24日；卓泽渊：《全面深化政法改革刻不容缓》，载《中国法律评论》2018年第6期。

[②] 关于守夜人国家基本职能的分析，参见［英］亚当·斯密：《国民财富的性质和原因的研究》下册，郭大力、王亚南译，商务印书馆1983年版，第254-375页。

[③] 参见［美］米尔顿·弗里德曼：《资本主义与自由》，张瑞玉译，商务印书馆2004年版，第40页。

职能都是不可或缺的。在现代政权体系中,警察权、司法权是国家基础权力,维护政治稳定和社会安定的能力属于国家基础能力。在20世纪中后期,亨廷顿观察到许多发展中国家长期饱受群体冲突、社会骚乱、政治动荡之祸患,认为根本原因就在于缺乏有效能、有权威的政府,因而得出各国之间最重要的政治分野不在于政府的形式、而在于政府的有效程度的结论。[1] 在21世纪初,福山指出,软弱国家或失败国家是当今世界包括毒品、恐怖主义在内的许多严重问题的根源,强调国家能力问题比国家职能范围问题更为重要。[2]

我国国家治理体系的一个突出特点是,履行审判、检察、警察、国家安全、司法行政等重要职能的机构从概念上和体制上被定义为一个特殊系统,即中国共产党领导下的政法系统。根据《政法工作条例》规定,政法系统主要由审判机关、检察机关、公安机关、国家安全机关、司法行政机关等单位构成[3],履行维护国家政治安全、确保社会大局稳定、促进社会公平正义、保障人民安居乐业的主要职责。[4] 这"四大职责"清晰地揭示了政法系统在国家治理体系中的重要地位,政法工作在中华民族伟大复兴中的重大意义。改革开放以来的国家治理实践,充分展示了这种独特体制的生命力、优越性。四十多年来,我国在经济社会格局发生急剧而深刻变革的情况下长期保持社会稳定,成为世界上最有安全感的国家之一。[5] 当然,针对国家治理体系和治理能力现代化目标,以及人民群众日益增长的美好生活需要,我国政法工作还存在不少不适应、不符合的问题。例如,

---

[1] 参见［美］塞缪尔·P.亨廷顿:《变化社会中的政治秩序》,王冠华等译,上海三联书店1989年版,第1页。

[2] 参见［美］弗朗西斯·福山:《国家构建:21世纪国家治理与世界秩序》,黄胜强、许铭原译,中国社会科学出版社2007年版,序言第1-3页、正文第5-19页。

[3] 参见《中国共产党政法工作条例》第3条。

[4] 参见《中国共产党政法工作条例》第5条。

[5] 参见习近平:《在庆祝改革开放40周年大会上的讲话》,载《人民日报》2018年12月18日。

如何理解政法：范畴、传统和原理

有的地方和部门仍习惯于采取行政命令、强制手段甚至运动式等工作方法，不善于运用民主、契约、法治方式维护社会稳定，不善于运用现代科技手段预测预警预防社会风险；执法司法权运行机制和政法公共服务体系不健全，正义维护、权利救济、安全保障、服务供给的质量和效率有待提升。深化政法改革的主要目标，就是要推进政法工作体系和工作能力现代化，构建更成熟、更完备、更管用的政法制度，促进降低治理成本、提高治理收益。①

（二）政法改革是建设更高水平的法治中国的必然要求

"法治中国"概念是 2013 年 1 月习近平对政法工作作出重要指示时首次正式提出的②，此后成为统领新时代中国法治话语体系和行动纲领的基石范畴。当前，随着政府法制部门合并入司法行政机关，政法机关在立法、执法、司法、守法四个环节都扮演着重要角色，对法治中国建设的影响至深。从立法环节看，地级市以上的司法行政机关已行使了原政府法制部门的行政立法权，司法部承担着有关法律和行政法规草案起草、立法协调、备案审查、解释等立法性职权。③ 从执法环节看，公安机关、国家安全机关、司法行政机关都是行政执法机关，司法行政机关还承担着综合协调行政执法、指导行政复议应诉等职权。从司法环节看，法院是依法独立行使审判权的国家机关，检察院是依法独立行使检察权的国家机关。从守法环节看，政法机关承担着实施法治宣传教育、推进多层次多领域依法治理、推动法律服务体系建设、指导非诉讼纠纷解决机制建设等职能，在引

---

① 参见胡鞍钢等：《中国国家治理现代化》，中国人民大学出版社 2014 年版，第 94 页。
② 参见习近平：《顺应人民对公共安全司法公正权益保障的新期待 全力推进平安中国法治中国过硬队伍建设》，载《人民日报》2013 年 1 月 8 日。
③ 关于司法部的主要职责，参见《深化党和国家机构改革方案》，载《人民日报》2018 年 3 月 22 日。

导全民遇事找法、办事循法上发挥着重要作用。

党的十八大以来,全面依法治国步入了新阶段,建设良法善治的法治中国成为主旋律。从形式法治意义的"法律之治"到形式法治和实质法治相统一的"良法善治"①,这是法治建设水平质的飞跃,也是一项艰巨的历史任务。立法上的要求,已经不是有没有,而是好不好、管不管用、能不能解决实际问题②,因此提高立法质量和效率成为当务之急。执法司法上的要求,已不仅是严格执法、公正司法,还要追求精准化、文明化、人性化,展现出社会主义法治的力度、温度、风度。守法上的要求,也已不是一般意义上的遵守法律,而是使尊法、信法、守法、用法、护法成为全体人民的共同追求。③法治建设在国家治理中的使命,已不只是服务经济社会发展,更重要的是完善国家治理制度,增强国家核心竞争力。要实现良法善治的目标,必须深入推进法治改革④,破除妨碍法治推进的体制机制弊端。法治改革的重点在政法改革,难点也在政法改革。习近平强调,法治领域改革涉及的主要是公检法司等国家政权机关和强力部门,社会关注度高,改革难度大,更需要自我革新的胸襟。⑤这就需要政法机关发挥好全面依法治国主力军的作用,勇于向束缚法治效能的顽症痼疾开刀,坚定不移深化政法改革,为新时代法治中国建设作出更大贡献。

---

① 张文显:《中国法治40年:历程、轨迹和经验》,载《吉林大学社会科学学报》2018年第5期。
② 参见习近平:《在十八届中央政治局第四次集体学习时的讲话》,见中共中央文献研究室编:《习近平关于全面依法治国论述摘编》,中央文献出版社2015年版,第43页。
③ 参见习近平:《加快建设社会主义法治国家》,见中共中央文献研究室编:《习近平关于全面依法治国论述摘编》,中央文献出版社2015年版,第90页。
④ 关于法治改革的深入研究,参见张文显:《新时代法治改革再出发》,载《法制日报》2019年1月10日。
⑤ 参见习近平:《加快建设社会主义法治国家》,载《求是》2015年第1期。

（三）政法改革是建设更高水平的平安中国的必由之路

政法机关还承担着一项经常为法学家们所忽视、但对老百姓利益攸关的职责，即建设平安中国。在国家职能分工上，政法机关的重要职能是惩治违法犯罪、化解社会矛盾、维护社会稳定，保障人民安居乐业、国家长治久安。第二次世界大战以来发展中国家的现代化实践表明，在快速变革的社会中保持和谐稳定是世界级的治理难题。即使是成功迈过各种现代化陷阱的西方发达国家，由于政治极化、贫富分化、民粹主义等趋势不断加剧，社会体系内部冲突、分裂、暴乱的因素潜滋暗长。2018—2019年法国发生的"黄马甲运动"，不只是对执政当局改革政策的不满，也是长期积累的社会问题的一次大爆发。

当前，我国在保持经济平稳健康发展、社会大局持续稳定的同时，正处于经济发展转型期、深化改革攻坚期、社会矛盾叠加期，平安中国建设面临不少前所未有的挑战。一是无边界特征更加明显。随着现代科技特别是互联网技术的发展，很多事物之间原有的边界被打破，跨界、共有、共享成为常态[①]，原有的人员管理、产权保护、犯罪控制等机制难以有效应对，呼唤社会治理体系创新。二是流动性特征更加明显。当今社会呈现出一种前所未有的超动态社会特征，人流、物流、资金流、信息流等大规模、高速度的流动，在促进社会整体效率空前提高的同时，也使违法犯罪空间扩大、链条拉长、机动性增强，防范打击违法犯罪的难度上升。三是高风险特征更加明显。我国已进入高风险社会，从自然灾害到人为事故，从境内风险到境外风险，从经济、科技、社会领域风险到政治领域风险，

---

① 参见冯仑：《无边界社会 我们该怎样学习和创新》，载《新华日报》2017年8月18日。

各类风险量大面广、易发多发。特别是各类风险的关联性增强，呈现出境外风险向境内输入、网上问题向网下延伸、经济金融问题向社会稳定风险转化、单体风险向综合性风险升级等趋势，防范化解重大风险的任务更加艰巨复杂。这些经济社会发展新变化新趋势，都要求政法机关与时俱进创新社会治理体制机制，健全重大风险防控机制，更好履行国家安全、社会安定、人民安宁守护人的职责。

（四）政法改革是构建开放型政法工作新格局的迫切需要

自近代以来，中国与世界的关系已发生深刻变化，中国正在走向世界舞台的中央，成为推动经济全球化的主力军。国家角色新的历史定位，必然引发包括政法机关在内的国家机构职能体系的深刻调整。政法机关传统上属于内政范畴，但全球化时代产生的很多跨国安全和法律问题，催生出了政法机关的对外工作职能。随着安全问题的跨国性日益明显，执法安全国际合作更加重要。影响我国安全稳定的不少问题源头在境外，例如恐怖主义、毒品走私、电信诈骗、网络攻击等犯罪。我国政法机关只有主动与有关国家加强执法安全合作，从源头上铲除祸根，才能有效保障国内安宁。随着我国实施"一带一路"建设等重大开放战略，海外利益保护问题迫在眉睫。近年来，境外侵犯我国公民、企业合法权益的事件呈上升之势。这迫切要求政法机关树立国家利益拓展到哪里、安全保护和法治服务就跟进到哪里的理念，加快构建海外安全保护体系，切实保障我国海外机构企业和人员的合法权益。[1] 随着国际上运用法治手段遏制我国发展的趋势日益明显，防范应对的任务更加艰巨。近年来，一些西方国家频频运用

---

[1] 参见《主动适应经济发展新常态做实做好三大服务》，载《法制日报》2016年1月25日。

反倾销、反补贴等法律手段对我国推行贸易保护主义政策,有的海上邻国利用制定海洋法和国际海洋争端解决机制侵犯我国海洋领土主权,给我国涉外法治工作提出了不少必须应对的课题。[①] 随着全球治理体系结构发生深刻变革,国际法治领导权竞争更为激烈。在世界发生百年未有之大变局的背景下,各国纷纷争夺国际规则制定权、国际组织主导权、国际法律服务市场占有权。与西方主要国家相比,我国在这方面还存在明显的短板和弱项。这要求我们加快培养一批具有全球视野、精通国际规则的高层次涉外法治人才,加快建设一批具有国际影响力的司法、仲裁、调解机构,加快推进法律服务走出去战略,努力占领国际法治制高点。面对中国与世界关系的新变化,政法机关只有树立全球视野、开放思维,深入推进对外工作机制改革,构建起适应全方位对外开放新格局的工作体系,才能更好肩负起维护国家主权、安全、发展利益的重任,承担起推进全球治理公正化、法治化的使命。

二、政法改革的总体格局

从司法改革到政法改革,不只是概念术语上的变化,而是改革内涵外延、格局图景的深刻变化。总体上看,政法改革是由党中央统一部署推进的重大改革工程,是新时代政法领域的一场全方位深层次的革命,对推进国家治理体系和治理能力现代化具有重要意义。

从改革广度看,政法改革已从司法领域扩展到党委政法委、公安、国家安全、司法行政等各领域,辐射到政法工作各方面、各环节。这可以从

[①] 参见王翰:《加强涉外法治建设 不断推动改革开放》,载《陕西日报》2014年12月9日。

党的十九届三中全会的决策部署中看到这种大气魄和大手笔。这次全会对政法机构改革作出了全方位、大力度的顶层设计,内容涉及加强党对政法工作的领导、党委政法委改革、公安改革、司法行政改革、跨军地改革等方面。在加强党对法治工作的领导方面,组建中央全面依法治国委员会,加强党中央对法治中国建设的集中统一领导,办公室设在司法部。在党委政法委改革方面,不再设立社会治安综合治理委员会及其办公室、维护稳定工作领导小组及其办公室,将综治、维稳职责和反邪教部分职责交由党委政法委承担。在公安改革方面,将公安部的出入境管理、边防检查职责整合,建立健全签证管理协调机制,组建国家移民管理局。在司法行政改革方面,将司法行政部门和政府法制工作部门的职责整合,重新组建司法行政部门,促进法治国家、法治政府、法治社会一体建设。[①]

从改革深度看,政法改革已从执法司法体制改革推进到政法工作制度体系创新。在过去有关司法改革的讨论中,后一类问题很少有人问津,甚至被视为改革禁区。但是,随着改革不断向前推进,这一类问题不仅不能回避,而且成为改革的重点。例如,如何加强和改进党对政法工作的领导,如何完善中国特色社会主义政法工作体系,如何优化政法机关机构职能体系,如何健全法治建设的集中统一领导机制,如何创新中国特色社会主义社会治理体制,如何完善维护安全稳定工作机制,如何构建共建、共治、共享的社会治理格局,如何建立海外利益安全保护体系,如何加强政法队伍革命化、正规化、专业化、职业化建设。这些都是涉及党和国家长治久安、政法事业长远发展的重大问题,必须通过深化政法改革加以有效解决。这也意味着政法领域改革真正进入攻坚期和深水区,复杂程度、敏感程度、艰巨程度前所未有。

从改革目标看,政法改革任务已从建设公正高效权威的社会主义司法

---

① 参见《深化党和国家机构改革方案》,载《人民日报》2018年3月22日。

制度拓展为推进政法工作现代化。2023年，习近平对政法工作作出重要指示时明确提出了"政法工作现代化"的概念。[①] 2024年，习近平对政法工作作出重要指示时进一步强调，政法系统"以政法工作现代化支撑和服务中国式现代化"[②]。政法工作现代化包括政法工作体系现代化和政法工作能力现代化两个方面。政法工作体系是党领导下推进政法工作的制度体系，主要包括行政立法、执法司法、社会治理、公共服务、队伍管理等制度机制。政法工作能力主要体现为维护国家政治安全、确保社会大局稳定、促进社会公平正义、保障人民安居乐业、服务经济社会发展等方面的能力。推进政法工作现代化，就是推进政法工作体系和能力现代化，形成系统完备、科学规范、运行高效的政法制度体系，提高政法质量、效率和公信力。

从改革推进方式看，政法改革已由政法机关部署推进上升为党中央统一组织领导。由于政法改革的很多举措都涉及党和国家领导体制、党和国家机构职能、政法机关人财物管理等全局性、战略性问题，必须由党中央统筹谋划、整体设计、统一领导。党的十八大以来，党中央统一领导政法改革的格局已经形成。一是以中央全会决定的形式对政法改革方案作出顶层设计。政法改革的绝大多数任务是由中央全会明确提出的。例如，十八届三中全会对行政执法体制改革、司法体制改革、社会治理体制改革作了部署，十八届四中全会对加强党对政法工作的领导、行政执法体制改革、司法体制改革、社会治理体制改革、政法职业管理制度改革作了系统部署，十九届三中全会对加强党对政法工作的领导、政法机构改革、跨军地改革作了顶层设计。二是由中央全面深化改革委员会、中央全面依法治国委员会审议通过重要改革文件。中央全面深化改革委员会是党中央设立的领导

[①] 参见《习近平对政法工作作出重要指示强调坚持改革创新发扬斗争精神 奋力推进政法工作现代化》，载《人民日报》2023年1月9日，第1版。

[②] 《习近平对政法工作作出重要指示强调 坚持党的绝对领导忠诚履职担当作为 为全面推进强国建设民族复兴伟业提供坚强安全保障》，载《人民日报》2024年1月15日，第1版。

全面深化改革工作的决策议事协调机构。政法改革领域的基础性、骨干性、支架性文件，都由委员会审议通过，增强了改革决策的权威性、公信力、执行力。中央全面依法治国委员会是党中央设立的领导全面依法治国工作的决策议事协调机构。2018年成立以来，对政法改革作出了一系列重大决策部署。

从改革属性看，从司法改革到政法改革的演进，更加彰显了中国法治改革的自主品格。中国政法工作虽然是以执法司法为主要内容，与各国执法司法工作有许多可比较、可通约的方面，但也存在不少不可比较、不可通约的方面，特别是在基础理念、基础制度设计上有许多独树一帜之处。中国政法改革自然也就不能简单和其他国家的执法司法改革等量齐观。这场改革往哪改、改什么、怎么改，都不可能从其他国家找到现成答案，而必须立足中国历史和实践进行创造性探索。应当说，发端于20世纪80年代的中国司法改革，从一开始就是一种内发型、自主型的改革，而非一种外源型、移植型的改革。但一些持有普世主义情怀的论者，总是把中国司法与西方司法等而视之，希望从西方经验和制度中找到解决中国问题的锦囊妙计，甚至以洋为尊、以洋为美。他们没有看到，中国司法体系是更广意义上的政法系统的组成部分，与世界上各种司法体系有着实质性的分野，在其他国家很管用、很有效的制度，不一定同中国政法体制相兼容，也未必在中国法治实践中行得通。明确提出政法改革范畴，有利于更清醒地认识中国法治改革特别是司法改革的独特性，更有效地防止那种对外国经验简单拿来主义的做法。

三、政法改革的基本理念

改革理念对改革实践具有导航定向作用。改革理念是否妥当对路，从根本上决定着改革实践的成效乃至成败。政法改革的理念应当是政法工作实践的成功经验之理论升华，是法治文明进步的时代精神之集中反映。

（一）坚持党的全面领导

在现代政党政治下，大凡涉及权力格局变动的重大法治改革，往往都需要强有力的执政党动员各方力量组织实施。例如，英国从 2003 年开始的以设立最高法院为主要内容的宪法性司法改革，就是由时任首相布莱尔所领导的工党所发起和推动的。中国共产党的领导是政法工作体系的最显著特征，是政法事业发展的最大优势。政法改革任务涉及面广，不仅需要政法机关之间密切协作，也仰仗人大、政府、政协、监察机关等各方面特别是组织、人社、财政部门的大力支持。只有依靠党委的坚强领导，才能凝聚起各方力量资源，共同破解政法改革难题，确保各项改革举措落地见效。坚持党对政法改革的领导，最重要的是坚持党中央的集中统一领导。党的十八大以来，政法改革之所以能以前所未有的广度、深度、力度推进，就在于以习近平同志为核心的党中央的统筹谋划和统一领导。政法改革越往纵深推进，遇到的暗礁、潜流、漩涡就会越多，就越需要坚持和加强党的全面领导，统筹各方力量攻克难点痛点堵点，推动改革不断取得新的突破性进展。

（二）坚持以人民为中心

中外许多有关法治和司法发展的论著，往往充斥着各种形式的法律精英主义叙事[1]，成为某些法律机构（如最高法院）、法律豪杰（如大法官）叱咤法坛的英雄史诗，而遗忘了人民这个法治的最终创造者、最大消费

---

[1] 关于美国法学家阿克曼对这种叙事的批判，参见［美］布鲁斯·阿克曼：《我们人民：奠基》，汪庆华译，中国政法大学出版社 2017 年版。

者。在历史唯物主义的世界观中，人民是历史的创造者，人民是真正的英雄。政法改革应践行以人民为中心的发展理念，不断实现人民对美好生活的向往。首先，坚持让人民成为最大受益者，把人民群众最关心的权利保障、公平正义、公共安全问题作为聚焦点和发力点，推出更具靶向性、实效性的改革举措，不断增强人民的获得感、幸福感、安全感。其次，坚持让人民成为最广参与者，积极探索新时代组织和发动群众的新机制，不断拓宽公民参与政法改革的渠道，更好广纳民意、广集民智、广用民力。最后，坚持让人民作为最终裁判者，健全改革成效评估评价机制，真正把评判的"表决器"交到人民群众手中。

（三）坚持宪法法律至上

宪法是治国理政的总章程，是全面依法治国的总依据，也是政法改革的总遵循。宪法确立了坚持中国共产党的领导，国家的一切权力属于人民，依法治国、建设社会主义法治国家，尊重和保障人权，法院、检察院依法独立行使审判权、检察权，政法机关分工负责、互相配合、互相制约等政法工作基本原则和基本制度。从一定意义上说，政法改革，就是把宪法确立的基本原则和基本制度落实到政法工作实践中，让宪法得到更有效的实施。与其他领域的改革相比，政法改革同宪法法律的关系更为密切，很多改革举措都涉及宪法法律规定，一些重大改革举措还要突破现行法律规定。对此，必须正确处理改革和法治的关系，既不能突破法律红线搞改革，又不能死守陈旧法律条款不改革，而是要在法治下推进改革、在改革中完善法治。[①] 在这方面，过去几年的改革已积累了行之有效的经验。对

[①] 参见习近平：《在省部级主要领导干部学习贯彻党的十八届四中全会精神 全面推进依法治国专题研讨班上的讲话》，见中共中央文献研究室编：《习近平关于全面依法治国论述摘编》，中央文献出版社 2015 年版，第 52 页。

需要突破现行法律规定先行先试的改革任务,及时提请立法机关授权后进行试点,为改革提供法律保障。对明显不合时宜的现行法律规定,及时提请立法机关予以修改或废止,为改革实施扫清法律障碍。对实践证明比较成熟的改革经验,及时提请立法机关上升为法律,推动完善国家法律体系。

(四) 维护社会公平正义

政法机关作为法治实施机关,是法律公平正义的执行者,是社会公平正义的看护者。进入新时代,人民群众对社会公平正义有更高的期待,对执法司法水平有更高的要求。他们不仅期盼结果公正,也追求程序公正、外观公正,这就要求"教科书式"执法司法成为常态,让每一次执法司法活动都经得起群众围观、视频晾晒。他们不仅看重个案公正,更看重类案公正,这就要求执法司法机关统一执法办案尺度,实现同样情况同样处理。他们不希望冷冰冰的公正,更向往有温度的公正,这就要求执法司法人员深刻洞悉老百姓对公平正义的朴素认知,善于讲清法理、讲明事理、讲透情理,让当事人心悦诚服。

(五) 尊重和保障人权

从法治的角度来看,随着我国社会主要矛盾发生历史性变化,人民日益增长的美好生活需要必将转化为法律意义上的权利诉求,带来一场中国版的"权利革命"[①],对政法机关权利保护的质量和水平提出了更高要求。

---

① 关于20世纪美国的权利革命,参见[美]凯斯·桑斯坦:《权利革命之后:重塑规制国》,钟瑞华译,中国人民大学出版社2008年版,第13-35页。

总体来看，适应民众从实现基本物质文化需要向同步追求高品位物质文化生活转变，应加强对社会保障权、环境权、文化权等权利的保护，让百姓生活更加舒心、更加幸福。适应从实现外在物质文化需要向同步追求精神心理满足转变，应加强对个人信息、隐私、名誉、荣誉等人格权的保护，让每个社会成员活得更有尊严、更加高贵。适应从注重现实安全向同步追求长远安宁转变，应加强对财产安全、人身安全、生产经营安全的有效保障，让每个人有更长远的预期和更持久的信心。适应从单纯的个体受益向同步追求参与公共事务转变，应加强对公民的知情权、参与权、表达权、监督权的保障，让公共事务人人参与、人人尽责。

（六）加强权力制约和监督

政法机关是国家强力部门，更需要加强权力的制约和监督。从权力类型看，政法机关依法行使惩治违法犯罪行为的权力，可以合法地限制或剥夺违法犯罪人员的政治权利、人身权利、财产权利。正如近年来纠正的刑事错案所显示的那样，刑事司法权的误用、滥用将给当事人及其家庭带来难以修复的灾难性后果。执法司法中万分之一的失误，对当事人就是百分之百的伤害。[①] 从权力幅度看，政法机关特别是公安机关行使的权力点多面广，与老百姓日常生活关系密切，直接影响老百姓的切身利益。能否依法规范公正行使，事关执法司法公信力，事关党和政府的形象。从权力运行看，政法机关执法司法权的行使有其特殊性，例如裁判权行使的自主性、监狱管理的相对封闭性、国家安全执法的保密性等，容易产生权力运行的"黑箱效应"。加强对权力的制约和监督，把权力关进制度的笼子里，

[①] 参见习近平：《在中央政法工作会议上的讲话》，见中共中央文献研究室编：《习近平关于全面依法治国论述摘编》，中央文献出版社2015年版，第96页。

应当是政法改革始终不渝坚持的基本原则。

（七）提高执法司法效率

经济学家指出，追求公平正义时，不能只注意结果，而必须考虑所付出的代价。[1] 执法司法活动在双重意义上事关资源配置的效率问题。首先，执法司法活动本身是一种公共资源的投入产出活动，可以通过人力、物力、资源投入与案件处理数量、质量之间的比例关系来衡量其效率。近年来，随着越来越多的矛盾纠纷涌入执法司法渠道，快速增长的案件数量与有限的执法司法资源之间的矛盾日益凸显。从最高人民法院工作报告的统计数据看，法院系统案件受理数量持续几年年均增长10％左右，"案多人少"已成为最现实、最紧迫的问题之一，尤其是东部地区的大中城市更为突出。在执法司法资源增长空间有限特别是严控政法专项编制的约束条件下，这种严峻形势倒逼政法机关进行"效率革命"，积极推进体制机制改革和诉讼制度改革，在保证公正的前提下大幅提高执法办案效率。其次，执法司法活动是影响经济资源配置和运行效率的重要因素。2013年至2017年5年间，全国法院结案标的额达20万余亿元[2]，相当于2017年全国GDP总值的约1/4，足见司法机关在我国国民经济体系中的嵌入度和影响力。在时间就是财富的时代，政法机关能否依法公正高效地办理案件，直接影响涉案财产的有效利用。如果一个经济案件久拖不决，涉案财产长期处于扣押冻结状态，实际上就人为制造了闲置成本。同时，执法司法活动还有很强的溢出效应。每个案件特别是刑事案件，不仅关系到案件

---

[1] 参见熊秉元：《正义的成本》，东方出版社2014年版，第22页。
[2] 参见周强：《最高人民法院工作报告——2018年3月9日在第十三届全国人民代表大会第一次会议上》，载《人民日报》2018年3月26日。

当事人的命运[①]，还关系到当事人背后的家庭、企业的命运。政法改革的一项重要内容，就是规范政法机关的执法司法行为，将其负面效应特别是效率损耗降至最低程度，避免"办一个案件、垮一个企业"的现象发生。

（八）加快现代科技运用

现代科技的迅猛发展，特别是人工智能时代的到来，极大地提升了人类探索未知、塑造未来的能力，也给政法工作创新发展带来了前所未有的机遇。近年来，政法机关运用互联网、大数据、人工智能等新技术破解难题的积极性高涨[②]，智慧法院、智慧检务、智慧公安、智慧法律服务等计划稳步推进，给政法工作注入强大的创造力。[③] 政法改革的重要方向，就是坚持科技创新与制度创新双轮驱动[④]，更多运用先进科学技术去做人工手段做不了、做不好的事情，深入推进政法工作质量变革、效率变革、动力变革。未来的司法会不会演变为"机器人法官"审案，一直是理论界在讨论法律人工智能时经常争论的问题。实际上，司法活动是司法人员运用长期积累的实践理性和价值判断处理千变万化的案件的过程。科技理性能有效助力司法理性，但不能替代司法理性。智能辅助办案系统是司法人员办案的得力助手，但不替代司法人员的线下办案活动，不能替代司法人员的独立价值判断，更不能理解为是"机器人办案""机器人定罪量刑"。即使是高智能的辅助办

[①] 参见刘哲：《你办的其实不是案子，而是别人的人生》，载《检察日报》2018年12月15日。
[②] 关于人工智能应用情况，参见左卫民：《关于法律人工智能在中国运用前景的若干思考》，载《清华法学》2018年第2期。
[③] 季卫东认为，中国司法系统借助信息技术、互联网、大数据、云计算、人工智能提高了办案效率和透明度，使审理流程发生了广泛而深刻的质变和突变。参见季卫东：《人工智能时代的司法权之变》，载《东方法学》2018年第1期。
[④] 参见习近平：《在中国科学院第十九次院士、中国工程院第十四次院士大会上的讲话》，载《人民日报》2018年5月29日。

案系统,也只能帮助解决案件中那些具有惯常性、规律性因而可以被算法所计算的一般性问题和基础性工作。设计和应用智能辅助办案系统,应更好地把科技理性和司法理性融合起来,促进司法更公正、更高效、更权威。

四、政法改革的主体内容

中央全面深化改革委员会第六次会议对政法改革提出了明确要求,强调加快构建优化协同高效的政法机构职能体系,优化政法机关职权配置,深化司法体制综合配套改革,全面落实司法责任制,深化诉讼制度改革,完善维护安全稳定工作机制,构建普惠均等、便民利民的政法公共服务体系,推动政法队伍革命化、正规化、专业化、职业化建设,推进科技创新成果同政法工作深度融合,抓紧完善权力运行监督和制约机制。[1] 概括起来,政法改革主要包括以下七方面任务。

(一) 加强党对政法工作的领导

《政法工作条例》作为政法领域第一部党内基本法规,聚焦"谁来领导""领导什么""如何领导"等重大问题,推动领导主体明晰化、领导权责清单化、领导方式制度化,是坚持和加强党对政法工作领导的基本遵循。[2] 从领导主体来看,党对政法工作的领导主要体现为党中央的绝对领

---

[1] 参见《习近平主持召开中央全面深化改革委员会第六次会议强调 对标重要领域和关键环节改革 继续啃硬骨头确保干一件成一件》,载《人民日报》2019年1月24日。
[2] 参见《陈一新解读政法战线第一部党内法规——〈中国共产党政法工作条例〉》,载中国长安网:http://www.chinapeace.gov.cn/2019-02/27/content_11508263.htm,最后访问时间:2019年4月25日。

导、地方党委的领导、党委政法委的领导、政法机关党组（党委）的领导。加强党对政法工作的领导，主要是贯彻落实《政法工作条例》的各项规定，完善以党中央为中枢，各级党委总揽全局、协调各方，党委政法委归口管理、组织协调，政法单位党组（党委）主管主抓、各司其职的党领导政法工作的总体格局和运行机制，提高党的领导科学化、法治化水平。

加强党的领导，最首要、最关键的是加强党中央的绝对领导。《政法工作条例》第7、8条规定，党中央对政法工作实施绝对领导、全面领导，决定和管理政法工作大政方针、重大举措、重大事项。加强党中央的绝对领导，主要是完善落实向党中央和总书记请示报告重大事项制度，确保政法工作始终置于党中央的集中统一领导之下。

地方党委是本地区政法工作的领导主体。《政法工作条例》第9、10条规定，县级以上地方党委领导本地区政法工作，研究解决政法工作重要事项。加强地方党委的领导，主要是建立健全地方党委领导政法工作的制度机制，包括党委全委会或者常委会定期研究部署政法工作的制度，听取政法机关党组（党委）主要负责人述职制度，对党委政法委、政法机关党组（党委）工作情况的督促检查、考评考核制度，推动本地区政法事业持续健康发展。

根据《政法工作条例》第3、12条规定，党委政法委是党委领导和管理政法工作的职能部门，是实现党对政法工作领导的重要组织形式，承担把握政治方向、协调各方职能、统筹政法工作、建设政法队伍、督促依法履职、创造公正司法环境等职责。加强党委政法委的领导，主要是创新完善多部门参与的平安建设工作协调机制，更好统筹推进社会治理和平安建设工作；创新完善基层工作机制，健全落实乡镇（街道）政法委员、综治中心等制度，推动"党管政法"向基层延伸；创新完善政法领导班子管理机制，健全落实党委政法委派员列席政法单位党组（党委）民主生活会、党委政法委委员向党委政法委述职制度；创新完善政法干部队伍管理机制，协助党委及其组织部门加强政法机关领导班子和干部队伍建设工作机制，协助党委和纪检监察机关做好监督检查、审查调查工作机制；创新完善督促检查机制，健全落实政治督察、综治督导、执法监督、纪律作风督查巡查等制度，推动解决政法系统有法不依、有令不行、有禁不止等问题；创新完善责任追究机制，健全落实党委政法委约谈、通报、挂牌督办等制度，增强问责的权威性和公信力。①

政法机关党组（党委）是本单位或本系统政法工作的领导主体。《政法工作条例》第14、15条规定，政法机关党组（党委）领导本单位或本系统政法工作，承担把方向、管大局、保落实的职责。加强政法机关党组（党委）的领导，主要是健全落实党组（党委）在执法办案中发挥领导作用、党组（党委）成员依照工作程序参与重要业务和重要决策制度，推动提高执法司法质量、效率和公信力；健全政法机关党组（党委）议事决策制度，依法依规讨论和决定本单位或者本系统政法工作和队伍建设重要问题。

（二）深化政法机构改革

深入推进政法机构改革，构建优化协同高效的政法机构职能体系，是推进政法工作现代化的应有之义。优化就是要科学合理、权责一致，协同就是要有统有分、有主有次，高效就是要履职到位、流程通畅。② 从我国政法机构职能体系的框架结构看，政法机构改革大体上可从三个层面

---

① 参见《陈一新解读政法战线第一部党内法规——〈中国共产党政法工作条例〉》，载中国长安网：http://www.chinapeace.gov.cn/2019-02/27/content_11508263.htm，最后访问时间：2019年4月25日。

② 参见《中共中央关于深化党和国家机构改革的决定》，载《人民日报》2018年3月5日。

推进。

在宏观层面，以完善政法工作体制为目标，理顺政法机关之间的关系，构建起党领导下政法机关各司其职、配合有力、制约有效的工作体系。与建立在"三权分立"基础上的西方执法司法体制不同，我国政法工作的基本构架是党领导下政法机关分工负责、互相配合、互相制约。这一具有鲜明中国特色的制度设计，既有利于保证刑事诉讼顺利推进，提高司法效率，又有利于发现纠正办案偏差和错误，提高司法质量。但在政法工作实践中，政法机关之间关系并没有完全理顺，该制约时不制约、该配合时不配合的问题时有发生。过去发生的一些冤假错案，部分原因是公、检、法机关办案人员不讲制约、一路"放水"，以致起点错、跟着错、错到底。另一方面，在有些案件中，公、检、法三机关办案人员各执己见、互相掣肘，导致捕不了、诉不出、判不下。要从制度机制上解决好这些问题，应进一步优化刑事司法职权配置，明确刑事诉讼各环节的办案标准，在侦、诉、审、执四机关之间构建配合有力、制约有效的新型关系，确保无罪的人不受刑事追究、有罪的人受到公正惩罚。

在中观层面，以健全政法组织体系为目标，正确处理好各政法机关统与分、上与下的关系，构建起布局科学、上下一体的政法组织机构体系。就统与分的关系而言，主要是处理好普通政法机关与行业或专门政法机关的关系，例如，普通法院与海事法院、知识产权法院等专门法院的关系，普通公安机关与铁路、民航等行业公安机关的关系，做到统一性与专业化相结合。近年来，随着知识产权法院、互联网法院、金融法院等先后设立，专门法院建设突飞猛进，改写了中国法院组织体系版图。但是，专门法院的设置应当充分考虑公众需求、司法成本、诉讼便利等因素[①]，防止

---

① 参见阿计:《专门法院的设立之道》,载《人民之声》2018年第8期。

司法权碎片化、烦琐化。就上与下的关系而言，主要是优化各层级政法机关的职能定位，规范上下级政法机关之间关系。对不同政法机关而言，由于宪法和法律所规定的上下级机关的关系有区别，改革的目标要求也大不相同。关于四级公安机关职能定位，公安部提出了"部级抓总、省厅主责、市县主战"的改革思路。[1] 关于四级法院职能定位，应当改变四级法院审判职能同一化、审级关系半行政化等问题[2]，确立起一审重在解决事实认定和法律适用、二审重在解决事实法律争议、再审重在依法纠错和维护裁判权威[3]、最高人民法院重在制定司法政策和司法解释以及审理对统一法律适用有重大指导意义的案件[4]的格局。

在微观层面，以提升政法机关战斗力为目标，深入推进政法机关内设机构改革，创新内部管理结构体系，让政务、业务运行更加优质高效。在公共管理学看来，一流的公共组织通常具有快速适应与调整的能力，能够随着组织任务、外在环境等因素变化而及时创新组织结构。[5] 进入新时代，政法机关的职责任务和内外环境都发生了重大变化，迫切需要对政法工作要素资源进行重构性配置，对政法机关内部结构进行系统性变革。[6] 一是优化职能配置。对职能、机构、编制的配置，应以国家战略需求、人民群众需要为牵引，及时承接新职能、设置新机构，及时变革旧职能、调整旧机构，形成适应时代发展潮流、符合政法工作规律的机构职能体系。

---

[1] 参见赵克志：《深入学习贯彻习近平总书记重要讲话精神 努力为新中国成立70周年创造安全稳定政治社会环境》，载《人民公安报》2019年1月18日。

[2] 参见何帆：《论各级法院的职能定位——以四级法院职能定位为视角》，载《法律适用》2012年第8期。

[3] 参见《中共中央关于全面推进依法治国若干重大问题的决定》，载《人民日报》2014年10月29日。

[4] 参见习近平：《关于〈中共中央关于全面推进依法治国若干重大问题的决定〉的说明》，载《人民日报》2014年10月29日。

[5] 参见张成福、党秀云：《公共管理学》，中国人民大学出版社2001年版，第137-138页。

[6] 最高人民检察院提出，对内设机构进行系统性、整体性、重构性改革。参见《最高检组建十个业务机构 突出系统性整体性重构性》，载《检察日报》2019年1月4日。

二是优化权力配置。对办案权、管理权、监督权的配置，应按照各归其位、各司其职的原则，推动办案权回归于执法司法人员、管理权集中于行政人员、监督权落实于法定组织和人员[①]，构建起分工合理、权责明晰、运行高效的内部管理机制。三是优化资源配置。对人力、财力、科技资源的配置，应坚持向执法司法一线倾斜的导向，做实做强执法司法业务团队，最大限度释放团队的能动性和创造性。

（三）深化法治实施体制改革

政法机关的法治实施体制改革在法治改革中居于基础性地位，事关社会主义法治国家建设的质量水平，事关中国法治的国际竞争力和话语权。由于政法机关的法治实施职能辐射面广，法治实施体制改革覆盖行政立法体制、行政执法体制、司法体制、诉讼制度、对外法治工作体制等各方面。

行政立法范围广、数量多，对各行各业和人民群众的利益影响甚大。深化行政立法机制改革的重点任务，就是深入推进科学立法、民主立法、依法立法，提高立法质量和效率[②]，防止谁执法谁立法，防止部门利益法律化。为此，应完善公众参与行政立法机制，健全立法听证、立法草案公开征求意见等制度，确保相关领域从业单位、从业人员、消费者等方面的合理利益诉求得到充分表达和反映。对部门间争议比较大的重要立法事项，应建立健全第三方评估裁断机制，提出公允的解决方案，防止以拖施压、久拖不决。

[①] 例如，审判委员会、检察委员会、法院院长、检察院检察长等。
[②] 参见习近平：《完善法治建设规划提高立法工作质量效率 为推进改革发展稳定工作营造良好法治环境》，载《人民日报》2019年2月26日。

随着执法规范化建设深入推进，野蛮执法、粗暴执法的现象减少了，但执法"宽松软""和稀泥"等问题日益引起公众关注和忧虑。深化行政执法体制改革，应坚持把推进严格执法放在第一位，推动加大食品药品、生态环境、公共交通等民生重点领域严格执法力度，切实维护法治权威。坚持把产权保护作为边际约束，健全善意文明规范执法机制，完善刑事执法立案监督机制，防止刑事执法介入经济纠纷，防止超范围、超标的采取财产强制措施，防止公权力侵犯私人财产权益。坚持把精准执法作为努力方向，推行执法释法说理机制，确保法律实施有原则、有标准。坚持把加强权力制约作为根本目标，健全以党的监督、国家监督、社会监督、群众监督为主体的执法监督体系，让执法权在监督下运行。

司法体制改革一直是政法改革的重中之重。新时代司法体制改革，应主要围绕全面落实司法责任制，加快推进司法体制综合配套改革，构建权责一致、公正高效的司法权运行新机制。这包括，坚持充分放权和有效监督相统一，既严格落实法官检察官的办案权，切实保障办案主体地位，又与时俱进创新司法监督管理机制，健全落实错案责任追究机制，做到放权不放任、有权不任性。坚持选优和汰劣同步，健全员额法官、检察官退出、增补机制，实现有进有出、动态调整。坚持个人负责和团队办案相统一，突出法官、检察官的主导地位，配足配齐司法辅助人员，建立分工协作、优势互补的新型办案团队，提高办案质量和效率。坚持激励和约束并重，以办案数量为主，结合案件难易程度、办案质量效果，科学设定绩效考核指标体系，激励司法人员多办案、快办案、办好案。

在更高层次上实现司法公正和效率，是诉讼制度改革的价值追求。深化民事诉讼制度改革的主要目标，是在保证司法公正的前提下破解民商事案件快速增长带来的案多人少难题。这包括，推进诉讼程序精细化，加快推进"分流、调解、速裁"机制改革，完善小额诉讼、电子督促等程序，研究扩大独任制适用范围，推动案件办理进一步提速。推进案件审理专门化，建立专业化审判组织和团队，实行管辖集中化、审理专门化、程序标准化，实现简案快办、繁案精审。推进诉讼运行网络化，加快网上诉讼平台建设，推动起诉、调解、立案、庭审、判决、执行等全程网络化，建立与互联网时代相适应的诉讼模式，增强诉讼便利性、高效性。深化刑事诉讼制度改革的主要方向，是坚持繁简分流、轻重分离、快慢分道，完善多元化刑事诉讼程序体系。这包括，总结认罪认罚从宽制度试点经验，完善速裁程序、简易程序，构建起中国特色轻罪诉讼制度体系，让正义更快实现。持续深化以审判为中心的刑事诉讼制度改革，深入推进普通程序案件庭审实质化改革，构建起诉讼以审判为中心、审判以庭审为中心、庭审以证据为中心的刑事诉讼格局。

在全球化时代，加强对外法治工作是担当负责任大国新角色的时代要求，是提高中国法治国际影响力的必要举措。这包括，完善国际执法安全合作机制，与有关国家共同打击暴力恐怖、贩毒走私、跨国有组织犯罪，推动构建普遍安全的人类命运共同体。以"一带一路"等我国海外利益密集、海外安全问题突出的地区为重点，加强安全风险评估防范工作，确保我国海外投资项目安全。建立健全海外法律风险防范应对机制，帮助我国企业提高海外风险防控能力，及时向赴境外人员提供安全服务，支持有关企业和人员在境外依法维权。加强专业法院、仲裁机构建设，提高涉外案件审判、仲裁水平，打造一批有国际美誉度和公信力的司法、仲裁机构。鼓励和支持国内大型律师事务所通过在境外设立分支机构、海外并购、联营等方式，开拓海外法律服务市场，增强国际竞争力。做好国际法治人才培养推荐工作，推举更多优秀人才到国际组织特别是国际仲裁机构、国际司法机构任职，让国际组织有更多中国面孔、中国声音、中国元素。

（四）深化社会治理体制改革

政法系统是推进社会治理现代化的重要力量，承担着保障社会安宁、维护社会和谐、增进社会活力、促进社会文明的职责使命。社会治理体制改革的主要任务包括，加快健全社会治理统筹协调机制、社会共建共治共享机制、社会矛盾预防化解机制、社会纠纷多元解决机制，提高社会治理现代化水平。

在社会治理体系中，政法机关处于末端处置环节，主要是在违法犯罪发生后依法惩治，在矛盾纠纷产生后依法化解。若要从源头上防范违法犯罪、矛盾纠纷的产生，则需要发展规划、市场监管、金融监管、文化教育等部门做好前端治理工作。正如治理河流污染问题，仅进行下游治理不够，必须上下游治理同步实施。特别是随着社会矛盾风险跨界性、关联性、穿透性不断增强，任何一个部门都难以单独应对，需要建立起综合治理机制，构建互信、互助、互担的整体防控链。过去，社会治安综合治理委员会及其办公室专门负责组织指导各部门、各单位落实综合治理措施，共同维护社会稳定。新一轮党和国家机构改革后，社会治安综合治理委员会及其办公室的职能已并入党委政法委。这就要求建立由党委政法委统筹、各单位齐抓共管的平安建设工作协调机制，形成问题联治、工作联动、平安联创的良好局面。

社会治理不同于社会管理之处，就在于政府、市场、社会多元主体的共同治理，形成权责统一、风险共担、成果共享的命运共同体。在中国传统社会，由于国家财政供养能力和行政控制能力有限，基层治理就已采取地方官员发起、士绅组织主导、基层民众参与的官民结合模式。[1] 党的十

---

[1] 参见樊鹏：《国家强制与社会转型——改革时期中国公安警察制度研究》，中国社会科学出版社2017年版，第91-92页。

八大以来，党中央明确提出"社会治理"概念，要求打造共建共治共享的社会治理格局。在这方面，改革创新的空间还很大，最重要的是充分发挥好单位的力量和公众的能量。应健全基层群众自治、企事业单位自治、社会组织自治等机制，强化各类单位自我管理、自我服务、自我监督的自治职能，发挥其参与社会事务、维护公共利益、救助困难群众、帮教特殊人群等公益职能，让千千万万单位的微治理汇聚成推进社会善治的巨能量。加快推动众创、众包、众扶、众筹等新机制引入社会治理领域，实现公域之事由公众解决，打造人人有责、人人尽责的社会治理共同体。

社会治理的最高境界，就是治病于未病，防患于未然。有学者把我国这方面的治理经验称作"预防式管控"①。各类本来可防可控的社会矛盾之所以产生，有的源于公共决策不当，有的源于政府监管不到位，有的源于基层治理能力缺失。对此，应健全落实重大决策社会稳定风险评估机制，完善社会公示、公开听证、专家论证、合法性审查等机制，努力把矛盾隐患消除在决策实施之前。完善政府职能部门依法履行监管职责机制，加强公共安全风险监测排查，提高动态监测、实时预警能力，最大限度防止发生影响群众生命财产安全的重大事件。完善富有活力和效率的基层治理体系，加强综治中心、公安派出所、司法所、人民法庭、人民调解组织等组织建设，加强基层纠纷调解、心理咨询、法律服务等力量建设，把各类矛盾风险化解在基层、消灭在萌芽状态。

审视中国古代治理史，非正式的民间调解及其他纠纷解决方式始终与正式的国家司法诉讼程序并行不悖、相辅相成②，构成了具有东方特色的多元化纠纷解决机制。要有效解决当前诉讼案件快速增长的问题，必须坚

---

① 阎小骏：《中国何以稳定：来自田野的观察与思考》，中国社会科学出版社2017年版，第12-13页。

② 参见范愉：《非诉讼程序（ADR）教程》，中国人民大学出版社2002年版，第58页。

持把非诉讼解决机制挺在前面，把诉讼作为纠纷解决的最后防线，加快构建起分类分工、衔接配套的多元化纠纷解决体系。所谓分类分工，就是依纠纷解决机制性质和功能之不同进行分类，引导当事人选择适当机制解决纠纷。所谓衔接配套，就是推动不同纠纷解决机制彼此对接兼容，依法保障当事人的二次选择权。健全多元化纠纷解决体系的重点任务是，加快建立覆盖城乡的人民调解组织，发挥好基层调解组织在及时就地化解民间纠纷、修复社会关系上的作用。积极推动群团组织、行业协会设立专业性调解组织，充分发挥其专业化优势，有效解决本领域、本行业纠纷。加强商事仲裁、劳动人事仲裁、农村土地承包仲裁等仲裁机制建设，更好展示仲裁的自愿性、简便性、保密性、强制性等优点，让更多民商事纠纷通过仲裁方式解决。完善行政调解、行政复议、行政裁决等机制，引导行政纠纷主要通过行政渠道解决，推动行政机关在调处民商事纠纷上发挥更大作用。完善信访工作制度，把群众利益诉求及时传递到党委和政府，通过完善政策制度解决好合法合理诉求，发挥信访制度在防范解决纠纷上的独特功能。

（五）深化政法公共服务体系建设

习近平指出，政法机关承担着大量公共服务职能，要努力提供普惠均等、便捷高效、智能精准的公共服务。[①] 政法机关提供的公共服务可统称为政法公共服务，包括公安政务服务、诉讼服务、公共法律服务。加强政法公共服务体系建设的主要目标是，坚持"用户思维"、注重"用户体验"，加快健全公安政务服务、诉讼服务、公共法律服务体系，增强人民

---

① 参见习近平：《全面深入做好新时代政法各项工作 促进社会公平正义保障人民安居乐业》，载《人民日报》2019年1月17日。

群众的满意度、获得感。

公安政务服务涉及户籍、身份证、交通、出入境、移民等事项，与老百姓日常生活息息相关。完善公安政务服务体系，主要是在规范化、精细化、专业化上下功夫，持续开展"减证便民"行动，全面清理规范各类证明事项，推广"马上办、就近办、一次办""网上办、刷脸办"等做法，推动建设"全科受理"式的服务窗口，解决好群众反映强烈的办事难、办事繁、多头跑等问题。

诉讼服务是法院、检察院为诉讼当事人和参与人提供的便利措施条件，体现了人民司法为人民的司法理念。随着现代科技在司法领域的深度应用，诉讼服务的内涵和外延不断拓展，覆盖了诉讼材料提交、案卷材料查阅、诉讼事务咨询、出庭作证应诉、司法文书送达等诉讼全过程。深化诉讼服务改革的主要举措包括，加快推进跨域立案诉讼服务改革，推动诉讼事项跨区域远程办理、跨层级联动办理，解决好异地诉讼难等问题。①挖掘利用海量案件资源，积极研发诉讼智能服务系统，为当事人提供诉讼风险分析、诉前调解建议、类案检索推送、诉讼结果预判等服务。②

公共法律服务通常是指政府统筹提供的公民应当享受的基本法律服务。③建设公共法律服务体系，对于保障公民合法权利、刺激社会法律消费、增强公众法治意识、维护社会和谐稳定具有重要意义。完善公共法律服务体系，主要是推进公共法律服务均等化、便利化、精准化建设。长期以来，我国律师、公证、司法鉴定等法律服务资源分布不均衡，主要集中在经济发达地区特别是大中城市，基层群众面临着请律师难、办公证难、

---

① 参见习近平：《全面深入做好新时代政法各项工作 促进社会公平正义保障人民安居乐业》，载《人民日报》2019年1月17日。

② 参见孟建柱：《全面深化司法体制改革 努力创造更高水平的社会主义司法文明》，载《求是》2017年第20期。

③ 参见刘炳军：《当代中国公共法律体系建设论纲》，载《法学论坛》2016年第1期。

做司法鉴定难等问题。因此，应统筹推进律师、公证、法律援助、司法鉴定、司法所、人民调解工作，健全政府购买法律服务机制，构建一体化的公共法律服务网络，让城乡居民平等享受公共法律服务，感到法律顾问就在身边。

（六）深化政法职业管理制度改革

政法队伍是一支人员规模大、掌握权力大、社会影响大的法治专门队伍。党的十八届四中全会在法治专门队伍建设上明确提出了正规化、专业化、职业化的"三化"要求。[①] 2019年中央政法工作会议在原有的三化基础上增加了"革命化"，对政法队伍建设提出了革命化、正规化、专业化、职业化的"四化"要求，突显了政法队伍在政治上的特殊要求。政法队伍管理制度改革，应牢牢坚持"四化"方向，加快完善职业准入、职业教育、职业监督、职业保障制度，形成科学有效、规范有序的政法队伍管理体系。

由于政法职业构成较为复杂[②]，人才需求较为多样，职业准入制度设计宜在遵循职业统一性的基础上，充分考虑职业多元性、关联性、开放性要求。职业统一性，是指不论何种政法人员的招录，都要严守政法队伍的基本素质标准，保证新招人员具备应有的政治法律素质。职业多元性，是指按照政法队伍分类管理的要求，允许不同政法职业实行差异化的招录办法。职业关联性，是指从法官检察官助理与法官检察官、警务辅助人员与人民警察、律师和法学专家与法官检察官等之间的关联性出发，健全从优

[①] 参见《中共中央关于全面推进依法治国若干重大问题的决定》，载《人民日报》2014年10月29日。

[②] 例如，人民警察就分为公安机关、国家安全机关、监狱的人民警察和人民法院、人民检察院的司法警察等。

秀辅助人员中选拔执法司法官、从律师和法学专家中选拔法官检察官的工作机制，促进形成法律职业共同体。职业开放性，是指对政法机关急需的"高精尖缺"技术人才实行特殊的招录政策，建立"绿色通道"，以广泛吸纳各方面优秀人才。因此，应加快完善国家统一法律职业资格考试制度，健全有统有分、以分为主的政法职业遴选和人才招录制度，提升政法职业准入体系的科学性和公信力。

过去，我们对职业教育的理解较为狭窄，仅仅理解为法学院校和法律职业教育机构（法官学院、检察官学院等）提供的专业教育培训。其实，广义的职业教育包括贯穿于政法工作者职业生涯和职业实践中的各种正式和非正式的教育形式，如学习研讨活动、思想政治教育、职业文化建设等。完善职业教育体系，就是要建立健全各种形式的职业教育机制，特别是政法工作者身边的业务提升、道德教育、文化涵养机制，打造无处不在的职业教育。例如，完善专业法官会议、检察官联席会议等研讨机制，发挥好案件会商、业务咨询、经验交流等功能，打造互相学习、共同进步的交流平台。树立和宣传政法系统模范人物，用高贵的品格、榜样的力量进行无声的职业教育。建设具有政法职业特色、彰显正义正气的政法文化[①]，构建起政法工作者的精神家园，增强职业归属感、荣誉感。

实践证明，政法职业面临诱惑多，腐败风险大，必须加强职业监管，防止公权私用、权力异化。大多数政法工作者都是中国共产党党员，不仅受职业纪律、国家法律约束，还要受党的纪律约束，这样就形成了三种监管机制并存的格局。首先，坚持把职业纪律挺在前面，与时俱进织密职业纪律规范之网，用职业纪律引导政法工作者增强自我约束、自我免疫的能力。其次，发挥党纪对政法机关党员干部的约束作用，运用好监督执纪

---

① 参见孟建柱：《提高政法队伍建设科学化水平》，载《人民日报》2016年6月23日。

"四种形态",抓早抓小、防微杜渐。最后,健全法律惩罚机制,对执法犯法者从严惩处,提高执法司法者的违法代价,更好发挥法律的威慑和教育作用。完善政法职业监管体系,就是理顺三类行为规范、三种监管机制之间关系,构建三管齐下、三位一体的中国特色政法职业监管体制。

政法职业具有高门槛、高压力、高风险等特点,只有建立起与职业特点相适应的职业保障体系,才能有效激发政法工作者履职尽责的积极性。党的十八大以来的政法改革,在建立单独职务序列、完善工资待遇政策、加强依法履职保障、排除非法干预案件等方面,推出了一系列创新性改革举措,初步构建起了中国特色的政法职业保障体系。未来的改革,应推动健全政法工作者身份保障、履职保障、经济保障、安全保障等保障机制,为他们依法行使法定职权解除后顾之忧。例如,健全履行职务受到侵害的救济机制、不实举报的澄清机制,完善因公负伤、人身意外伤害保险等制度,尽可能减少政法工作者的职业风险。合理确定免责与追责的边界,厘清执法司法责任的范围,严格职业惩戒的程序,进一步增强履职安全感。

(七)深化政法科技体系创新

科技体系作为政法工作支撑系统,在政法工作现代化中扮演着越来越重要的角色,已成为影响政法工作质量效率的重要因素。科技体系建设涉及政法工作各领域、各环节,惠及执法司法人员、政务管理人员、行政相对人、诉讼参与人、社会公众。深化政法科技体系建设,重点是加快推进数据资源集成化、业务运行智能化、政务管理信息化、公共服务网络化,把科技生产力转化为现实战斗力。

在大数据时代,公共决策最重要的依据将是系统的数据,而非个人经验和长官意志。① 对政法工作而言，政法机关占有和运用的有效数据越多，科学决策、精准防控、精细服务的能力就越强。因此，打破政法系统内外的各种数据体制壁垒，推进海量数据资源整合共享，是事关政法事业长远发展的基础工程。近年来，国家正在加快实施大数据战略，全力建设数字中国，这为政法机关推进大数据建设提供了有利契机。除了按中央统一部署推进各项工作外，政法机关应加快破除内部体制壁垒，积极推进政法网建设，构建跨部门大数据办案平台，实现设施联通、平台贯通、数据融通②；以更加开放合作的姿态利用好各行各业的数据资源，充分发挥其服务政法工作的积极效能。③

人工智能在政法业务领域的全域应用，可以极大地提高执法司法质量和效率。运用先进的语音识别技术，可自动完成讯问笔录、庭审记录、文献检索、文字校对等工作，把司法人力资源从机械性、重复性劳动中解放出来。运用大数据关联分析技术，可从看似杂乱无章的海量信息中挖掘出有价值的线索，预知安全风险的苗头倾向，锁定预备犯罪的嫌疑人员，化后知为先知、化不知为可知。未来政法工作智能化建设的主要方向，是增强各类智能系统的自主学习能力，提高对案件事实、争议焦点、法律适用的类脑智能推理水平，更好服务执法司法工作。

现代科技在政务管理上的深度应用，将大大提升政法机关决策科学化、管理精细化水平。在这方面，探索创新的空间还很大。例如，运用大数据深入研判政法工作运行态势，分析不同区域、层级、部门任务量，合理配置执法司法资源，实现效益最大化。推进政法机关人事、行政、财务、后勤、装备等管理信息化，建立一体化、智能化的综合管理系统，提

---

① 参见涂子沛：《数据之巅——大数据革命，历史、现实与未来》，中信出版社2014年版，第252页。
② 参见孟建柱：《全面深化司法体制改革 努力创造更高水平的社会主义司法文明》，载《求是》2017年第20期。
③ 参见孟建柱：《运用大数据提高政法工作智能化水平》，载《人民法院报》2016年10月22日。

高管理质量和水平。

利用互联网提供公共服务，具有非接触性、即时性、零距离等优势，有利于降低供需双方的成本。政法机关应加快实施"互联网＋政务服务"建设，把所有可拓展上线的窗口服务延伸到网上，形成资源集约、服务集聚、数据集中、管理集成的网上公共服务平台，推动服务事项跨区域远程办理、跨层级联动办理、跨部门协同办理。依托微博、微信等新媒体平台，加强"微法律顾问""微警务""微检务""微法院"集群建设，构建快捷便利的移动服务体系，让当事人在掌心里、指尖上就能办成事。

第七章 政法机关权力的制约监督

对权力进行制约和监督，是人类政治文明史上的永恒主题，更是现代国家治理面临的突出难题。世界各国政治家和思想家们从不同的认知路线和话语体系来观察、思考和回答权力制约和监督问题，提出了许多既有殊异性认识又包含共通性原理的理论学说。在中国国家治理体系中，政法机关是手握执法司法大权的国家强力部门，是权力滥用和腐败现象易发高发的重点领域，因而也是权力制约监督的重点对象。关于政法机关权力制约监督问题的理性思考和制度设计，都深受中国共产党的权力监督哲学的影响。本章在梳理党的十八大以来中国共产党新的权力监督哲学的基础上，试图考察权力制约监督体系构建的内在逻辑，分析几种有代表性的权力制约监督机制的未来发展方向，以期推动完善政法机关权力制约监督体系。

一、当代中国新权力监督哲学

重视权力监督是中国国家治理哲学和实践中最具民族智慧与气派的一

以贯之的政治法律传统。作为"开发国家制度的先行者"[①]，中国自古就建立了以监察制度为代表的权力监督制度，形成了完整的制度和严密的法律，体现了中华民族的智慧和创造力。[②] 当然，帝制时代的权力监督哲学和制度有其历史局限性，偏重于以权力监督权力和自上而下的纵向监督。

在近代以来"西学东进"的历史进程中，两种外来的权力监督理论传播到中国，推动了中国权力监督哲学和实践的创造性转换与创新性发展。首先传入中国的权力监督理论是西方古典自由主义法哲学的权力制约理论。在西方自由主义思想传统下，权力一直被视为一种"必要的恶"，以分权制衡为核心观点的权力制约理论应运而生。法国思想家孟德斯鸠是这一理论的重要奠基人，他提出了权力运行的"第一定律"："一切有权力的人都容易滥用权力，这是万古不易的一条经验。有权力的人们使用权力一直到遇有界限的地方才休止。"[③] 同时，他也提出了权力控制的"第一原理"："要防止滥用权力，就必须以权力制约权力。"[④] 从某种意义上说，现代民主和法治，就是建立在孟德斯鸠的"第一定律"和"第一原理"之上。自由主义法哲学的权力制约理论向我们开放了权力监督的一种新范式，即如何通过权力的合理分解分工实现权力与权力之间的相互制约。

传入中国的另一种权力监督理论是马克思主义监督理论。在马克思主义思想传统下，权力本身并无所谓"善恶"问题，关键是看权力为谁拥有、由谁行使、如何运行。马克思主义监督理论的一个鲜明特色，就是突出党的监督和人民群众监督在权力监督体系中的重要地位。马克

[①] [美] 弗朗西斯·福山：《政治秩序的起源：从前人类时代到法国大革命》，毛俊杰译，广西师范大学出版社2012年版，第20页。

[②] 参见张晋藩：《全面依法治国与中华法文化的创造性转化研究》，中国政法大学出版社2019年版，第139页。

[③] [法] 孟德斯鸠：《论法的精神》（上册），张雁深译，商务印书馆1982年版，第154页。

[④] [法] 孟德斯鸠：《论法的精神》（上册），张雁深译，商务印书馆1982年版，第154页。

思、恩格斯强调，社会主义国家的一切权力属于人民，一切公职人员"在公众监督之下进行工作"[①]。列宁是马克思主义监督理论和社会主义监督传统的缔造者，不仅提出了包括党内监督、人民监督、法律监督在内的监督理论，而且还领导创建了俄共（布）监察委员会、检察机关等监督机构。[②]

中国共产党的权力监督哲学和实践，贯彻了马克思主义监督理论，特别是深受列宁的监督思想的影响。[③] 毛泽东在谈到破除历史周期率的办法时指出："只有让人民来监督政府，政府才不敢松懈，只有人人起来负责，才不会人亡政息"[④]。邓小平在党的八大上提出："我们需要实行党的内部的监督，也需要来自人民群众和党外人士对于我们党的组织和党员的监督。"[⑤] 在长期的革命、建设和改革实践中，中国共产党领导新政权创建和完善了党内监督、人大监督、民主监督、行政监督、司法监督、审计监督、社会监督、舆论监督等多种监督机制。

党的十八大以来，以习近平同志为核心的党中央，在总结各国国家治理普遍经验和中外权力制约监督理论的基础上，围绕加强对公权力的制约监督，提出了一系列新思想新理念，作出了一系列新决策新部署，创造性地发展了马克思主义监督理论，推动党和国家监督局面焕然一新。本文称这一系列权力监督新思想新理念，为中国共产党的新的权力监督哲学，并将其核心观点概括为以下九个基本命题。

第一，不受制约监督的权力必然导致腐败。在总结中外历史上关于权

[①] 《马克思恩格斯选集》第3卷，人民出版社2012年版，第141页。
[②] 参见郭红霞：《列宁的权力监督思想及其启示》，载《华中师范大学学报（人文社会科学版）》1999年第3期，第111-113页。
[③] 参见朱景文主编：《法理学》，中国人民大学出版社2015年版，第348-352页。
[④] 黄炎培：《八十年来》，文史资料出版社1982年版，第149页。
[⑤] 《邓小平文选》第1卷，人民出版社1994年版，第215页。

如何理解政法：范畴、传统和原理

力运行规律的认识的基础上，习近平提出，"没有监督的权力必然导致腐败，这是一条铁律"①。"权力不论大小，只要不受制约和监督，都可能被滥用"②。"权力是一把双刃剑，在法治轨道上行使可以造福人民，在法律之外行使则必然祸害国家和人民"③。由此可见，新的权力监督哲学，既不像我们过去那样避而不谈权力滥用和腐败的普遍规律问题，也不像自由主义思想家那样简单地认为权力必然滥用和腐败，而是强调权力是为善还是为恶，取决于是否受到制约监督、是否在法治轨道上行使。

第二，所有公权力都要受到监督。长期以来，中国语境下的"权力"概念的内涵和外延并不明晰，成为影响权力监督体系构建的重要因素。如果仅仅把权力理解为传统意义上的国家权力，这个权力清单的内容显然过窄，会把许多重要权力排除在清单之外了。中国语境下的"权力"，除了包括人大一府一委两院行使的国家权力之外，还包括中国共产党的领导权和执政权，人民政协和民主党派的政治协商、民主监督、参政议政权，群团组织的管理权等。因此，公权力概念的提出和使用，能够更准确概括中国语境下"权力"的丰富内涵。党的十八届四中全会第一次明确提出"公权力"概念，要求"必须以规范和约束公权力为重点，加大监督力度，做到有权必有责、用权受监督、违法必追究"④。随后，"公权力"概念写进了《监察法》《公职人员政务处分法》，为国家监察制度的构建提供了具有立柱架梁意义的基石范畴。《监察法》第 1 条关于立法宗旨的表述是，"加

---

① 习近平：《在全国组织工作会议上的讲话》，见中共中央文献研究室编：《十八大以来重要文献选编（上）》，中央文献出版社 2014 年版，第 342 页。

② 习近平：《在第十八届中央纪律检查委员会第三次全体会议上的讲话》，见中共中央文献研究室编：《习近平关于全面依法治国论述摘编》，中央文献出版社 2015 年版，第 59 页。

③ 习近平：《在省部级主要领导干部学习贯彻党的十八届四中全会精神全面推进依法治国专题研讨班上的讲话》，见中共中央文献研究室编：《习近平关于全面依法治国论述摘编》，中央文献出版社 2015 年版，第 37-38 页。

④ 《中共中央关于全面推进依法治国若干重大问题的决定》，载《人民日报》2014 年 10 月 29 日。

强对所有行使公权力的公职人员的监督,实现国家监察全面覆盖"。《监察法》虽未直接对公权力范畴作出明确界定,但第15条明确列出了6类公职人员,相当于间接地厘定了公权力领域。国家监察制度的构建,"把所有行使公权力人员纳入统一监督的范围,解决了过去党内监督和国家监察不同步、部分行使公权力人员处于监督之外的问题,实现了对公权力监督和反腐败的全覆盖、无死角"[1]。

第三,党内监督是第一位的监督。在当代中国,党的领导权和执政权,无疑是最重要、最强大的公权力。同时,95%以上的领导干部、80%的公务员是共产党员,构成代表人民行使公权力的中坚。[2] 对各级党组织和党员领导干部的权力的制约和监督,首先和主要依靠党内监督。实践证明,党内监督有力有效,其他监督才能发挥作用。党内监督失灵失效,其他监督必然流于形式。习近平反复强调,党内监督在党和国家监督体系中处于第一位,居于主导地位。他指出,"党的执政地位,决定了党内监督在党和国家各种监督形式中是最基本的、第一位的"[3]。"在党和国家各项监督制度中,党内监督是第一位的"[4]。"以党内监督为主导,推动各类监督有机贯通、相互协调"[5]。党的十八大以来,党中央把完善党内监督体系作为全面从严治党的重点任务,制定了《中国共产党党内监督条例》,建立健全了纪律监督、监察监督、派驻监督、巡视监督等制度,推动党内各项监督机制协调联动,极大地提升了党内监督的权威性、实

---

[1] 习近平:《在新的起点上深化国家监察体制改革》,载《求是》2019年第5期,第6页。
[2] 参见肖培:《强化对权力运行的制约和监督》,载《人民日报》2019年12月16日。
[3] 习近平:《在党的十八届六中全会第二次全体会议上的讲话(节选)》,载《求是》2017年第1期,第8页。
[4] 习近平:《关于深化党和国家机构改革决定稿和方案稿的说明》,见《〈中共中央关于深化党和国家机构改革的决定〉〈深化党和国家机构改革方案〉辅导读本》编写组编:《〈中共中央关于深化党和国家机构改革的决定〉〈深化党和国家机构改革方案〉辅导读本》,人民出版社2018年版,第88页。
[5] 《中共中央关于坚持和完善中国特色社会主义制度推进国家治理体系和治理能力现代化若干重大问题的决定》,载《人民日报》2019年11月6日。

效性。

第四，把权力制约挺在权力监督前面。在党的传统政治话语中，"权力监督"概念广泛使用，而"权力制约"概念较少使用。党的十六大报告第一次明确提出"加强对权力的制约和监督"命题，要求"建立结构合理、配置科学、程序严密、制约有效的权力运行机制，从决策和执行等环节加强对权力的监督，保证把人民赋予的权力真正用来为人民谋利益"[①]。党的十八大以来，权力制约概念在党的政治文献中频繁使用，而且是权力制约和权力监督合并使用。这不只是政治语词使用习惯的变化，更为重要的是给传统的权力监督概念增添了新思想新理念，推动党和国家监督体系发生新变革。权力制约与传统意义上的权力监督有着明显的区别，即更加强调在权力合理划分和配置基础上的以权力制约权力。习近平指出："要强化对公权力的监督制约，督促掌握公权力的部门、组织合理分解权力、科学配置权力、严格职责权限，完善权责清单制度，加快推进机构、职能、权限、程序、责任法定化。"[②] 实践证明，只有健全以权力制约权力的制度机制，以权利制约权力才有可靠保障。

第五，把权力关进制度的笼子里。以制度制约权力是普遍公认的权力监督机制。党的十八大以来，习近平反复强调，坚持用制度管权管人管事，把权力关进制度的笼子里。他指出，"要加强对权力运行的制约和监督，把权力关进制度的笼子里，形成不敢腐的惩戒机制、不能腐的防范机制、不易腐的保障机制。"[③] "把权力关进制度的笼子里，就是要依法设定权力、规范权力、制约权力、监督权力。如果法治的堤坝被冲破了，权力

---

① 江泽民：《全面建设小康社会，开创中国特色社会主义事业新局面——在中国共产党第十六次全国代表大会上的报告》，载《人民日报》2002年11月18日。
② 习近平：《在新的起点上深化国家监察体制改革》，载《求是》2019年第5期，第4页。
③ 习近平：《把权力关进制度的笼子里》，见习近平：《习近平谈治国理政》第1卷，外文出版社2018年版，第388页。

的滥用就会像洪水一样成灾。"[1] 党的十八大以来,党中央坚持依规治党和依法治国有机统一,把党内法规纳入中国特色社会主义法治体系,领导制定或修改党章、新形势下党内政治生活若干准则、廉洁自律准则、党内监督条例、巡视工作条例、党纪处分条例、问责条例、党务公开条例等党内法规,推动制定或修改宪法、监察法、刑法、刑事诉讼法、行政诉讼法等国家法律,不断扎细扎密扎牢制度笼子,构建起了规、纪、法互相贯通的权力制约监督制度体系。

第六,让权力在阳光下运行。习近平指出,"阳光是最好的防腐剂","权力运行不见阳光,或有选择地见阳光,公信力就无法树立"[2]。党的十九届四中全会提出,完善党务、政务、司法和各领域办事公开制度,建立权力运行可查询、可追溯的反馈机制。党的十八大以来,党和国家实行权力清单制度,全面推进党务政务公开,让权力运行过程和结果透明。在党务公开方面,颁行《党务公开条例(试行)》,将党组织实施党的领导活动、加强党的建设工作的有关事务,在党内或者向党外公开。在政务公开方面,修订《政府信息公开条例》,坚持以公开为常态、不公开为例外,推进决策、执行、管理、服务、结果等全方位公开。在司法公开方面,推进审判公开、检务公开、警务公开、狱务公开,及时公开司法依据、程序、流程、结果和生效法律文书,构建开放、动态、透明、便民的阳光司法机制。此外,还依规依法加快推进厂务公开、村(居)务公开、公用事业单位办事公开,保障群众的知情权和监督权。

第七,把权力关进"数据铁笼"。在大数据、人工智能时代,以科技

---

[1] 习近平:《在省部级主要领导干部学习贯彻党的十八届四中全会精神全面推进依法治国专题研讨班上的讲话》,见中共中央纪律检查委员会、中共中央文献研究室编:《习近平关于严明党的纪律和规矩论述摘编》,中央文献出版社、中国方正出版社2016年版,第59页。

[2] 习近平:《严格执法,公正司法》,见中共中央文献研究室编:《十八大以来重要文献选编(上)》,中央文献出版社2014年版,第720页。

制约权力日益成为权力制约监督的新形态新机制。李克强在考察北京·贵阳大数据应用展示中心时说："把执法权力关进'数据铁笼',让失信市场行为无处遁形,权力运行处处留痕,为政府决策提供第一手科学依据,实现'人在干、云在算'。"① 一些部门主动提出和积极探索运用科技手段进行权力自我约束、自我控制。2016年中央政法委提出："现代信息技术具有数字化、可视化、全程留痕等特点,契合执法司法工作特点和管理监督规律,为规范执法司法行为、加强执法司法管理监督提供了重要支撑。"② 在人类政治文明史上,以科技制约权力无疑是权力监督理论和实践的重大突破创新。

第八,运用监督执纪"四种形态"。传统上,我们往往将监督理解为事后纠错和问责,而忽视了监督的事前提醒和预防功能。其实,中国自古就有先教化劝诫而后再追责惩罚的治理传统。孔子说："不教而杀谓之虐;不戒视成谓之暴,慢令致期谓之贼。"③ 党的十八大以来,党中央坚持把纪律挺在前面,创造性地提出了监督执纪"四种形态":经常开展批评和自我批评、约谈函询,让"红红脸、出出汗"成为常态;党纪轻处分、组织调整成为违纪处理的大多数;党纪重处分、重大职务调整的成为少数;严重违纪涉嫌违法立案审查的成为极少数。"四种形态"的提出,是对反腐败工作实践智慧的深刻提炼,也是对权力监督理论的重大创新。实践表明,违法犯罪的党员干部并非是天生的腐败分子,往往经历了一个从小错到大错、从失德到失节、从破纪到破法的由量变到质变的演变过程。如果在党员干部成长过程中,能够时时提醒、处处监督,特别是在犯小错时及

---

① 李克强:《把行政执法权力关进"数据铁笼"》,载中国政府网,http://www.gov.cn/guowuyuan/2015-02/15/content_2819784.htm,2015年2月15日。

② 孟建柱:《提高政法队伍建设科学化水平——深入学习贯彻习近平同志关于加强政法队伍建设重要指示精神》,载《人民日报》2016年6月23日。

③ 《论语·尧曰》。

时干预制止，绝大多数人都不会滑向犯罪深渊。也就是说，在党员干部监督管理上，应在法律底线之前，亮起纪律红线，挺起道德高线，最大限度切断由量向质演变的腐败通道。

第九，建立健全党和国家监督体系。党的十八大以来，党中央系统梳理和科学定位各类权力监督机制，推动它们既各司其职又相互衔接，形成系统完备、权威高效的党和国家监督体系。党的十八届四中全会提出，加强党内监督、人大监督、民主监督、行政监督、司法监督、审计监督、社会监督、舆论监督制度建设，努力形成科学有效的权力运行制约和监督体系，增强监督合力和实效。党的十九大明确提出"健全党和国家监督体系"的目标，要求"构建党统一指挥、全面覆盖、权威高效的监督体系，把党内监督同国家机关监督、民主监督、司法监督、群众监督、舆论监督贯通起来，增强监督合力"[1]。

从上述内容看，这一新的权力监督哲学，既创新性地发展了以制度制约权力、以权力制约权力、以权利制约权力等传统思想，又创造性地提出了公权力监督全覆盖、监督执纪"四形态"、以科技制约权力等新理论，构建了一个扎根中国大地，具有鲜明主体性、时代性、原创性的监督理论体系，为创新完善执法司法制约监督体系提供了路线图和施工图。近年来，执法司法制约监督体系的深刻变革，就是这一新的权力监督哲学在法治领域应用的实际成效。

二、党对政法机关的监督

虽然法理学教科书承认党的监督在法律监督体系中占有十分重要的地

---

[1] 习近平：《决胜全面建成小康社会夺取新时代中国特色社会主义伟大胜利——在中国共产党第十九次全国代表大会上的报告》，载《人民日报》2017年10月28日。

位,但按照以往关于国家监督和社会监督的二分法,通常将党的监督归入社会监督的范畴。[1] 在中国共产党长期执政的体制下,这种处理方式显然是不妥当的。如前所述,《监察法》等法律已将党的机关视为公权力主体,将党的机关工作人员归入公职人员。因此,党的监督不同于普通社会主体的监督,而是公权力主体的监督。在监督过程中,党的机关不仅可以直接对违反党纪的党组织和党员予以纪律处分,而且还可以推动国家机关依法追究违法单位和人员的法律责任。可以说,党对政法机关权力的监督,是一种中国模式的"以权力制约权力"机制。

相对于其他权力制约监督形式来说,党的监督具有以下几个方面优势:第一,党组织对政法机关党员干部的监督是全方位监督。既包括8小时之内的监督又包括8小时之外的监督,既包括对履行公职行为的监督又包括对私生活行为的监督。第二,党组织对政法机关党员干部的监督是更高标准的监督。党纪严于国法,党纪对党员行为提出了高于国法对普通公民和普通公职人员行为的要求。因而,依据党纪的监督是一种更严标准的监督。第三,党组织的监督更侧重于事先提醒教育,而非事后查错问责。根据党的十八大以后提出的监督执纪"四形态"理论,对党员的监督重在抓早抓小、防微杜渐、治病救人,防止由小错到大错、由违纪到违法。从这几方面看,党的监督可以起到弥补其他监督形式的盲点和不足的作用,从而和其他监督形式共同构成一张权力制约监督的天罗地网。

近年来,党的监督在政法机关监督体系中的地位越来越重要,其规范性、权威性、公信力不断提升。2019年颁布实施的《政法工作条例》以党内基本法规的形式对党委、党委政法委、政法机关党组(党委)如何监督执法司法工作作出了明确规定,在推进党的监督的规范化和制度化上迈

---

[1] 参见朱景文主编:《法理学》,中国人民大学出版社2015年版,第358页。

出了重要一步。近几年,中央政法委通过依法依规行使监督权,推动执法司法工作取得了重要成效。例如,对扫黑除恶专项斗争中暴露出来的云南孙小果案、湖南操场埋尸案等"骨头案件""重点案件"进行挂牌督办,推动这些案件得到了依法及时处理。① 会同中央有关部门,对最高人民法院"凯奇莱"案卷宗丢失、山东任城监狱新冠肺炎疫情等事件进行调查,不仅还公众以事实真相,而且还推动有关部门完善了相关管理制度。

加强党对政法机关的监督无疑是健全政法机关权力制约监督体系的头等大事。中央政法委提出,强化执法司法制约监督,最根本的是强化党的领导监督,最关键的是发挥好各级党委、党委政法委、政法单位党组(党委)的主体作用。② 在强化党的监督过程的同时,更应注重推进党的监督的科学化、规范化、法治化,做到监督有制、监督有序、监督有度。

第一,进一步完善党的监督法规制度,推进党的监督法治化。尽管《党内监督条例》《政法工作条例》等党内法规对党委、党委政法委、政法单位党组(党委)等监督制度作出了明确规定,但不少规定都较为原则、概括,需要制定一系列配套党内法规,进一步使之程序化、精细化、规范化。例如,《政法工作条例》确立了党委政法委政治督察、执法监督、纪律作风督查巡查、派员列席政法单位党组(党委)民主生活会、听取委员述职等监督形式,赋予了党委政法委约谈、通报、挂牌督办、协助党委和纪检监察机关审查调查等监督手段。③ 为保证各级党委政法委依规有序运用好这些监督形式和手段,进一步提高监督工作质效,有必要制定一部"党委政法委监督工作条例",明确各类监督形式和手段运用的主体、条

---

① 参见长安君:《攻克 8 万件积案命案!多年想破而未能侦破的案件是如何昭雪的?》,载微信公众号"中央政法委长安剑",2020 年 10 月 9 日。
② 参见长安君:《中央政法委:加快推进执法司法制约监督体系改革和建设》,载微信公众号"中央政法委长安剑",2020 年 8 月 27 日。
③ 参见《政法工作条例》第 12 条第 7 项、第 32 条第 2 项、第 33 条第 2 款、第 35 条。

件、程序、责任等事项,构建起科学严密、规范有序的监督体系。

第二,依法依规处理好党组织的监督和其他监督的关系,防止以党的监督取代其他法定监督形式。以法院的内部监督为例,既有党内法规所规定的法院党组织的监督,又有国家法律所规定的院庭长、审判委员会的监督等监督形式。在加强法院党组织的监督的过程中,应依法依规正确处理这几种监督形式的关系,做到合理分工、相辅相成、相得益彰,确保党的路线方针政策和宪法法律正确统一实施。在监督对象上,党组织的监督重点应放在对人的监督上,即对党员干部的纪律作风的监督上。《政法工作条例》第15条第5项规定,政法机关党组(党委)"履行全面从严治党主体责任,加强本单位或者本系统党的建设和政法队伍建设"。《中国共产党支部工作条例(试行)》第10条第8项规定,各级国家机关中的党支部"围绕服务中心、建设队伍开展工作,发挥对党员的教育、管理、监督作用,协助本部门行政负责人完成任务、改进工作"。这些党内法规都把党组织的监督定位于对人的监督上。院庭长和审判委员会的监督重点应放在对审判工作的监督上,防范、纠正司法错误和瑕疵。《人民法院组织法》第37条规定,审判委员会"讨论决定重大、疑难、复杂案件的法律适用","讨论决定本院已经发生法律效力的判决、裁定、调解书是否应当再审"。第41条规定,法院院长"负责本院全面工作,监督本院审判工作,管理本院行政事务"。可见,《人民法院组织法》将院长、审判委员会的监督定位在审判工作的监督上。合理区分党的监督和其他监督形式的监督对象、范围、方式,有利于更好发挥各类监督形式的功能,形成监督合力。

第三,防止以党的监督为名非法插手干预案件,保证政法机关依法公正行使法定职权。法院、检察院依照法律规定独立行使审判权、检察权,不受行政机关、社会团体和个人的干涉,是中国宪法关于司法制度的基石性宪制设计。党的十八大以来,以习近平同志为核心的党中央把落实这一基石性宪制设计作为法治中国建设特别是司法体制改革的重点任务。习近平指出,"每个党政组织、每个领导干部,就必须服从和遵守宪法法律,就不能以党自居,就不能把党的领导作为个人以言代法、以权压法、徇私枉法的挡箭牌"[1]。党的十八届四中全会对"完善确保依法独立公正行使审判权和检察权的制度"作出了制度设计,提出"各级党政机关和领导干部要支持法院、检察院依法独立公正行使职权","任何党政机关和领导干部都不得让司法机关做违反法定职责、有碍司法公正的事情,任何司法机关都不得执行党政机关和领导干部违法干预司法活动的要求"[2]。这实际上是确立了党组织和党员领导干部不得违法干预司法活动的原则,拓展了宪法关于法院、检察院依法独立行使审判权、检察权的制度内涵。2015年中共中央办公厅、国务院办公厅印发了《领导干部干预司法活动、插手具体案件处理的记录、通报和责任追究规定》,对党员干部非法干预插手司法活动划出了红线、明确了处理办法。这一制度实施后,中央政法委、最高人民检察院等机构先后通报了一批领导干部干预插手司法活动的典型案例,对于防范遏制这类现象起到了较好作用。[3] 不过,这类制度主要适用于司法领域,而不适用于行政执法领域。对于量大面广的行政执法活动而言,以监督之名进行非法干预的现象更容易发生。目前,《中国共产党纪律处分条例》对这种现象作出了简单的回应。[4] 因此,可借鉴司法领域

---

[1] 习近平:《在省部级主要领导干部学习贯彻党的十八届四中全会精神全面推进依法治国专题研讨班上的讲话》,见中共中央文献研究室编:《习近平关于全面依法治国论述摘编》,中央文献出版社2015年版,第37页。

[2] 《中共中央关于全面推进依法治国若干重大问题的决定》,载《人民日报》2014年10月29日。

[3] 参见郭洪平:《中央政法委通报5起干预司法活动、插手具体案件处理典型案件》,载《检察日报》2015年11月7日;郭洪平:《中央政法委通报7起干预司法活动、插手具体案件处理典型案件》,载《检察日报》2016年2月2日;巩宸宇:《最高检首次通报落实"三个规定"情况》,载《检察日报》2020年5月7日。

[4] 参见《中国共产党纪律处分条例》第172条,对党员领导干部违反有关规定干预和插手执法活动,向有关地方或者部门打听案情、打招呼、说情等情况,设计了纪律处分规定。

的成功经验，建立领导干部插手过问执法工作的记录、通报和责任追究制度，坚决防范非法干预现象的发生。

三、政法机关的互相制约监督

政法机关之间的互相制约，是标准意义上的"以权力制约权力"机制。与以权利制约权力机制相比，以权力制约权力机制是一种地位更对等、信息更对称、手段更有力的制约形式，因而更有利于防范和纠正执法司法问题。从新中国七十多年法治建设来看，政法领域是最早明确承认以权力制约权力机制的公权力领域。彭真在1954年就明确指出，公安机关、检察院、法院之间关系是"互相配合、互相制约、互相监督"，"比较容易保证既不使坏分子漏网，又不冤枉好人"[1]。后来，公、检、法三机关分工负责、互相配合、互相制约的原则先后写进宪法、刑事诉讼法以及党内文件。改革开放以后，互相制约原理的适用范围从公、检、法三机关扩展到所有政法机关，从刑事诉讼领域扩大到整个政法工作领域。党的十八届四中全会提出，"健全公安机关、检察机关、审判机关、司法行政机关各司其职，侦查权、检察权、审判权、执行权相互配合、相互制约的体制机制"[2]。2018年修改后的《宪法》第127条规定：监察机关办理职务违法和职务犯罪案件，应当与审判机关、检察机关、执法部门互相配合，互相制约。这意味着，互相制约原理的适用范围已超越政法工作领域，扩展到监察机关、执法机关、司法机关之间的关系上。

---

[1] 彭真：《在第六次全国公安会议上的讲话》，见彭真：《论新中国的政法工作》，中央文献出版社1992年版，第100页。

[2] 《中共中央关于全面推进依法治国若干重大问题的决定》，载《人民日报》2014年10月29日。

改革开放以来，中国政法领域改革的基本方向是强化政法机关之间的互相制约监督。1983年政法体制大改革时，劳改劳教工作由公安机关移交司法行政机关，改变了公安机关包揽侦查、拘留、预审、劳改、劳教的局面，体现了政法机关之间适当分权的精神。[①] 1996年《刑事诉讼法》修改时，强化了检察院的法律监督权，增设了检察院对公安机关立案的监督权和对法院违反法定程序的审判活动的监督权。[②] 2014年以来推进的以审判为中心的刑事诉讼制度改革的重要目标，就是强化刑事诉讼后一环节对前一环节的制约作用，特别是发挥好审判环节的决定性作用，防止发生"起点错、跟着错、错到底"的问题。

当前，强化政法机关之间的互相制约监督，促进执法司法公正廉洁，依然是中国政法领域改革的重点任务。第一，优化政法机关职权配置。合理划分和配置权力，是强化权力制约监督的前提条件。长期以来，由公安机关管理看守所，形成了侦押一体的体制，容易滋生以押促侦、诱供逼供、超期羁押等问题。在这方面，可总结1983年监狱划归司法行政部门管理的成功经验，探索将看守所从公安机关管理转由司法行政机关管理，推动侦查权与羁押权的分离，通过外部制约更好保障在押犯罪嫌疑人的权利。

第二，健全互相制约监督的激励机制。以维护自身利益为动机的私权利主体监督相比，履行职务行为的公权力主体往往缺乏制约权力的利益动机。而且，政法机关之间的互相制约，例如公、检、法之间的互相制约，往往发生在有协作关系甚至熟人关系的圈子内，容易产生做老好人、怕得罪人的不愿制约的心理。因此，如果不解决以权力制约权力的激励机制缺

---

① 参见郭建安、郑霞泽：《社区矫正通论》，法律出版社2004年版，第363页。
② 参见陈光中、曾新华：《中国刑事诉讼法立法四十年》，载《法学》2018年第7期，第30页。

位问题，人们所期待的互相制约并不会在这些国家机关之间自动发生。[①]从目前情况看，执法司法责任制可能是最有效的激励机制。在刑事诉讼中，实行谁办案谁负责的司法责任制，有利于激励各机关办案人员积极发现纠正前一办案环节的错误，防止别人的错误变成自己的错误。

第三，落实检察机关作为法律监督机关的宪制设计。在政法机关权力制约监督体系中，检察机关居于重要地位。在中国宪制结构和法治体制下，人民检察院是国家的法律监督机关。这里所说的"法律监督"，主要是指对执法司法活动的监督。加强检察机关对执法司法活动的监督，让检察机关成为名副其实的法律监督机关，乃是全面推进依宪治国、落实检察机关宪制定位的必然要求。党的十八大以来，检察体制改革的一个重要方向，就是推动检察机关回归法律监督机关的宪制定位。这包括，剥离检察机关反腐败相关职能，赋予检察机关提起公益诉讼的职权，强化检察机关监督行政执法行为的职能，构建以刑事、民事、行政、公益诉讼"四大检察"为框架的法律监督格局。不过，民事检察、行政检察传统上一直是检察监督的短板，公益诉讼检察仍是一种成长中的检察监督形式，都有待做实做强。中央政法委提出，"推动检察机关法律监督职能进一步强化"[②]。检察机关强化法律监督的重点任务包括：一是以维护司法公正为目标，加强对司法活动全过程的监督，确保侦查机关、审判机关、执行机关在诉讼中依法履职，让每一个案件都经得起法律和历史的检验。二是以督促依法行政为目标，聚焦人民群众反映强烈的重点执法领域，加强对执法不作为、逐利性执法、选择性执法等问题进行监督，推动提高严格、规范、公正文明执法水平。三是以推进人权保障为目标，加强对未成年人、老年

---

① 参见黄文艺：《中国政法体制的规范性原理》，载《法学研究》2020年第4期，第13页。
② 长安君：《中央政法委：加快推进执法司法制约监督体系改革和建设》，载微信公众号"中央政法委长安剑"，2020年8月27日。

人、妇女、残疾人、精神病人、农民工、贫困者等弱势群体的权利保护，加强对行政处罚相对人、犯罪嫌疑人、在押人员、服刑人员、社区矫正人员等涉法涉诉人员的权利保护，推动提高执法司法人权保障水平。

四、政法机关的内部制约监督

政法系统内部制约监督机制，是以权力制约权力的重要形式，也是防止执法司法权滥用的重要防线。相对于其他制约监督机制，这一制约监督机制具有以下几个特点：一是源头性。这是政法机关自我约束、自我监督机制。如果内部制约监督机制能够有效运转，就能够从源头上防范执法司法问题的产生，从而减少外部制约监督机制的介入。二是流程性。内部制约监督往往嵌入执法司法工作流程中，并通过实施重要节点的程序控制来进行，有利于把执法司法错误和瑕疵消除在流程之中。三是专业性。内部制约监督是由政法机关专业人员依据专业标准和方法所实施的专业监督，能够作出专业判断，精准发现和妥善处理问题。四是及时性。内部制约监督作为一种自我纠错机制，有利于第一时间发现问题，把问题解决在萌芽状态。

加强国家机关内部权力制约监督，是党的十八大以来国家权力监督的重要特点。党的十八届四中全会强调，"加强对政府内部权力的制约，是强化对行政权制约的重点"，"明确司法机关各层级权限，健全内部监督制约机制"[1]。政法系统内部制约监督可分为系统内部的层级监督和机关内部的制约监督两种形式。

层级监督是政法系统自上而下的监督形式，"是最管用、最有效的监

---

[1] 《中共中央关于全面推进依法治国若干重大问题的决定》，载《人民日报》2014年10月29日。

督方式"①。不过，由于不同政法机关上下层级的关系有所区别，层级监督的方式亦有所差异。总体上看，目前层级监督存在着"干预过度与监督虚置并存"②的问题，即对下级机关人财物等事项管得多，而对下级机关执法办案活动的依法监督纠错少。一些冤错案件的发生，一些涉黑涉恶犯罪长期放任不管，不只是首办环节出了问题，也与层级监督环节失灵失效有密切关系。因此，应进一步健全政法系统内部各类有关层级监督的法律制度，如行政复议、行政督查、审判监督、涉诉涉法信访等制度，畅通法定的层级监督渠道，构建起依法有序、上下贯通、及时纠错的层级监督体系。建立健全层级监督的法纪责任，对下级机关违法违规行使职权的行为，应发现纠正而没有发现纠正的，依法依纪追究负有层级监督职责的上级机关和人员的责任，倒逼其依法履职尽责。

政法机关内部制约监督是一种越来越受重视的监督形式。中央层面已提出了一系列加强内部制约监督的政策措施，诸如决策权、执行权、监督权科学划分和互相制约，健全分事行权、分岗设权、分级授权、定期轮岗制度。中央政法委提出，"不断完善政法系统内部制约和流程控制机制，让内部监督'长出牙齿'"③。从监督者与被监督者的关系看，内部制约监督可分为纵向制约监督和横向制约监督。纵向制约监督是指有法定管理权的组织和人员对执法司法活动的监督管理。例如，法院审判委员会、院庭长对审判活动的监督管理。实行司法责任制后，出现了院庭长不愿监督、不敢监督、不会监督的问题。④《最高人民法院关于完善人民法院司法责

---

① 屈辰：《陈一新："制约监督"让执法司法权不任性》，载微信公众号"中央政法委长安剑"，2020年9月19日。

② 杨伟东：《关于创新行政层级监督新机制的思考》，载《昆明理工大学学报（社会科学版）》2008年第1期，第40页。

③ 屈辰：《陈一新："制约监督"让执法司法权不任性》，载微信公众号"中央政法委长安剑"，2020年9月19日。

④ 参见周强：《最高人民法院工作报告——2017年3月12日在第十二届全国人民代表大会第五次会议上》，载《人民日报》2017年3月20日。

任制的若干意见》明确了院庭长的监督管理职责，并列出了应予监督的四类案件。[1] 最高人民法院提出，深入推动"一案双查"工作，对不认真履行监督管理职责导致发生法官严重违纪违法案件的院、庭长要坚决问责，以强有力的问责推动领导干部切实担负起对法官的监督管理责任。[2] 横向制约监督体现为各个内设机构及其人员在执法司法过程中的相互制约监督。新一轮司法改革的一项重要内容，就是通过优化内部职权配置、深化内设机构改革，强化内设机构之间的横向制约监督。近年来，公安机关推行的统一刑事案件审核、统一刑事案件出口的"两统一改革"，进一步强化了法制部门对其他部门办理的刑事案件的审核监督权。

在健全内部制约监督机制时，应正确处理好加强制约和提高效率的矛盾问题。加强制约，通常要求分事设权、分岗设权，把可分解的权力分离开来，由不同部门或岗位的人员行使。其弊端在于，权力运行环节增多，工作效率下降。另一方面，提高效率，通常要求一类事项原则上由一个部门统筹、一件事情原则上由一个部门负责，推进机构精简整合，防止机构重叠、职能重复、工作重合。其弊端在于，容易导致权力集中，削弱内部制约监督。长期困扰检察工作的"捕诉合一"和"捕诉分开"之争的争点，就在于对这两种价值目标的抉择。捕诉分开的"优势是有内部制约，捕错了不一定诉"，"但是有一个效率的问题"，即"捕的时候熟悉了的案件，诉的时候是一个全新的案件，重新熟悉肯定影响效率"[3]。实行捕诉合一，由同一个办案组同时办理一个案件的批捕和起诉工作，优势在于提

---

[1] 四类案件包括：(1) 涉及群体性纠纷，可能影响社会稳定的；(2) 疑难、复杂且在社会上有重大影响的；(3) 与本院或者上级法院的类案判决可能发生冲突的；(4) 有关单位或者个人反映法官有违法审判行为的。
[2] 参见周强：《认真学习贯彻十九届中央纪委四次全会精神 推动全面从严治党从严治院向纵深发展》，载《人民法院报》2020年1月22日。
[3] 《国新办举行2019年首场新闻发布会最高检领导就内设机构改革答记者问》，载《检察日报》2019年1月4日。

高办案效率，但缺陷在于缺失内部制约。当前，在推进捕诉合一改革时，应兼顾加强制约的目标，防止捕错之后跟着诉错。

值得指出的是，政法机关内部横向制约监督，容易受到权力关系、熟人关系等内部因素的干扰，走向淡化、弱化甚至扭曲变形。拿权力关系来说，领导干部依管理职权实施的显性或隐性干预，就很容易冲毁原本设计好的制约监督堤坝。特别是当一个领导同时分管具有制约关系的几个部门时，如一个副检察长同时分管侦监科、公诉科时，就容易稀释制度设计所期望的制约功能。因此，要健全内部制约监督机制，不仅要科学分解和配置权力，设计出严谨严密的制约监督机制，更重要的是筑牢防范各种内部关系干扰的"防火墙"。中共十八届四中全会提出的司法机关内部人员过问案件的记录和责任追究制度，有利于防止内部关系对制约监督机制的干扰。2015年以来，中央政法委和中央政法各单位先后出台了建立健全这一制度的相关文件，取得了较好的成效。

五、对政法机关的社会监督

对政法机关执法司法活动的社会监督，是一种以人民群众为主体的监督形式，体现了以权利制约权力的原理。权为民所赋、权为民所用、权受民监督，是马克思主义权力观的核心要义。在社会主义监督传统中，人民群众监督是一种极为重要的监督形式。从革命根据地和解放区时期开始，中国共产党就注意依靠群众、发动群众监督党员干部行使权力的行为。与其他监督形式相比，社会监督具有以下突出特点：一是监督主体的广泛性。人民群众是一支人数众多、无所不在的监督力量。作为政法工作的当事者、旁观者，他们能够获得第一手信息，也最有发言权，可以有效弥补党和国家专业监督力量不足、线索信息稀缺的问题。二是监督动机的有效性。政法工作往往关涉人民群众的切身利益，牵动社会公众的神经。只要保持监督渠道畅通，无需设计激励机制，社会公众就有足够的动力去监督政法机关权力的行使。三是监督管道的多元性。社会公众可以通过信访申诉机构、互联网、新闻媒体等渠道，以信件、电话、电邮、微信等方式，表达或反映监督意见。四是监督效果的刚性化。随着社会环境改变和监督体制完善，社会监督正在从软性监督机制向刚性监督机制转化。在移动互联网时代，线上线下、虚拟现实、体制内外等界限日益模糊，公共舆论场的社会动员能量越来越大，已发展为威力无比的社会监督机制。特别是一些关系百姓民生大计的热点案事件，往往会引发舆论场的群情激愤，甚至酿成震撼力、杀伤力很强的公共舆论事件。

在社会监督中，当事人及其律师的监督尤为重要。当事人及其律师作为执法司法活动的利害关系人、现场见证者，既掌握监督所必要的信息，又拥有实施监督的强大动力，往往是执法司法活动的最有效监督者。当执法司法活动是对利益纷争进行处理时，双方当事人都可进行监督，这种监督具有对等性、平衡性。律师作为法律的行家里手，对执法司法活动的监督更专业、更到位。律师在执法司法每一个细节上较真，在办案全过程各个环节上挑毛病，在法律文书的字里行间找漏洞，有利于提高执法司法的精确性、公正性。加强当事人和律师对执法司法活动的监督，关键是充分保障当事人在执法司法过程中的知情权、陈述权、辩论权、申请权、申诉权等权利，严格依法保障律师在执法司法过程中会见、阅卷、收集证据、质证、辩论、投诉等执业权利。中央政法委高度重视加强当事人及其律师监督制度建设，提出了一系列具体举措，包括：健全律师执业权利保障制度，建立健全执法司法人员与律师互督互评机制；深化刑事案件律师辩护全覆盖试点，落实律师投诉受理、会商机制；健全检察机关听证审查制度；落实公安机关执法告知制度；健全减刑、假释等案件信息及时向在押服刑犯人及其家属公开的制度机制；完善当事人案件回访、问题反映及满意度评价等机制。①落实好这些改革举措，将有利于更好保障当事人及律师的监督权。

人民陪审员、人民监督员制度为公民深度参与和监督司法开辟了正规化、制度化渠道。人民陪审员作为"不穿法袍的法官"，按照民情民智民意判断案件事实，有利于实现法律正义与社会正义、法治逻辑与生活经验的融合。人民监督员制度是检察机关破解"谁来监督监督者"难题之策，也是检察机关自觉接受社会监督之举。新一轮司法改革在完善人民陪审员、人民监督员制度上推出了一系列改革举措，如人民陪审员只参与事实认定、不参与法律适用，取得了较明显的成效。但是，人民陪审员陪而不审、人民监督员监而不督等问题，仍有待持续发力解决。对此，需进一步完善人民陪审员参审案件范围、庭审程序、评议规则，明确人民监督员参与检察机关办案活动的案件范围、程序、权利、责任，更好发挥其监督作用。

政法机关执法司法信息全面公开是加强社会监督的前提条件。在新发展格局下，政法机关应适应社会公众对信息公开的更高期待，依法依规推进执法司法信息全方位、全过程公开，让暗箱操作没有空间、腐败无处藏身。目前，执法信息公开存在不规范、不充分、不对路、不及时等问题。对此，应坚持以受众需求为导向，完善执法司法信息发布内容、形式、技术等方面标准，提高信息公开精准性和实效性。坚持以及时公开为目标，加强执法司法信息公开平台建设，健全信息实时推送和对外发布制度，让当事人和社会公众同步了解执法司法情况。坚持以过程公开为重点，依法

---

① 参见长安君：《中央政法委：加快推进执法司法制约监督体系改革和建设》，载微信公众号"中央政法委长安剑"，2020年8月27日。

向当事人或公众公开执法司法活动视频，让执法司法正义成为看得见的正义，经得起视频晾晒、公众围观。

社会监督只有同党和国家监督有效衔接，才能充分发挥其强大威力。社会监督主要体现为人民群众向有关机构提出申诉、检举、控告，向有关部门举报、信访、反映问题，通过新闻媒体、互联网提出批评监督意见等。这些社会监督形式能否起作用，有赖党和国家监督机制保持开放畅通，能够及时回应和处置社会监督所提出的问题。另一方面，党和国家监督机制能否做到耳聪目明，也离不开社会监督所提供的巨量线索信息。因此，应坚持主体互动、信息贯通、机制协调，加快推进社会监督同党和国家监督的对接衔接，实现同频共振，形成监督合力。

同其他主体的监督一样，社会监督也应保持有制有序有度，不能成为失去控制的"脱缰野马"。在媒体已成为第四种权力的今天，有理有力的舆论监督令大众拍手称快，但失控失度的舆论暴力同样会让人脊背发凉。推进社会监督的规范化、有序化，既需要加强国家法律规制，也需要加强行业自律。由于社会主体如何进行监督通常属于社会自治领域，国家法律不宜过多干预，行业自律机制尤为重要。例如，在舆论监督的规范化上，新闻媒体、互联网等行业负有重大职责使命，应进一步健全行业自治自律规范，引导媒体从业人员、社会公众和广大网民在舆论监督上明辨是非、理性发声、尊重人权。

六、对政法机关的数据监控

对政法机关的数据监控，是大数据、人工智能时代铸造的权力监督利器,是一种以科技制约权力的新型监督模式。① 无论是学术场还是舆论场,在数据监控技术的讨论中,人们通常更为关注其在社会治理中的应用对私权利保护可能产生的深远影响②,而较少讨论其在权力监督上的应用对公权力规训所潜在的革命性意义。近年来,政法系统十分重视运用大数据、人工智能等技术创新权力监管方式,把执法司法权关进"数据铁笼",确保执法司法公正廉洁。在 2020 年全面深化政法领域改革推进会上,中央政法委提出"智能化管理监督机制"新概念,要求"坚持把智能化作为制约监督的有效载体和重要手段,推动监督工作与科技应用深度融合,切实将科技优势转化为监督效能"③。

数据监控机制的革命性意义,就在于能有效破解传统人工监督方式的诸多难题,开辟出权力监督新图景。人工监督的第一个难题是信息不对称,即监督者难以完整掌握被监督者的信息。但在执法司法全过程数据化之后,监督方只要能进入被监督方的数据系统,信息不对称的问题就迎刃而解。人工监督的第二个难题是时空分离,即监督者难以时刻对被监督者进行在场监督。但视频监控技术可以清晰记录执法司法全过程,让监督者在异地远程监督、在事后回溯监督。人工监督的第三个难题是有限理性,即监督者面对巨量案件和海量信息时往往无能为力。而智能机器系统则可以克服人脑信息处理能力之不足,按预定指令计算处理海量信息,从中筛选出问题线索。人工监督的第四个难题是人为干扰,即监督行为易受监督者的主观偏好、情感态度、社会关系等因素的影响。但智能机器系统没有

---

① 参见黄其松、邱龙云、胡赣栋:《大数据作用于权力监督的案例研究———以贵阳市公安交通管理局"数据铁笼"为例》,载《公共管理学报》2020 年第 3 期,第 25 页。
② 参见单勇:《犯罪之技术治理的价值权衡:以数据正义为视角》,载《法制与社会发展》2020 年第 5 期,第 185 页。
③ 长安君:《中央政法委:加快推进执法司法制约监督体系改革和建设》,载微信公众号"中央政法委长安剑",2020 年 8 月 27 日。

偏好偏向，不会产生懈怠偷懒心理，不会受人情关系干扰，能够做到"一把尺子量到底"。人工监督的第五个难题是"事后诸葛亮"，即监督者往往是在被监督者出错或犯事之后再纠举问责。而智能机器系统则可以通过大数据分析排查出执法司法权运行的风险点，并向有关人员自动提示和预警相关风险，起到"事前诸葛亮"的作用。

不过，权力监督领域的数据监控革命才刚刚拉开序幕，还有很远的路要走。这场革命不仅是一场技术革命，也是一场体制机制革命。在大数据时代，打破基于部门权力划分形成的数据壁垒，加快推进执法办案数据开放共享，是实行数据监控的前提条件。然而，长期以来，执法司法机关的执法办案信息系统是在各自部门的主导下分别建立和发展起来的，不仅不同执法司法机关的信息系统之间壁垒森严，甚至同一机关内部不同部门的信息系统之间也互不联通。这种"数据烟囱""数据孤岛"林立的现象，严重妨碍了对权力运行的数据监控。2017年，中央政法委明确提出，加快推进跨部门大数据办案平台建设，推动以审判为中心的刑事诉讼制度改革，把公检法互相配合、互相制约的原则落到实处。[1] 主要设想是，推进公、检、法、司的办案信息系统的设施联通、平台贯通、数据融通，实现办案业务网上流转、网上监督。就全国情况来看，上海、浙江、江苏等地在推进跨部门大数据办案平台建设已取得重要突破，但总体上进展很不平衡。不过，这一平台只是刑事办案平台，也只能解决刑事司法的数据监控和线上监督问题。对其他执法司法活动的监督，如对民事、行政诉讼的检察监督，仍然面临着数据不能共享的体制瓶颈。因此，加强对执法司法权的监督，必须进一步推进执法司法数据开放共享，以拓展监督线索来源，提高监督精度效度。

---

[1] 参见孟建柱：《全面深化司法体制改革 努力创造更高水平的社会主义司法文明》，载《求是》2017年第20期，第7-8页。

执法司法领域数据监控技术落后、智能化水平低，是制约数据监控效能充分发挥的重要因素。近年来，政法机关在升级改造执法办案信息系统时，注意嵌入更多数据监测监控元素，优化节点监控、风险提示、瑕疵错误预警等功能，提高自动提示或发现执法司法问题的能力。同时，还专门研发了各种各样的智能监管系统，如庭审自动巡查系统[①]、侦查监督信息化平台、民事裁判文书智慧监督系统[②]等，加强对某一类执法司法活动的监管。但总体上看，由于法律领域人工智能发展水平还处于弱人工智能阶段[③]，数据监控系统的智能化程度较低，相当多的工作仍需要执法司法人员完成，甚至让执法司法人员感到不好用、不愿用。这需要法律界和科技界加强协作，深入推进法律领域大数据和人工智能技术研发，提高机器系统深度学习和计算能力，提升从海量的碎片化数据中自动发现立案、侦查、审判、执行等工作中常见违规违法问题能力。

七、对法律监督理论的反思

上述分析表明，中国法治实践中正在产生一种与法理学所描述的法律监督格局有很大不同的权力监督图景。面对急剧变革的权力监督实践，传统的法律监督理论至少部分地失去了解释力、引领力，到了应当重构重塑的时候。

一是重构传统的法律监督分类学。原有的国家监督与社会监督之分类难以容纳和解释中国的权力监督类型，特别是无法准确定位党的监督的性

[①] 参见《河北省法院自动巡查系统对三级法院庭审实行无缝隙管理》，载河北新闻网，http：//hebei.hebnews.cn/2016-03/24/content_5412204.htm，2016年3月24日。

[②] 参见曾于生：《借力人工智能打造民事裁判监督新模式》，载《检察日报》2019年8月4日。

[③] 参见左卫民：《关于法律人工智能在中国运用前景的若干思考》，载《清华法学》2018年第2期，第121页。

质。笔者建议将法律监督分为公权力主体的监督和私权利主体的监督。前者既包括国家机关的监督，如人大监督、行政监督、监察监督、司法监督、审计监督等，又包括其他公权力主体的监督，如党的监督、政协和民主党派的民主监督。后者主要包括公民、社会组织、新闻媒体的监督。

二是重新评估权力制约在法律监督中的分量。我们所讨论的广义上的"权力监督"，已吸纳了西方文化中的"权力制约"元素。但正如不少学者所指出的那样，权力制约概念与传统意义上的权力监督概念代表着两种不同的权力监控逻辑。① 特别是在公权力监控体系中，权力制约的逻辑是通过合理分解和配置权力以实现公权力主体之间相互制约，并不要求在公权力主体之外再设专门监督机构，因此这是一种公共成本较低的权力监控模式。传统意义上的权力监督的逻辑是在公权力主体之外再设专门监督机构，对公权力主体的权力实施监控，这是一种公共成本更高的权力监控模式。而且，这种权力监控模式为解决"谁来监督监督者"的难题，会产生不断追加新的监督环节的冲动，从而导致监督形式蔓延扩张、叠床架屋。当前，我国公权力监督体系已有纪检监督、监察监督、审计监督、检察监督等诸多专门监督形式，因此应对专门监督形式的发展保持审慎态度。

三是认真对待现代科技对于法律监督的革命性意义。以移动互联网、大数据、人工智能、生命科技等为代表的新一轮科技革命，正在以远远超出前几次科技革命的颠覆性力量，深刻改变公共权力的运行样态、游戏规则、监控模式。这要求法理学要深入研究科技革命对权力运行及其监控产生的深远影响，探讨数据和智能科技在权力监控中应用的可能前景及其风险防范，为法治实践提出更具解释力、预测力的理论学说或者对策性、规制性的制度措施。

---

① 参见陈国权、周鲁耀：《制约与监督：两种不同的权力逻辑》，载《浙江大学学报（人文社会科学版）》2013年第6期，第44－48页。

第八章 新时代中国政法理论

政法是中国法治概念体系的标识性概念，政法理论是中国法治理论的重要组成部分。党的十八大以来，习近平在领导新时代政法工作谋新篇、开新局的实践中，以马克思主义政治家、理论家敏锐的洞察力、深刻的判断力、独特的创造力，科学回答了政法工作的一系列重大理论和实践问题，提出了一系列原创性新理念新思想新战略，创立了科学化、体系化的新时代中国政法理论，标志着中国共产党的政法理论实现了历史性飞跃。新时代中国政法理论是习近平法治思想体系的重要板块，是对马克思主义国家和法理论的创造性发展，有力推进了政法工作体系和工作能力现代化进程。

一、党的绝对领导论

政法机关是人民民主专政的政权机关，承担着专政职能、管理职能、服务职能，事关国家政治安全、社会安定有序、人民安居乐业。由政法机关的性质和职能所决定，政法工作必须坚持党的绝对领导。习近平在

2019年中央政法工作会议上提出,"坚持党对政法工作的绝对领导"[①]。2014年中央政法工作会议上,习近平曾指出:"在坚持党对政法工作的领导这样的大是大非面前,一定要保持政治清醒和政治自觉,任何时候任何情况下都不能有丝毫动摇。"[②] 2019年党中央制定的《政法工作条例》第1条开宗明义地提出,坚持和加强党对政法工作的绝对领导。

党对政法工作的绝对领导主要体现为党中央的绝对领导、地方党委的领导、党委政法委的领导、政法机关党组(党委)的领导。《政法工作条例》构建起了以党中央为中枢、各级党委总揽全局、党委政法委归口管理、政法机关党组(党委)主管主抓的政法工作领导体系。其中,党委政法委是党委领导和管理政法工作的职能部门,是实现党对政法工作领导的重要组织形式。"一些人把矛头对准党委政法委,要求取消党委政法委,就是想取消党对政法工作领导的制度。……党委政法委要带头在宪法法律范围内活动,善于运用法治思维和法治方式领导政法工作,在推进国家治理体系和治理能力现代化中发挥重要作用。"[③] 政法机关党组织的领导是党的领导的重要形式。"政法机关党组织要建立健全重大事项向党委报告制度、在执法司法中发挥政治核心作用制度、党组(党委)成员依照工作程序参与重要业务和重要决策制度,确保政法工作沿着正确方向前进。"[④]

党对政法工作的绝对领导主要是管方向、管政策、管原则、管干部。习近平在2014年中央政法工作会议上指出了党的领导上"无为而治"和

[①] 习近平:《维护政治安全、社会安定、人民安宁》,见习近平:《论坚持全面依法治国》,中央文献出版社2020年版,第246页。

[②] 习近平:《党的领导和社会主义法治是一致的》,见习近平:《论坚持全面依法治国》,中央文献出版社2020年版,第42页。

[③] 习近平:《党的领导和社会主义法治是一致的》,见习近平:《论坚持全面依法治国》,中央文献出版社2020年版,第44页。

[④] 习近平:《党的领导和社会主义法治是一致的》,见习近平:《论坚持全面依法治国》,中央文献出版社2020年版,第44页。

"越俎代庖"两种倾向。"我们一些领导干部对怎么坚持党对政法工作的领导认识不清、把握不准,有的该管的不敢管、不会管,怕人家说以权压法、以言代法;有的对政法部门职责范围内的事情管得过多过细,管了一些不该管、管不好的具体业务工作;有的甚至为了一己私利,插手和干预司法个案。"① 习近平明确提出了党对政法工作的绝对领导的三项原则:一是议大事、抓大事、谋全局。这主要是管方向、管政策、管原则、管干部,加强政治领导、思想领导、组织领导。二是保证执法、支持司法。"各级党组织和领导干部要支持政法单位开展工作,支持司法机关依法独立公正行使职权。"② 三是不替代、不干预。党对政法工作的领导"不是包办具体事务,不要越俎代庖,领导干部更不能借党对政法工作的领导之名对司法机关工作进行不当干预"③。

二、平安中国建设论

保一方平安是自古以来中国人对政府职能的最朴素认知。在 2013 年对政法工作作出重要指示时,习近平首次提出"平安中国"概念,并把推进平安中国建设确立为政法工作的重要使命。"平安中国"概念具有深厚的民族文化基因和大众心理基础,是对传统的"天下太平"理想的现代表达,是对亘古不变的国泰民安期盼的理论表达。这里所说的平安中国,是

---

① 习近平:《党的领导和社会主义法治是一致的》,见习近平:《论坚持全面依法治国》,中央文献出版社 2020 年版,第 43—44 页。

② 习近平:《维护政治安全、社会安定、人民安宁》,见习近平:《论坚持全面依法治国》,中央文献出版社 2020 年版,第 249 页。

③ 习近平:《党的领导和社会主义法治是一致的》,见习近平:《论坚持全面依法治国》,中央文献出版社 2020 年版,第 44 页。

指政治安全防线稳固、矛盾纠纷得到有效化解、违法犯罪得到有效遏制、灾害事故得到有效防控、社会心态理性平和、百姓安居乐业的平安和谐状态。① 在国家治理体系中,政法系统最重要的公共职能就是建设平安中国,促进国家长治久安、社会安定有序、人民安居乐业。

在处理各类矛盾上,政法机关承担着正确区分和处理两类不同性质的矛盾,依法打击孤立极少数、团结教育挽救大多数,最大限度扩大教育面、缩小打击面、减少对立面的重要职责。"对人民内部矛盾,要善于运用法治、民主、协商的办法进行处理。对敌我矛盾,既要旗帜鲜明、敢于斗争,稳准狠打击敌人、震慑犯罪,防止养痈遗患,又要讲究谋略、巧于斗争,有效争取舆论、赢得人心,防止授人以柄。"② 在解决人民内部矛盾上,要正确处理好维权和维稳的关系,通过依法维权实现有效维稳。"从人民内部和社会一般意义上说,维权是维稳的基础,维稳的实质是维权。人心安定,社会才能稳定。对涉及维权的维稳问题,首先要把群众合理合法的利益诉求解决好。单纯维稳,不解决利益问题,那是本末倒置,最后也难以稳定下来。"③

在维护社会安宁上,政法机关承担着构建社会治安防控体系、有效打击违法犯罪、保障人民生命财产安全的重要职责。在社会治安防控体系上,"健全完善立体化社会治安防控体系,加强对社会舆情、治安动态、热点敏感问题的分析研判,及时发现苗头性、倾向性问题,有效防范化解管控各种风险,确保人民生命财产安全。"④ 在违法犯罪专项打击整治上,

---

① 关于"平安中国"概念的三种意义,参见黄文艺:《"平安中国"的政法哲学阐释》,载《法制与社会发展》2022年第4期,第26-28页。
② 习近平:《在中央政法工作会议上的讲话》,见中共中央文献研究室编:《习近平关于社会主义社会建设论述摘编》,中央文献出版社2017年版,第147页。
③ 习近平:《在中央政法工作会议上的讲话》,见中共中央文献研究室编:《习近平关于社会主义社会建设论述摘编》,中央文献出版社2017年版,第147页。
④ 习近平:《在党的十八届六中全会第二次全体会议上的讲话》,见中共中央文献研究室编:《习近平关于社会主义社会建设论述摘编》,中央文献出版社2017年版,第162页。

"对暴恐分子、黑恶势力、邪教组织、偷拐骗抢、黄赌毒等严重危害人民群众生命财产安全的犯罪分子,要开展专项行动,重拳出击,形成强大震慑、警示效应。""要继续依法打击破坏社会秩序的违法犯罪行为,特别是要推动扫黑除恶常态化,持之以恒、坚定不移打击黑恶势力及其保护伞,让城乡更安宁、群众更安乐。"[①] 在违法犯罪源头防范上,"加强对学校、医院、人流密集场所等重点区域的防控"[②],"对严重精神障碍患者、扬言报复社会人员等重点人群,对枪支弹药、易燃易爆等重点物品,要强化治理和管理"[③]。

在防范化解社会纠纷上,政法机关承担着构建多元化纠纷解决体系、推动纠纷分类化解、维护社会平安和谐的职责。习近平指出:"要完善社会矛盾纠纷多元预防调处化解综合机制"[④]。在民间性纠纷解决上,"要发挥人民调解、商事仲裁等多元化纠纷解决机制的作用,加强法律援助、司法救助等工作,通过社会力量和基层组织务实解决民事纠纷"[⑤]。在行政性纠纷解决上,"要研究建立健全行政纠纷解决体系,推动构建行政调解、行政裁决、行政复议、行政诉讼有机衔接的纠纷解决机制"[⑥]。在诉讼性纠纷解决上,要全面深化司法体制改革,构建多元化、立体化诉讼程序体系,提高诉讼公正性、公信力。

[①] 习近平:《坚定不移走中国特色社会主义法治道路 为全面建设社会主义现代化国家提供有力法治保障》,载《求是》2021年第5期,第13页。

[②] 习近平:《在十八届中央政治局第二十三次集体学习时的讲话》,见中共中央文献研究室编:《习近平关于社会主义社会建设论述摘编》,中央文献出版社2017年版,第151页。

[③] 习近平:《在中央政法工作会议上的讲话》,见中共中央文献研究室编:《习近平关于社会主义社会建设论述摘编》,中央文献出版社2017年版,第148-149页。

[④] 习近平:《坚定不移走中国特色社会主义法治道路 为全面建设社会主义现代化国家提供有力法治保障》,载《求是》2021年第5期,第13页。

[⑤] 习近平:《充分认识颁布实施民法典重大意义 依法更好保障人民合法权益》,见习近平:《论坚持全面依法治国》,中央文献出版社2020年版,第282页。

[⑥] 习近平:《在中央全面依法治国委员会第一次会议上的讲话》,见习近平:《论坚持全面依法治国》,中央文献出版社2020年版,第234页。

在推动社会移风易俗上,政法机关承担着大力弘扬社会主义核心价值观、健全诚信守法激励机制、引导社会成员崇德向善的重要职责。社会治理的难点是人心治理,即引导社会成员趋善远恶。习近平指出:"要大力弘扬社会主义核心价值观,加强思想教育、道德教化,改进见义勇为英雄模范评选表彰工作,让全社会充满正气、正义。"[1]"要坚持严格执法,弘扬真善美、打击假恶丑。要坚持公正司法,发挥司法断案惩恶扬善功能。"[2]"要健全社会心理服务体系和疏导机制、危机干预机制,塑造自尊自信、理性平和、亲善友爱的社会心态。"[3]

三、法治中国建设论

在2013年对政法工作作出重要指示时,习近平首次提出"法治中国"范畴,并把推进法治中国建设确立为政法工作的重要使命。2020年中共中央印发的《法治中国建设规划(2020—2025年)》明确提出了法治中国建设的总体目标和基本内涵:"建设法治中国,应当实现法律规范科学完备统一,执法司法公正高效权威,权力运行受到有效制约监督,人民合法权益得到充分尊重保障,法治信仰普遍确立,法治国家、法治政府、法治社会全面建成。"政法系统是法治中国建设的主力军。特别是2018年党和国家机构改革后,随着司法行政部门的重组和党委法治建设议事决策协调

---

[1] 习近平:《维护政治安全、社会安定、人民安宁》,见习近平:《论坚持全面依法治国》,中央文献出版社2020年版,第247页。
[2] 习近平:《坚持依法治国和以德治国相结合》,见习近平:《论坚持全面依法治国》,中央文献出版社2020年版,第166页。
[3] 习近平:《维护政治安全、社会安定、人民安宁》,见习近平:《论坚持全面依法治国》,中央文献出版社2020年版,第247-248页。

机构办公室设在司法行政部门，政法工作已覆盖到法治国家、法治政府、法治社会各领域，贯穿于立法、执法、司法、守法全过程。这意味着，政法系统承担着统筹协调法治建设、推进行政立法、建设法治政府、推进公正司法、建设法治社会等重要职责，在建设良法善治的法治中国上肩负重要使命。

在统筹协调法治建设上，设在司法行政部门的党委法治建设议事决策协调机构办公室，具体负责本地法治建设的组织协调、政策研究、督促检查等工作。为正确处理好党委法治建设议事决策协调机构和党委政法委的关系，该办公室负责人一般由同级党委政法委书记兼任。在谈到中央全面依法治国委员会办公室的职责时，习近平指出，"办公室要加强对工作的协调、督促、检查、推动"①。2019年中共中央办公厅、国务院办公厅印发的《法治政府建设与责任落实督察工作规定》明确了中央全面依法治国委员会办公室和地方各级党委法治建设议事协调机构办公室组织开展法治政府建设与责任落实情况督察的职责。

在推进行政立法上，市级以上司法行政机关承担着行政立法协调、法律法规规章草案起草、法规规章备案审查和清理等职责，市级以上公安机关、国家安全机关承担着有关法律法规规章的起草职责。习近平法治思想对如何加强和改进行政立法提出了一系列明确要求。② 一是健全行政立法的公众参与机制，积极运用新媒体新技术拓宽公众参与渠道，完善立法听证、民意调查机制，切实提高行政立法质量。二是健全行政立法的统筹协调机制，及时协调解决立法分歧和突出问题，防止因个别意见不一致导致

---

① 习近平：《在中央全面依法治国委员会第一次会议上的讲话》，见习近平：《论坚持全面依法治国》，中央文献出版社2020年版，第236页。

② 参见习近平：《关于〈中共中央关于全面推进依法治国若干重大问题的决定〉的说明》，见习近平：《论坚持全面依法治国》，中央文献出版社2020年版，第96页。

立法项目久拖不决,切实提高行政立法效率。① 三是维护国家法治统一,严守立法权限、遵循立法程序,切实避免越权立法、重复立法、盲目立法,有效防止部门利益和地方保护主义影响。②

在推进法治政府建设上,司法行政机关负责统筹推进法治政府建设、指导和办理行政复议和行政应诉等工作,公安机关、国家安全机关、司法行政机关均承担着行政执法职责。习近平法治思想对政法机关如何坚持严格规范公正文明执法、推进法治政府建设提出了一系列明确要求。关于坚持严格规范公正文明执法,"严格规范公正文明执法是一个整体,要准确把握、全面贯彻,不能畸轻畸重、顾此失彼。执法的最好效果就是让人心服口服。要树立正确法治理念,把打击犯罪同保障人权、追求效率同实现公正、执法目的同执法形式有机统一起来,坚持以法为据、以理服人、以情感人,努力实现最佳的法律效果、政治效果、社会效果"③。关于推进法治政府建设,主要是健全依法决策机制,加大决策合法性审查力度,深化行政执法体制改革,加强行政执法与刑事司法有机衔接,建立健全行政纠纷解决体系。④

在推进公正司法上,作为国家司法机关的人民法院和人民检察院承担着主体责任,参与刑事诉讼的公安机关、国家安全机关、司法行政机关亦负有重要责任。习近平法治思想对政法机关如何推进公正高效权威司法、提高司法质量效率和公信力提出了一系列明确要求。推进公正司法,就是

---

① 参见习近平:《为做好党和国家各项工作营造良好法治环境》,见习近平:《论坚持全面依法治国》,中央文献出版社 2020 年版,第 254 页。
② 参见习近平:《坚持走中国特色社会主义法治道路 更好推进中国特色社会主义法治体系建设》,载《求是》2022 年第 4 期,第 7 页。
③ 习近平:《关于严格规范公正文明执法》,见习近平:《论坚持全面依法治国》,中央文献出版社 2020 年版,第 259-260 页。
④ 参见习近平:《在中央全面依法治国委员会第一次会议上的讲话》,见习近平:《论坚持全面依法治国》,中央文献出版社 2020 年版,第 233-234 页。

要健全司法权力分工负责、相互配合、相互制约的制度安排，深化司法体制综合配套改革，严格落实司法责任制，健全司法权力制约监督机制，构建开放、动态、透明、便民的阳光司法机制，杜绝暗箱操作，坚决遏制司法腐败。推进高效司法，就是要面对诉讼案件的爆炸式增长，加快构建完备化、精细化的诉讼程序体系，实现案件繁简分流、轻重分离、快慢分道，提高办案速度和效率。推进权威司法，就是要完善司法机关依法独立公正行使司法职权的制度，建立健全司法人员履行法定职责保护机制，完善惩戒妨碍司法机关依法行使职权、拒不执行生效裁判和决定、藐视法庭权威等违法犯罪行为的法律规定。

在推进法治社会建设上，司法行政部门负责统筹规划法治社会建设、开展普法宣传、建设公共法律服务体系、指导依法治理工作，其他政法机关在开展法治宣传教育、推进依法治理、引导全民守法上发挥重要作用。习近平法治思想对政法机关如何推进法治社会建设提出了一系列明确要求。在普法宣传上，"要研究法治宣传教育新机制新方法，建设社会主义法治文化，让法治成为全民思维方式和行为习惯"[1]。在推进依法治理上，"要加快实现社会治理法治化，依法防范风险、化解矛盾、维护权益，营造公平、透明、可预期的法治环境"[2]。在建设公共法律服务体系上，"要加快建设覆盖城乡、便捷高效、均等普惠的现代公共法律服务体系，统筹研究律师、公证、法律援助、司法鉴定、调解、仲裁等工作改革方案，让人民群众切实感受到法律服务更加便捷"[3]。在引导群众守法上，"要引导

---

[1] 习近平：《在中央全面依法治国委员会第一次会议上的讲话》，见习近平：《论坚持全面依法治国》，中央文献出版社2020年版，第234页。

[2] 习近平：《在中央全面依法治国委员会第一次会议上的讲话》，见习近平：《论坚持全面依法治国》，中央文献出版社2020年版，第234页。

[3] 习近平：《在中央全面依法治国委员会第一次会议上的讲话》，见习近平：《论坚持全面依法治国》，中央文献出版社2020年版，第234－235页。

全体人民遵守法律，有问题依靠法律来解决，决不能让那种大闹大解决、小闹小解决、不闹不解决现象蔓延开来"①。"改变找门路托关系就能通吃、不找门路托关系就寸步难行的现象……逐步改变社会上那种遇事不是找法而是找人的现象。"②

四、维护国家政治安全论

维护国家政治安全是政法机关的首要职能。在传统的政法话语体系中，政法机关被定位为专政机关，被比喻为"刀把子"。进入新时代，党中央明确提出总体国家安全观后，政法机关的专政职能获得了新诠释，即维护国家政治安全。国家政治安全包括国家主权、政权体系、社会制度、意识形态等方面的安全，在国家安全体系中居于首要地位和最高层次。政法机关通过依法防范和惩治境内外敌对势力的各种渗透颠覆破坏活动，在维护国家政治安全上发挥着至关重要的作用。习近平从总体国家安全观出发，把维护国家政治安全确立为政法工作的首要任务，并深刻论述了政法机关维护国家政治安全的理念思路、政策措施、方法手段。在2017年对政法工作的重要指示中，习近平明确指出："要把维护国家政治安全特别是政权安全、制度安全放在第一位，提高对各种矛盾问题预测预警预防能力"③。

---

① 习近平：《全面推进科学立法、严格执法、公正司法、全民守法》，见习近平：《论坚持全面依法治国》，中央文献出版社2020年版，第24页。
② 习近平：《严格执法，公正司法》，见习近平：《论坚持全面依法治国》，中央文献出版社2020年版，第51页。
③ 习近平：《全面提升防范应对各类风险挑战的水平 确保国家长治久安人民安居乐业》，载《人民日报》2017年1月13日。

习近平立足于世界百年未有之大变局和国内经济社会发展之新局，深刻分析了我国政治安全面临的各种风险挑战，包括"颜色革命"风险、暴力恐怖风险、意识形态安全风险、网络安全风险等："当前，各种敌对势力一直企图在我国制造'颜色革命'，妄图颠覆中国共产党领导和我国社会主义制度。这是我国政权安全面临的现实危险。"[①] "国际上，西方敌对势力一直把我国发展壮大视为对西方价值观和制度模式的威胁，一刻也没有停止对我国进行意识形态渗透，千方百计利用一些热点难点问题进行炒作，煽动基层群众对党委和政府的不满，挑动党群干群对立情绪，企图把人心搞乱。"[②] "西方反华势力一直妄图利用互联网'扳倒中国'，多年前有西方政要就声称'有了互联网，对付中国就有了办法'，'社会主义国家投入西方怀抱，将从互联网开始'。"[③] 正是基于对各类政治安全风险的系统分析，习近平对政法机关维护国家政治安全工作提出了新思路新要求，引领政治安全风险防控工作开辟新局面。

坚持从源头上防范化解各类政治安全风险。政治安全风险危害性大、破坏性强，必须防患于未然、化解于源头。"对各种敌对势力的渗透、破坏、颠覆活动，要坚决防范和依法打击，决不能让他们起势、成势。"[④] "要高度重视苗头性、倾向性问题，打好主动仗，防患于未然。"[⑤] 政治安全风险与其他安全风险相互关联、相互转化，容易形成交织叠加、交叉感

[①] 习近平：《坚持军报姓党坚持强军为本坚持创新为要，为实现中国梦强军梦提供有力思想舆论支持》，见中共中央党史和文献研究院编：《习近平关于总体国家安全观论述摘编》，中央文献出版社2018年版，第118页。

[②] 习近平：《在党的十八届六中全会第二次全体会议上的讲话》，见中共中央党史和文献研究院编：《习近平关于总体国家安全观论述摘编》，中央文献出版社2018年版，第128页。

[③] 习近平：《在全国宣传思想工作会议上的讲话》，见中共中央党史和文献研究院编：《习近平关于总体国家安全观论述摘编》，中央文献出版社2018年版，第103页。

[④] 习近平：《在党的十八届六中全会第二次全体会议上的讲话》，见中共中央党史和文献研究院编：《习近平关于总体国家安全观论述摘编》，中央文献出版社2018年版，第151页。

[⑤] 习近平：《意识形态关乎旗帜关乎道路关乎国家政治安全》，见中共中央党史和文献研究院编：《习近平关于防范风险挑战、应对突发事件论述摘编》，中央文献出版社2020年版，第39页。

染的"叠加效应"。"要加强对各种风险源的调查研判,提高动态监测、实时预警能力……力争把风险化解在源头,不让小风险演化为大风险,不让个别风险演化为综合风险,不让局部风险演化为区域性或系统性风险,不让经济风险演化为社会政治风险,不让国际风险演化为国内风险。"[1]

坚持运用法治思维和法治方式维护国家政治安全。习近平反复强调,"健全国家安全体系,加强国家安全法治保障,提高防范和抵御安全风险能力。"[2] "依法防范、制止、打击危害我国家安全和利益的违法犯罪活动。"[3] 这就要求,在立法上,抓紧制定或修改国家安全法律法规,构建起完备的国家安全法律体系,为维护国家政治安全工作提供了法律准绳。在执法司法上,综合运用民事、行政、刑事等法律手段依法惩治危害国家安全的违法犯罪行为,有效防范遏制境内外人员的各种渗透破坏活动。在普法守法上,加强国家安全法治宣传教育,提高广大干部群众的政治安全意识,筑牢国家政治安全防线。

坚持统筹国内国际两个大局维护国家政治安全。在当今全球化时代,影响我国政治安全的许多因素来自境外,也必须防控于境外。"当前,世界大变局加速深刻演变,全球动荡源和风险点增多,我国外部环境复杂严峻。我们要统筹国内国际两个大局、发展安全两件大事,既聚焦重点、又统揽全局,有效防范各类风险连锁联动。"[4] 因此,"要高度重视境外风险防

---

[1] 习近平:《下大气力破解制约如期全面建成小康社会的重点难点问题》,见中共中央党史和文献研究院编:《习近平关于防范风险挑战、应对突发事件论述摘编》,中央文献出版社2020年版,第208页。

[2] 习近平:《决胜全面建成小康社会,夺取新时代中国特色社会主义伟大胜利》,见中共中央党史和文献研究院编:《习近平关于总体国家安全观论述摘编》,中央文献出版社2018年版,第14页。

[3] 习近平:《在会见全国国家安全机关总结表彰大会代表时的讲话》,见中共中央党史和文献研究院编:《习近平关于防范风险挑战、应对突发事件论述摘编》,中央文献出版社2020年版,第232页。

[4] 习近平:《坚持底线思维,着力防范化解重大风险》,见中共中央党史和文献研究院编:《习近平关于防范风险挑战、应对突发事件论述摘编》,中央文献出版社2020年版,第120-121页。

范,完善安全风险防范体系,全面提高境外安全保障和应对风险能力"①。这就要求,政法机关要加快涉外法治工作战略布局,加强国际执法安全合作,提高应对境外政治安全风险的能力水平。"我们应该继续完善执法安全合作体系,健全现有合作机制,全方位提升各国执法机关维稳控局能力。"②

五、社会治理现代化论

用"社会治理"概念取代"社会管理"概念,明确提出"加强和创新社会治理""加快推进社会治理现代化""完善中国特色社会主义社会治理体系"等重大命题,是习近平在国家治理理论上的重大原创性贡献。政法机关是加强和创新社会治理、推进社会治理现代化的重要力量,承担着保障社会安宁、维护社会和谐、增进社会活力、促进社会文明的职责使命。

关于社会治理体系现代化,习近平从横向和纵向两个维度明确提出了现代社会治理的总体构架。在横向结构上,完善党委领导、政府负责、民主协商、社会协同、公众参与、法治保障、科技支撑的社会治理体系。其中,在党委领导上,党委政法委在社会治理现代化上具有牵头抓总、统筹协调、督办落实等作用。"要创新完善平安建设工作协调机制,统筹好政法系统和相关部门的资源力量,形成问题联治、工作联动、平安联创的良好局面。"③ 在纵向结构上,构建从中央到省、市、县(区)、乡(镇)、村

---

① 习近平:《共同绘制好"一带一路"的"工笔画"》,见习近平:《习近平谈治国理政》第3卷,外文出版社2020年版,第488页。
② 习近平:《凝心聚力,精诚协作,推动上海合作组织再上新台阶》,见中共中央党史和文献研究院编:《习近平关于总体国家安全观论述摘编》,中央文献出版社2018年版,第234页。
③ 习近平:《维护政治安全、社会安定、人民安宁》,见习近平:《论坚持全面依法治国》,中央文献出版社2020年版,第247页。

(社区)各层级权责明晰、高效联动、上下贯通、运转灵活的社会治理指挥体系。其中,市域在社会治理现代化中具有承上启下的枢纽作用。党的十九届四中全会、五中全会提出,加快推进市域社会治理现代化。从2019年起,中央政法委在全国部署开展市域社会治理现代化试点工作。城乡社区是社会治理现代化的基石。"要深入推进社区治理创新,构建富有活力和效率的新型基层社会治理体系。"①

关于社会治理理念现代化,习近平明确提出并深刻阐释了系统治理、预防治理、源头治理、综合治理、柔性治理等现代治理理念。"治理和管理一字之差,体现的是系统治理、依法治理、源头治理、综合施策。"②系统治理是指政府、市场、社会等各类主体各负其责、各尽其能,实现优势互补、无缝协作,构建起共建共治共享的社会治理格局。预防治理是指加强对各类矛盾风险的预测预警预防,尽可能将其消解于未萌、化解于无形。政法机关要"提高预测预警预防各类风险能力"③,"提高对各种矛盾问题预测预警预防能力"④。源头治理是指社会治理关口前移至源头和前端环节,尽可能把矛盾风险解决在源头和前端。"加强源头治理,努力将矛盾纠纷化解在基层、化解在萌芽状态,避免小问题拖成大问题,避免一般性问题演变成信访突出问题。"⑤"法治建设既要抓末端、治已病,更要

---

① 习近平:《维护政治安全、社会安定、人民安宁》,见习近平:《论坚持全面依法治国》,中央文献出版社2020年版,第247页。
② 习近平:《在参加十二届全国人大二次会议上海代表团审议时的讲话》,见中共中央文献研究室编:《习近平关于社会主义社会建设论述摘编》,中央文献出版社2017年版,第127页。
③ 习近平:《就加强和创新社会治理作出的指示》,见中共中央文献研究室编:《习近平关于社会主义社会建设论述摘编》,中央文献出版社2017年版,第135页。
④ 习近平:《对政法工作作出的指示》,见中共中央文献研究室编:《习近平关于社会主义社会建设论述摘编》,中央文献出版社2017年版,第184页。
⑤ 习近平:《就信访工作作出的指示》,见中共中央文献研究室编:《习近平关于社会主义社会建设论述摘编》,中央文献出版社2017年版,第159-160页。

抓前端、治未病。"① 综合治理是指综合运用政治、经济、法律、文化、教育、科技等多种手段解决社会问题，构建起多管齐下、相融相合、互济互补的善治体系。柔性治理是指多运用说服教育、调解疏导、劝导示范等非强制手段进行治理，寓管理于服务之中、融处罚于教育之中。"不能简单依靠打压管控、硬性维稳，还要重视疏导化解、柔性维稳"②。

关于社会治理方式现代化，习近平明确提出并系统论述了社会化、法治化、智能化、专业化、精细化等社会治理方式方法。"要更加注重联动融合、开放共治，更加注重民主法治、科技创新，提高社会治理社会化、法治化、智能化、专业化水平"③。所谓社会化，是指构建人人有责、人人尽责、人人享有的社会治理共同体，激发社会自治、自主、自律的力量，让社会问题由社会解决。所谓法治化，是指坚持运用法治思维和法治方式化解矛盾、保障权益、维护稳定，按照法律规定、法律精神判断对错、辨明是非、厘清责任，为全社会立"明规则"、破"潜规则"。所谓智能化，是指运用大数据、人工智能、物联网、区块链等新技术，深入推进社会治理数字化智能化建设，化不知为可知、化后知为先知、化不能为可能，提高预测预警预防能力。所谓专业化，是指由正规化职业化的社会治理队伍，运用专业化的标准规范、技术手段进行社会治理，以最小的治理成本取得最佳的治理成效。所谓精细化，是指坚持以工匠精神、以绣花功夫推进社会治理，细化实化量化社会治理单元、标准和过程，产生靶向精确、操作精微、成果精致的治理效能。

---

① 习近平：《坚定不移走中国特色社会主义法治道路 为全面建设社会主义现代化国家提供有力法治保障》，载《求是》2021年第5期，第13页。

② 习近平：《在中央政法工作会议上的讲话》，见中共中央文献研究室编：《习近平关于社会主义社会建设论述摘编》，中央文献出版社2017年版，第126页。

③ 习近平：《就加强和创新社会治理作出的指示》，见中共中央文献研究室编：《习近平关于社会主义社会建设论述摘编》，中央文献出版社2017年版，第135页。

六、促进社会公平正义论

将公平正义界定为政法工作的生命线,将促进社会公平正义确立为政法工作的重要任务,是习近平法治思想在政法理论上的独创性贡献和标志性特征之一。习近平反复强调,"促进社会公平正义是政法工作的核心价值追求","公平正义是政法工作的生命线"[1],"公平正义是执法司法工作的生命线"[2]。习近平法治思想关于社会公平正义的原创性贡献可概括为以下几个方面。

(一)把维护社会公平正义贯穿于政法工作全过程

习近平在中央全面依法治国委员会第一次会议上指出:"必须牢牢把握社会公平正义这一法治价值追求,努力让人民群众在每一项法律制度、每一个执法决定、每一宗司法案件中都感受到公平正义。"[3] 对于政法机关而言,就是要把维护社会公平正义贯穿于政法工作全过程。"政法战线要肩扛公正天平、手持正义之剑,以实际行动维护社会公平正义,让人民群众切实感受到公平正义就在身边。"[4]

---

[1] 习近平:《促进社会公平正义,保障人民安居乐业》,见习近平:《习近平谈治国理政》第1卷,外文出版社2018年版,第148页。

[2] 习近平:《关于严格规范公正文明执法》,见习近平:《论坚持全面依法治国》,中央文献出版社2020年版,第259页。

[3] 习近平:《在中央全面依法治国委员会第一次会议上的讲话》,见习近平:《论坚持全面依法治国》,中央文献出版社2020年版,第229页。

[4] 习近平:《促进社会公平正义,保障人民安居乐业》,见习近平:《习近平谈治国理政》第1卷,外文出版社2018年版,第148页。

立法公正是维护社会公平正义的前提。党的十八届四中全会决定提出，要把公正、公平、公开原则贯穿立法全过程，完善立法体制机制，坚持立改废释并举，增强法律法规的及时性、系统性、针对性、有效性。

执法公正是维护社会公平正义的重要环节。执法公正是习近平对公安机关和公安队伍提出的基本要求。"要抓住关键环节，完善执法权力运行机制和管理监督制约体系，努力让人民群众在每一起案件办理、每一件事情处理中都能感受到公平正义。"[①]

司法公正是维护社会公平正义的最后一道防线。习近平强调公平正义是司法的灵魂和生命：司法机关"要依法公正对待人民群众的诉求，努力让人民群众在每一个司法案件中都能感受到公平正义，决不能让不公正的审判伤害人民群众感情、损害人民群众权益。"[②] 在维护司法公正上，防范和纠正冤案错案是底线性要求。"要懂得'100－1＝0'的道理，一个错案的负面影响足以摧毁九十九个公正裁判积累起来的良好形象。"[③]

（二）保障和促进更高水平的公平正义

顺应新时代人民群众对社会公平正义的更高期待和要求，政法机关所要保障和促进的社会公平正义是一种更高水平的公平正义。这种更高水平的公平正义的特点可概括为以下五个方面。

一是够得着的公平正义。政法机关所守护的正义都是百姓身边的正

[①] 习近平：《关于严格规范公正文明执法》，见习近平：《论坚持全面依法治国》，中央文献出版社 2020 年版，第 259 页。

[②] 习近平：《在首都各界纪念现行宪法公布施行 30 周年大会上的讲话》，见习近平：《论坚持全面依法治国》，中央文献出版社 2020 年版，第 14 页。

[③] 习近平：《在中央政法工作会议上的讲话》，见中共中央文献研究室编：《习近平关于全面依法治国论述摘编》，中央文献出版社 2015 年版，第 96 页。

义。够得着的公平正义的基本标志是，百姓能求助于警察、请得起律师、打得起官司。习近平强调："决不允许对群众的报警求助置之不理，决不允许让普通群众打不起官司"[1]。党的十八大以来，政法机关通过完善受案立案制度、实行立案登记制、完善法律援助制度、健全诉讼服务体系等改革，破解报警不接、打官司难、请律师难等痛点问题，让法律正义之门向每一个人敞开。

二是看得见的公平正义。让公平正义看得见是法治的核心要义之一。在大数据时代，政法机关加快推进执法司法数字化智能化建设，将执法司法过程全程视频化，让公平正义现场和事后都看得见，当事人和公众都看得见。

三是听得懂的公平正义。更高水平的公平正义，要求向当事人讲理说理，让当事人心服口服。政法机关在执法司法过程中，既要解开案件的法结，又要解开群众的心结，让公平正义直抵当事人内心。这就要求，执法司法人员把握人民群众最朴素的正义感，善于讲清法理、讲明事理、讲透情理。

四是来得快的公平正义。诉讼久拖不决，是现代司法的通病，也是百姓的心病。更高水平的公平正义，应当是在保证公正的前提下更快速、更及时的公平正义。中国司法机关通过深化诉讼制度改革，创新完善速裁程序、简易程序等诉讼程序，推动简易案、轻刑案快办，让司法公平正义不断提速。

五是能兑现的公平正义。公平正义不仅要抵达当事人，而且要得到不折不扣地兑现。这体现为生效的执法司法文书得到严格执行，胜诉当

---

[1] 习近平：《促进社会公平正义，保障人民安居乐业》，见习近平：《习近平谈治国理政》第1卷，外文出版社2018年版，第148页。

事人合法权益得到应有保护，违法犯罪人员受到应有惩罚。① 政法机关通过深化执行制度改革、严格规范"减假暂"，破解"司法白条""纸面服刑""提钱出狱"等社会反映强烈的问题，确保司法公平正义得到有效实现。

（三）以健全制度保障执法司法公平正义

在当代中国，来自政法机关内外的各种非法干扰，是影响执法司法公正的重要因素。习近平深刻分析了干扰执法司法的各种因素，既强调政法干警要敢于排除各种非法干扰，又强调要以健全制度来防范各种非法干扰。关于前者，"任何国家任何制度都不可能把执法司法人员与社会完全隔离开来，对执法司法的干扰在一定程度上讲是客观存在的，关键是遇到这种情况时要坚守法治不动摇，要能排除各种干扰"②。关于后者，"司法不能受权力干扰，不能受金钱、人情、关系干扰，防范这些干扰要有制度保障"③。习近平法治思想在防范非法干扰上提出三条有针对性的对策。

一是切实解决领导机关和领导干部违规违法干预问题。习近平明确指出："一些党政领导干部出于个人利益，打招呼、批条子、递材料，或者以其他明示、暗示方式插手干预个案，甚至让执法司法机关做违反法定职责的事。在中国共产党领导的社会主义国家里，这是绝对不允许的！"④因此，他强调，要建立健全违反法定程序干预司法的登记、通报和追责制度。对违反法定程序干预执法司法活动的，一律给予党纪政纪处分；造成

---

① 参见黄文艺：《政法范畴的本体论诠释》，载《中国社会科学》2022年第2期，第76页。
② 习近平：《严格执法，公正司法》，见习近平：《论坚持全面依法治国》，中央文献出版社2020年版，第47页。
③ 习近平：《全面推进科学立法、严格执法、公正司法、全民守法》，见习近平：《论坚持全面依法治国》，中央文献出版社2020年版，第23页。
④ 习近平：《严格执法，公正司法》，见习近平：《论坚持全面依法治国》，中央文献出版社2020年版，第49-50页。

冤假错案或者其他严重后果的，一律依法追究刑事责任。

二是切实解决政法机关内部人员过问案件的问题。对执法司法公正的非法干扰，不仅来自政法机关外部，也来自政法机关内部。党的十八届四中全会提出，司法机关内部人员不得违反规定干预其他人员正在办理的案件，建立司法机关内部人员过问案件的记录制度和责任追究制度。

三是解决执法司法人员不正当社会交往的问题。各国法治实践都表明，执法司法人员的不正当社会交往容易影响到执法司法公正。"世界上许多国家都对律师同法官、检察官接触交往作出严格规定，严禁律师和法官私下会见，不能共同出入酒店、娱乐场所甚至同乘一部电梯。但是，我们的一些律师和法官、检察官相互勾结，充当'司法掮客'，老百姓说是'大盖帽，两头翘，吃了被告吃原告'，造成了十分恶劣的影响。"[①] 因此，他强调，要严格执行已有制度，抓紧完善有关制度，筑起最严密的制度篱笆墙。

根据上述重要思想，党的十八大以来，我国颁布实施了《领导干部干预司法活动、插手具体案件处理的记录、通报和责任追究规定》《司法机关内部人员过问案件的记录和责任追究规定》《关于进一步规范司法人员与当事人、律师特殊关系人、中介组织接触交往行为的若干规定》等"三个规定"。"三个规定"立起了警示违法干预的"高压线"，也设置了抵御违法干扰的"防火墙"。

七、服务经济社会发展论

服务党和国家工作大局，保障和促进经济社会发展，是政法工作的优

---

① 习近平：《严格执法，公正司法》，见习近平：《论坚持全面依法治国》，中央文献出版社2020年版，第48-49页。

良传统和鲜明特征。早在 1959 年，董必武就把"为党和国家的中心工作服务"概括为政法工作的重要传统之一。[①] 习近平充分肯定政法机关在服务经济社会发展中的重要作用，并将这种作用概括为"努力创造安全的政治环境、稳定的社会环境、公正的法治环境、优质的服务环境"[②]。

（一）创造法治化的营商环境

习近平反复强调："法治是最好的营商环境"[③]，加快"打造市场化、法治化、国际化营商环境"[④]。政法机关在保护市场主体合法权益、构建法治化营商环境上发挥重要作用。一是加强对市场主体的平等法律保护。"依法平等保护国有、民营、外资等各种所有制企业产权和自主经营权，完善各类市场主体公平竞争的法治环境。"[⑤] 二是加强对企业家人身和财产安全的保护。"要依法保护企业家合法权益，加强产权和知识产权保护，形成长期稳定发展预期，鼓励创新、宽容失败，营造激励企业家干事创业的浓厚氛围。"[⑥]"对一些民营企业历史上曾经有过的一些不规范行为，要以发展的眼光看问题，按照罪刑法定、疑罪从无的原则处理，让企业家卸下思想包袱，轻装前进。"[⑦] 三是加强对企业产权的法律保护。"要甄别纠

---

① 参见董必武：《实事求是地总结经验，把政法工作做得更好》，见《董必武法学文集》，法律出版社 2001 年版，第 423 页。
② 习近平：《做好新时代政法工作》，见习近平：《论坚持全面依法治国》，中央文献出版社 2020 年版，第 193 页。
③ 习近平：《为做好党和国家各项工作营造良好法治环境》，见习近平：《论坚持全面依法治国》，中央文献出版社 2020 年版，第 254 页。
④ 习近平：《在企业家座谈会上的讲话》，载《人民日报》2020 年 7 月 22 日。
⑤ 习近平：《在企业家座谈会上的讲话》，载《人民日报》2020 年 7 月 22 日。
⑥ 习近平：《在企业家座谈会上的讲话》，载《人民日报》2020 年 7 月 22 日。
⑦ 习近平：《大力支持民营企业发展壮大》，见习近平：《习近平谈治国理政》第 3 卷，外文出版社 2020 年版，第 267 页。

正一批侵害企业产权的错案冤案"①，"对滥用查封、扣押、冻结财产等强制措施，把民事纠纷刑事化，搞选择性执法、偏向性司法的，要严肃追责问责。"②

（二）创造和谐稳定的社会环境

当前，我国已进入各类风险高发期，各种可预知和难预知的风险因素明显增多。政法机关通过依法防范化解经济、科技、民生、社会、生态等领域重大风险，在创造和谐稳定的社会环境上扮演重要角色。面对P2P网络借贷风险、企业信用违约等金融风险，"要依法化解各类风险和矛盾，做到处置依据和程序合法合规、处置结果可预期。"③ 面对垃圾焚烧、对二甲苯（PX）等重点领域生态环境风险，"推进'邻避'问题防范化解，破解涉环保项目'邻避'问题，着力提升突发环境事件应急处置能力。"④ 面对利益关系的深刻调整，"要把工作重心放在完善制度环境上，健全法规制度、标准体系，加强社会信用体系建设，努力缓解结构调整造成的阵痛，减少利益调整带来的震荡，防止应该由市场主体承担的责任不合理地转嫁给政府或其他相关主体。"⑤

---

① 习近平：《大力支持民营企业发展壮大》，见习近平：《习近平谈治国理政》第3卷，外文出版社2020年版，第267页。
② 习近平：《为做好党和国家各项工作营造良好法治环境》，见习近平：《论坚持全面依法治国》，中央文献出版社2020年版，第254-255页。
③ 习近平：《为做好党和国家各项工作营造良好法治环境》，见习近平：《论坚持全面依法治国》，中央文献出版社2020年版，第255页。
④ 习近平：《坚决打好污染防治攻坚战》，见中共中央党史和文献研究院编：《习近平关于防范风险挑战、应对突发事件论述摘编》，中央文献出版社2020年版，第105页。
⑤ 习近平：《为做好党和国家各项工作营造良好法治环境》，见习近平：《论坚持全面依法治国》，中央文献出版社2020年版，第255页。

（三）创造高质量的公共服务环境

政法机关承担着广泛的公共服务职能，要向社会成员提供政务服务、诉讼服务、公共法律服务、安全保护服务。"政法机关承担着大量公共服务职能，要努力提供普惠均等、便捷高效、智能精准的公共服务。"[1] 关于政务服务，"要推出更多更高质量的服务举措，着力解决好群众办事难、办事慢、来回跑、不方便等突出问题，让人民群众有更多更直接更实在的获得感"[2]。关于诉讼服务，"加快推进跨域立案诉讼服务改革，推动诉讼事项跨区域远程办理、跨层级联动办理，解决好异地诉讼难等问题"[3]。关于公共法律服务，"要深化公共法律服务体系建设，加快整合律师、公证、司法鉴定、仲裁、司法所、人民调解等法律服务资源，尽快建成覆盖全业务、全时空的法律服务网络"[4]。关于安全保护，"要加快构建海外安全保护体系，保障我国在海外的机构、人员合法权益"[5]。

八、全面深化政法改革论

从司法改革到政法改革，是法治领域改革的历史性飞跃，标志着法治

---

[1] 习近平：《维护政治安全、社会安定、人民安宁》，见习近平：《论坚持全面依法治国》，中央文献出版社 2020 年版，第 248 页。
[2] 《习近平在全国公安工作会议上强调 坚持政治建警改革强警科技兴警从严治警 履行好党和人民赋予的新时代职责使命》，载《人民日报》2019 年 5 月 9 日。
[3] 习近平：《维护政治安全、社会安定、人民安宁》，见习近平：《论坚持全面依法治国》，中央文献出版社 2020 年版，第 248—249 页。
[4] 习近平：《维护政治安全、社会安定、人民安宁》，见习近平：《论坚持全面依法治国》，中央文献出版社 2020 年版，第 249 页。
[5] 习近平：《维护政治安全、社会安定、人民安宁》，见习近平：《论坚持全面依法治国》，中央文献出版社 2020 年版，第 249 页。

领域改革迈入新阶段。习近平在 2019 年中央政法工作会议上明确提出，加快推进政法领域全面深化改革。[①] 2019 年中央全面深化改革委员会第六次全体会议审议通过的《关于政法领域全面深化改革的实施意见》，对新时代政法改革作出了全面部署。政法领域改革是法治领域改革的重点难点，牵涉面广、关注度高，更需要自我革新的胸襟。

（一）深化政法机构改革

作为党和国家机构改革的重要组成部分，政法机构改革是一场系统性、整体性、重构性的变革，确立起了更为优化协同高效的政法机构职能体系。如前所述，政法机构改革大体包括宏观、中观和微观三个层面。[②] 在宏观层面，优化政法机关职权配置，理顺政法机关内外关系，构建起党领导下政法机关各司其职、配合有力、制约有效的工作体系。在中观层面，健全各政法机关组织体系，处理好统与分、全与专、上与下的关系，构建起统分结合、全专协调、上下一体的政法组织机构体系。在微观层面，深入推进政法机关内设机构改革，创新内部管理结构体系，让政务、业务运行更加优质高效。

（二）深化行政执法体制改革

党中央对包括政法机关在内的行政执法体制改革作出了一系列顶层设计。(1) 完善权责清单制度，加快推进机构、职能、权限、程序、责任法

---

① 参见习近平：《全面深入做好新时代政法各项工作 促进社会公平正义保障人民安居乐业》，载《人民日报》2019 年 1 月 17 日。
② 参见黄文艺：《新时代政法改革论纲》，载《中国法学》2019 年第 4 期，第 17—18 页。

定化。"要加强对行政处罚、行政强制事项的源头治理,最大限度减少不必要的执法事项。"[1] (2) 完善行政执法制度和程序,提高严格规范公正文明执法水平。"建立执法全过程记录制度,严格执行重大执法决定法制审核制度,全面落实行政执法责任制。"[2] (3) 全面推进政务公开,推进决策公开、执行公开、管理公开、服务公开、结果公开。

(三) 深化司法体制综合配套改革

司法体制改革一直是政法改革的重中之重。"司法体制综合配套改革"是习近平法治思想提出的原创性概念,引领中国司法体制改革由浅向深、由分向合、由内向外深化拓展,迈进到跨界性、整体性、攻坚性阶段。新时代司法体制改革的主要内容包括:(1) 司法管理体制改革。这包括,推动省以下地方法院、检察院人财物统一管理,设立最高人民法院巡回法庭,设立跨行政区划的法院、检察院,建立知识产权法院、互联网法院、金融法院等专门法院等。习近平对这些重要改革背后的法理依据都作了详细的阐释论证。例如,省以下地方法院、检察院人财物统一管理背后的法理根据是,"我国是单一制国家,司法权从根本上说是中央事权。各地法院不是地方的法院,而是国家设在地方代表国家行使审判权的法院"[3]。(2) 司法权运行机制改革。这一改革的核心是全面落实司法责任制度,实现谁办案谁负责。"要抓住司法责任制这个'牛鼻子',深入研究司法责任

---

[1] 习近平:《加快建立权责统一、权威高效的依法行政体制》,见习近平:《论坚持全面依法治国》,中央文献出版社 2020 年版,第 221 页。
[2] 习近平:《关于〈中共中央关于全面推进依法治国若干重大问题的决定〉的说明》,见习近平:《论坚持全面依法治国》,中央文献出版社 2020 年版,第 97 页。
[3] 习近平:《加快建设公正高效权威的社会主义司法制度》,见习近平:《论坚持全面依法治国》,中央文献出版社 2020 年版,第 62 页。

制综合配套改革方案,加快构建权责一致的司法权运行新机制。"[1] (3) 加强人权司法保障。习近平高度重视司法的"权利救济"功能,将"完善人权司法保障制度"确立为司法改革的重要任务[2],推动防范和纠正冤案错案,加强对当事人实体权利和诉讼权利保障。(4) 深化诉讼制度改革。习近平对立案登记制、检察机关提起公益诉讼制度、以审判为中心的刑事诉讼制度改革进行了深入论述。"要深化诉讼制度改革,推进案件繁简分流、轻重分离、快慢分道,推动大数据、人工智能等科技创新成果同司法工作深度融合。"[3]

(四) 完善权力运行监督和制约机制

政法机关是手握生杀大权的国家强力部门,更需要加强权力制约和监督。习近平反复强调,"要聚焦人民群众反映强烈的突出问题,抓紧完善权力运行监督和制约机制,坚决防止执法不严、司法不公甚至执法犯法、司法腐败"[4]。(1) 完善党对政法机关的监督机制。例如,健全党委政法委的政治督察、综治督导、执法监督、纪律作风督查巡查等制度机制。(2) 完善政法系统的内部制约监督机制。这就是,健全政法机关之间互相制约监督机制,加快建设政法机关大数据办案系统,最大限度减少权力出轨、个人寻租的机会。(3) 完善政法机关的外部监督机制。健全对政法工

---

[1] 习近平:《在中央全面依法治国委员会第一次会议上的讲话》,见习近平:《论坚持全面依法治国》,中央文献出版社 2020 年版,第 234 页。
[2] 参见习近平:《加快建设公正高效权威的社会主义司法制度》,见习近平:《论坚持全面依法治国》,中央文献出版社 2020 年版,第 60 页。
[3] 习近平:《维护政治安全、社会安定、人民安宁》,见习近平:《论坚持全面依法治国》,中央文献出版社 2020 年版,第 248 页。
[4] 习近平:《维护政治安全、社会安定、人民安宁》,见习近平:《论坚持全面依法治国》,中央文献出版社 2020 年版,第 248 页。

作的人大监督、民主监督、社会监督、舆论监督等监督机制，保证政法机关在强有力的外部监督下行使权力。

九、政法队伍建设论

政法队伍是一支有着三百多万人、手中掌握着很大权力、面临的考验诱惑多的大队伍。如何建设好、管理好这支大队伍，一直是中国政法工作的重点难点问题。习近平在深刻分析政法队伍的性质、特点和现状的基础上，明确提出了政法队伍建设的理念思路、目标任务、政策举措，形成了系统化的政法队伍建设思想。他在 2014 年中央政法工作会议上提出："要按照政治过硬、业务过硬、责任过硬、纪律过硬、作风过硬的要求，努力建设一支信念坚定、执法为民、敢于担当、清正廉洁的政法队伍。"[1] 在 2019 年中央政法工作会议上又提出："加快推进政法队伍革命化、正规化、专业化、职业化建设"，"努力打造一支党中央放心、人民群众满意的高素质政法队伍"[2]。

（一）加快推进革命化建设

这就是加强政法队伍政治建设。由于政法工作具有鲜明的政治属性和意识形态属性，政法队伍应把政治建设放在首位。（1）加强科学理论武装。这就是，深入学习贯彻习近平新时代中国特色社会主义思想特别是

---

[1] 习近平：《努力建设一支信念坚定、执法为民、敢于担当、清正廉洁的政法队伍》，见习近平：《论坚持全面依法治国》，中央文献出版社 2020 年版，第 55 页。

[2] 习近平：《维护政治安全、社会安定、人民安宁》，见习近平：《论坚持全面依法治国》，中央文献出版社 2020 年版，第 246、249 页。

习近平法治思想，深刻领悟"两个确立"的决定性意义，增强"四个意识"、坚定"四个自信"、做到"两个维护"，矢志不渝做中国特色社会主义事业的建设者、捍卫者。（2）加强理想信念教育。坚定的理想信念是政法队伍的政治灵魂。"必须把理想信念教育摆在政法队伍建设第一位，不断打牢高举旗帜、听党指挥、忠诚使命的思想基础，坚持党的事业至上、人民利益至上、宪法法律至上，铸就'金刚不坏之身'，永葆忠于党、忠于国家、忠于人民、忠于法律的政治本色。"①

（二）加快推进正规化建设

这就是加强政法队伍纪律作风建设。政法队伍手握重权，必须从严管理。"要制定完善铁规禁令、纪律规定，用制度管好关键人、管到关键处、管住关键事。"②（1）加强职业道德建设。"要把强化公正廉洁的职业道德作为必修课，教育引导广大干警自觉用职业道德约束自己，认识到不公不廉是最大耻辱，做到对群众深恶痛绝的事零容忍、对群众急需急盼的事零懈怠，树立惩恶扬善、执法如山的浩然正气。"③（2）健全职业管理制度。"在执法办案各个环节都要设置隔离墙、通上高压线，谁违反制度就要给谁最严厉的处罚，终身禁止从事法律职业，构成犯罪的要依法追究刑事责任。"④（3）加强反腐败工作。政法队伍的腐败行为，严重损害政府形象

---

① 习近平：《努力建设一支信念坚定、执法为民、敢于担当、清正廉洁的政法队伍》，见习近平：《论坚持全面依法治国》，中央文献出版社2020年版，第55页。
② 习近平：《以科学理论为指导，为全面建设社会主义现代化国家提供有力法治保障》，见习近平：《习近平谈治国理政》第4卷，外文出版社2022年版，第297页。
③ 习近平：《严格执法，公正司法》，见习近平：《论坚持全面依法治国》，中央文献出版社2020年版，第47页。
④ 习近平：《严格执法，公正司法》，见习近平：《论坚持全面依法治国》，中央文献出版社2020年版，第49页。

和法治权威。"以最坚决的意志、最坚决的行动扫除政法领域的腐败现象。"①

(三) 加快推进专业化建设

这就是加强政法队伍素质能力建设。习近平强调政法系统要把专业化建设摆到更加重要的位置来抓,深刻指出了专业化建设的必要性、主要任务和基本路径。专业化建设的必要性是:"同面临的形势和任务相比,政法队伍能力水平还很不适应,'追不上、打不赢、说不过、判不明'等问题还没有完全解决,面临着'本领恐慌'问题,必须大力提高业务能力。"② 专业化建设的主要任务是:"要突出实战、实用、实效导向,全面提升政法干警的法律政策运用能力、防控风险能力、群众工作能力、科技应用能力、舆论引导能力。"③ 专业化建设的基本路径是:"坚持从源头抓起,加强和改进法学教育,改革和完善司法考试制度,建立健全在职干警教育培训体系,提高干警本领,确保更好履行政法工作各项任务。"④ 这一重要论述实际上提出了加强专业化建设的三大路径:(1)加强和改进法学教育。高校是政法人才培养的第一阵地,应发挥法学教育的基础性、先导性作用,提高政法人才培养质量。(2)完善法律职业资格考试制度。国家统一法律职业资格考试是法官、检察官、公证员等职业的准入关,应进

---

① 习近平:《努力建设一支信念坚定、执法为民、敢于担当、清正廉洁的政法队伍》,见习近平:《论坚持全面依法治国》,中央文献出版社 2020 年版,第 58 页。
② 习近平:《努力建设一支信念坚定、执法为民、敢于担当、清正廉洁的政法队伍》,见习近平:《论坚持全面依法治国》,中央文献出版社 2020 年版,第 56 页。
③ 习近平:《维护政治安全、社会安定、人民安宁》,见习近平:《论坚持全面依法治国》,中央文献出版社 2020 年版,第 249 页。
④ 习近平:《努力建设一支信念坚定、执法为民、敢于担当、清正廉洁的政法队伍》,见习近平:《论坚持全面依法治国》,中央文献出版社 2020 年版,第 56 页。

一步创新完善考试制度,把好政法职业入口关。(3)健全在职干警教育培训体系。完善政法机关各种形式的继续教育机制,特别是政法工作者身边的业务提升、道德教育、文化涵养机制,打造无处不在的在职教育培训体系。

(四)加快推进职业化建设

这就是健全政法队伍激励保障体系。(1)完善职务序列及工资制度。专业职务序列及工资制度是政法职业保障的基础性制度。"要通过改革建立符合职业特点的司法人员管理制度,完善司法人员分类管理制度,建立法官、检察官、人民警察专业职务序列及工资制度,增强司法人员的职业荣誉感和使命感。"[1] (2)健全依法履职保护制度。政法干警被围猎、被报复、被伤害等职业风险高,需要加强对依法履职的有效保护。"要旗帜鲜明支持公安民警依法行使职权,建立健全民警执法权益保护机制和依法履职免责制度。"[2] (3)完善政法职业荣誉制度。政法职业荣誉制度是政法职业保障体系的重要内容。"要完善人民警察荣誉制度,加大先进典型培育和宣传力度,增强公安民警的职业荣誉感、自豪感、归属感。"[3]

---

[1] 习近平:《加快建设公正高效权威的社会主义司法制度》,见习近平:《论坚持全面依法治国》,中央文献出版社 2020 年版,第 61—62 页。
[2] 习近平:《关于严格规范公正文明执法》,见习近平:《论坚持全面依法治国》,中央文献出版社 2020 年版,第 260 页。
[3] 《习近平在全国公安工作会议上强调 坚持政治建警改革强警科技兴警从严治警 履行好党和人民赋予的新时代职责使命》,载《人民日报》2019 年 5 月 9 日。

第九章　政法视野下民法典与社会治理现代化

法典是人类制度文明的集大成者，是人类治理智慧的华彩篇章。从世界法律文明史来看，那些彪炳史册的伟大法典，如《汉穆拉比法典》《摩奴法典》《德拉古法典》《查士丁尼法典》《永徽律疏》等，往往是各个时代制度文明皇冠上璀璨耀眼的明珠，构成了各个民族政治家治国安邦的重器。[①] 民法典作为近代以来部门法法典化的典范，历来就不只是一个提供民事关系规制技术的法律文本，也是一个承载政治和社会改造使命的法律文本。法国学者卡尔波尼埃在评价《法国民法典》的功能时认为，自两个多世纪以来，法国宪法和政体更替多达十余次，但《法国民法典》始终在发挥效用，是法国社会真正的宪法。[②] 从这种意义上说，民法典是社会生活的百科全书，也是社会治理的大宪章。

《中华人民共和国民法典》（以下简称《民法典》）诞生于中华民族推进国家制度建设和国家治理现代化的伟大实践，坚持和完善了国家基本制

[①] 参见黄文艺：《民法典是经世济民、治国安邦之重器》，载《光明日报》2020年6月3日。
[②] 转引自石佳友：《民法典与社会转型》，中国人民大学出版社2018年版，第5页。

度、重要制度、具体制度，蕴含了国家治理的中国理念、中国精神、中国价值，提供了国家治理的新思路、新规则、新技术，是一部固根本、稳预期、利长远的基础性法律。对于社会治理而言，《民法典》坚持以人民为中心的根本立场，不仅提供了一个可预期、可信赖、可执行的超大规模规则体系，更重要的是奉献了私法自治、生命至上、人身自由、人格尊严、性别和谐、家庭文明、环境正义、数字法治等治理理念，供给了界分利益关系、厘定公平正义、配置权利义务、防范道德风险等治理技术。可以说，《民法典》为社会治理现代化提供了规则书、路线图、工具箱，是民权保障、民生改善、民业兴旺、民心和顺、民风文明的压舱石。

一、《民法典》是推进社会治理权利化的大法

如果说社会管制主要是运用义务性规则去束缚人、限制人、压制人，以维持一种僵化呆板、死气沉沉的社会秩序，那么社会治理则主要是运用权利性规则去保护人、发展人、解放人，充分释放人的积极性、能动性、创造性，以构建一种生机盎然、活力洋溢的社会秩序。《民法典》坚持以人为上、权利为本的基本立场，主动适应人民群众日益增长的美好生活需要，全面构建了一个从财产到人身、从物质到精神、从生前到身后全方位保护的新型民事权利体系，充分展示了民法作为权利法的根本品格，不愧为新时代中国版"权利革命"的开路先锋。《民法典》所确立的新型民事权利体系，不仅为社会治理提供了定分止争的权威标准，也将开创一种权利本位型的社会治理模式。

（一）以权利维护人的尊严

社会治理的终极目标，不只是让人成为人，而是让人成为有尊严感、高贵感、幸福感的人。《民法典》最卓越的贡献和最耀眼的成就，就在于将人格权制度独立成编，确立了人格权法体系，强有力地保障和维护了人的尊严。传统民法典通常以财产权保护为主体，具有强烈的物本主义倾向。中国《民法典》独立设置人格权编，实现了从物本主义到人本主义的历史性变革。

从权利范围上看，《民法典》创设了一种立体式、开放式的人格权体系。人格权编以相当严密、周延的方式列明了人格权范围，展现出了高超的立法智慧和技术。一是以"××权"方式命名的典型人格权，如生命权、身体权、健康权、姓名权、名称权、肖像权、名誉权、隐私权。二是未以"××权"方式命名的非典型人格权，如《民法典》第1010条关于性骚扰法律责任的规定、第1034条关于个人信息受法律保护的规定。这2个法条实际上承认了学理上所说的性自主权、个人信息权。三是法律尚未明确规定的剩余人格权。《民法典》第990条第2款规定："除前款规定的人格权外，自然人享有基于人身自由、人格尊严产生的其他人格权益。"这一规定体现了人格权的开放性、兼容性。[1]

从保护时间上看，《民法典》提供了从生者人格权到逝者人格权的超生命周期的保护。《民法典》第994条规定，死者的姓名、肖像、名誉、荣誉、隐私、遗体等受到侵害的，其配偶、子女、父母有权依法请求行为人承担民事责任；死者没有配偶、子女且父母已经死亡的，其他近亲属有

---

[1] 参见刘凯湘：《民法典人格权编几个重要理论问题评析》，载《中外法学》2020年第4期，第10页。

权依法请求行为人承担民事责任。

从适用范围看,《民法典》所创设的人格权具有普遍适用于从私法主体到公法主体的法律效力。例如,《民法典》第1039条明确规定了国家机关、承担行政职能的法定机构及其工作人员对自然人隐私和个人信息的保密义务。

(二)以权利促进财富增长

经济富足、生活富裕是社会文明和谐、繁荣兴盛的前提条件。中国的先贤们早就认识到,"仓廪实则知礼节,衣食足则知荣辱"[①],"有恒产者有恒心,无恒产者无恒心"[②]。《民法典》作为财产治理基本法,在扩大财产范围、推动财产增值、加强财产保护等方面发力用劲,构建起了中国特色财产法体系,推动还权于民、藏富于民,是一部名副其实的惠民利民富民之法。

在扩大财产范围上,《民法典》确立起了从有体财产到无体财产、从实在财产到虚拟财产的多元化财产形态,对财产权保护更为全面、系统、周密。总则编第五章规定了财产权平等保护的原则(第113条),并对财产权体系作了清单式规定。该章所列举的财产权包括物权、债权、知识产权、股权和其他投资性权利、网络虚拟财产等多元形态。其中,第127条对网络虚拟财产作出了开放式规定,为网络虚拟财产的立法保护预留了法律空间。物权编创新完善了物权的类型和内容,拓展了个人财产利益的范围。相对于物权法,物权编最令人瞩目的变化,是增设了用益物权新类型,即居住权。居住权人可以对他人的住宅进行占有和使用(第366条),

---

① 《管子·牧民》。
② 《孟子·滕文公上》。

在特别约定的情况下还可以出租他人的住宅（第369条）。

在推动财产增值上，《民法典》更加注重调整财产利用关系，实现物尽其用。物权编关于中国用益物权体系的制度设计，充分体现了注重财产利用关系和效率价值取向的现代民法思维，具有鲜明的中国特色和中国气派。该编在总结农村土地制度改革成果的基础上，构建了所有权、承包权、经营权"三权分置"的农村土地产权结构，不仅能够更好地维护农民集体、承包农户、经营主体的权益，也有利于提高土地产出率、劳动生产率和资源利用率。值得指出的是，对财产性要素进行有效率利用的民法理念，不仅体现在财产权领域，也体现在人格权领域。正如王利明教授所指出的那样，现代人格权不只具有消极防御的属性，也具有积极利用的特征。[1] 现代市场经济中，随着姓名、肖像等人格要素呈现出商业化应用趋势，一些人格权已衍生出经济价值，能为权利人带来财产利益。[2] 人格权编第1021—1023条关于姓名、肖像等许可使用的规定，为这些人格要素的积极利用开辟了合法通道。

在加强财产保护上，《民法典》通过细化实化各类财产权内容，赋予财产权人更多财产收益。例如，针对物业公司侵吞小区电梯广告收益等侵害业主财产权利的问题，第282条明确了利用业主共有部分产生的收入由业主共有的原则。为加强土地承包经营权人权利的保护，第339条赋予其以出租、入股或者其他方式向他人流转土地经营权的权利。

（三）以权利实现定分止争

经济社会生活中很多纠纷的产生，往往与社会成员所追求和争夺的权

---

[1] 参见王利明：《人格权的属性：从消极防御到积极利用》，载《中外法学》2018年第5期，第845页。
[2] 参见孟勤国：《论中国民法典的现代化与中国化》，载《东方法学》2020年第3期，第166页。

第九章 政法视野下民法典与社会治理现代化

益归属不明、内容不清、边界不定有密切关系。荀子曰："人生而有欲，欲而不得，则不能无求，求而无度量分界，则不能不争。"① 法律权利体系的社会治理功能，就体现在通过公正配置权利、精确界定权利，对社会成员的利益诉求予以度量分界，从而有效防范和解决社会纠纷。《民法典》所创设的民事权利体系，对现代社会错综复杂的利益关系进行各种形式的度量分界，为社会治理提供了极为重要的法律工具箱。

度量分界方法之一是明确权利归属。《民法典》物权编从中国多种所有制形式出发，构建了国家所有权、集体所有权、私人所有权三元结构，明确了各种资源资产的权利归属。例如，第246—259条明确了自然资源、文物、国有资产、国家投资等资源的权利归属，建立了较为健全的国家所有权制度，有利于深化公共财产秩序治理，消解国有资产管理的灰黑空间。②

度量分界方法之二是厘清权利范围。《民法典》通过以正面（肯定）清单、负面（否定）清单的方式明确权利的权能、客体范围。例如，《民法典》第1033条以负面清单方式列举了6类侵害隐私权的行为，从而明确了隐私权权能的范围。第1034条第2款以正面清单方式列举了9类个人信息，从而明确了个人信息权客体的范围。

度量分界方法之三是划定权利边界。《民法典》通过规定权利人的必为性或禁为性义务、授权相对人合理使用权利、豁免相对人民事责任等方式，划定了权利人的权利边界。例如，《民法典》第290—293条规定了不动产权利人提供必要便利的义务，第294—295条明确了不动产权利人的禁止性义务，从而是划清了不动产权利行使的边界。第1020条列出了5

---

① 《荀子·礼论》。
② 参见《国务院新闻办就民法典及其实施有关情况举行吹风会》，载中国政府网2020年7月31日，http://www.gov.cn/xinwen/2020-07/31/content_5531620.htm。

种不经肖像权人同意而使用肖像的情形，第1025条第1款规定了影响他人名誉的免责情形，构成了肖像权、名誉权行使的边界。

（四）以权利保障安居乐业

现代社会是高风险社会，吃住行、教体娱、医卫环等日常生活领域潜藏大量安全风险隐患，滋生越来越多民事侵权纠纷。《民法典》通过科学配置民事权利和侵权责任，引导社会主体积极采取措施防控各种安全风险，推动建设吃住行舒心、教体娱安心、医卫环放心的平安社会。特别是以权利救济法为特征的侵权责任编，通过详细规定7大类侵权责任，守护百姓"舌尖上的安全""车轮上的安全""头顶上的安全""脚底下的安全"等身边安全，为人民安居乐业编织了立体化的安全保障网。

一是加强重点领域安全保障。针对产品消费、机动车交通、生态环境、饲养动物等安全问题易发频发的领域，侵权责任编通过采取过错推定或严格责任等方式，强化相关主体的侵权责任，督促其积极采取安全防范措施。例如，从社会治理的角度看，第九章关于饲养动物损害责任的规定，将倒逼动物饲养人或者管理人加强对饲养动物的安全管理，最大限度减少其攻击人类风险。

二是加强重点行业安全保障。针对医疗、高度危险作业、建筑施工等事故多发的高风险行业，侵权责任编通过采取过错推定或严格责任等方式，强化相关机构和人员的侵权责任，督促其积极采取安全防范措施。例如，从社会治理角度看，第十章关于高度危险责任的规定，将激励从事高度危险行业的单位建立健全各类安保安防措施，防范各类人身财产安全事故发生。

三是加强重点场所安全保障。针对学校、宾馆、商场、银行、车站、机场、体育场馆、娱乐场所等公共安全风险大的人员密集场所，侵权责任编明确规定了经营者、管理者的侵权责任（第1198—1201条），激励其在经营管理过程中加强安全防范措施。

二、《民法典》是推进社会治理社会化的大法

社会治理区别于社会管制的第二个方面在于，不再由政府包揽所有社会事务，而是充分发挥社会主体的治理作用，形成人人有责、人人尽责、人人享有的社会治理共同体。在法治时代，社会主体只有获得法律主体资格，享有法律权利能力，拥有法律行为能力，才能在社会治理中各司其职、各尽其能。《民法典》从中国国情和实际出发，突破以往民法典的民事主体设置模式，创设了多层次多类型的中国特色民事主体制度，充分保障民事主体依法从事经济社会活动的自由。因此，从制度供给上说，《民法典》所创设的民事主体制度，为社会治理提供了严谨严密的治理主体制度，有利于激活社会自治、自主、自律的能量，实现治理成本最小化、治理效果最大化。

（一）自然人

自然人是初始性质、本源意义上的民事主体，也是最广泛、最基础的社会治理主体。现代民法关于自然人的制度设计，在现代国家法律体系关于自然人（公民）的法律制度中居于统领性地位。《民法典》从多个维度对自然人的行为能力进行合理的区隔化处理，推动其从抽象人向具体人、从平均人向差异人转化，有利于精确判断自然人的政治和社会主体资格。

从时间维度来看，《民法典》明确了自然人从生到死重要节点的法律判断标准，确立了各个年龄阶段划分的法律意义，预设了不同年龄阶段的自然人从事社会活动的法律资格。第 15 条提出了自然人出生和死亡时间的认定标准，为法律处理生死问题提供了权威性准据。第 17—21 条以 18 周岁、8 周岁两个年龄节点为主要判断标准，区分成年人（完全民事行为能力人）与未成年人、限制民事行为能力人与无民事行为能力人，在公法、私法、社会法领域具有全局性意义。

从社会维度来看，民法典基于智愚、强弱等差异对自然人加以区别对待，提出保护愚者、弱者的制度设计，不仅体现了社会公平正义精神，也为创新社会治理提供了制度工具。例如，《民法典》所设计的监护制度为解决社会治理中的未成年人、精神病人保护两大难题提供了基本制度设计。近年来，政法机关会同有关部门为解决精神病人肇事肇祸问题而推出的监护人以奖代补和监护人责任险机制，都是建立在监护制度基础之上。其中，以奖代补是对监护得力而没有发生肇事肇祸行为的监护人进行奖励，监护人责任险则是为了解决严重精神障碍患者实施肇事肇祸行为后的损害赔偿问题。[①]

（二）家庭

家庭是自然人基于姻缘、血缘而结成的初级共同体。家庭是重要的民事主体，也是重要的社会治理主体。古代中外的政治家、思想家普遍认识到家庭在国家治理和社会治理的重要地位。《法国民法典》起草人波塔利斯认为，"家庭是国家的苗圃"，"社会的持久和良好秩序极大地取决于家庭

[①] 参见徐冉：《精神障碍患者监护人责任保险的功效及建议》，载《中国银行保险报》2019 年 12 月 26 日。

的稳定，它是一切社会的肇端、国家的胚胎和基础"[①]。中华民族历来重视家庭，从家政推出国政，从治家推出治国。习近平指出："家庭是社会的细胞"，"家庭和睦则社会安定，家庭幸福则社会祥和，家庭文明则社会文明"[②]。中国《民法典》高度重视家庭在民事关系中的支柱性地位，不仅单独设置处理家庭事务的婚姻家庭编和继承编，推动构建平等、和睦、文明的家庭关系，而且在其他各编中注重弘扬敬老爱幼、亲友互助、邻里守望等家庭美德，更好发挥家庭在维护社会祥和安宁上的重要作用。

第一，强化家庭的人伦情感纽带。第二次世界大战以来，在自由主义、女权主义等思潮的推波助澜下，世界范围内普遍兴起了"去家庭化"浪潮，传统意义上的家庭已成为脆弱不堪的共同体，单亲家庭、单身家庭、同居家庭日益增多。近年来，各国纷纷对家庭政策进行反思和纠偏，"再家庭化"成为新趋势。[③]《民法典》坚持中国传统和时代潮流相结合，密切亲属关系、护佑亲属权益、促进家庭团结，推动强化家庭的共同体地位。从名称上看，与原有的婚姻法相比，婚姻家庭编编名中增加"家庭"两字。这不只是名称的变化，更是法律重心的变化。从内容上看，婚姻家庭编增加了亲属、近亲属、家庭成员的规定（第1045条），弥补了婚姻法欠缺亲属制度的立法空白，为亲属关系的和谐、亲属伦理的传承奠定法制基础。[④] 从价值取向上看，婚姻家庭编和继承编均强化了近亲属成员之间的利益关系。例如，第1128条第2款赋予侄甥以代位继承权，密切了旁系血亲关系。

[①] 转引自石佳友：《民法典与社会转型》，中国人民大学出版社2018年版，第36页。
[②] 习近平：《动员社会各界广泛参与家庭文明建设 推动形成社会主义家庭文明新风尚》，载《人民日报》2016年12月13日。
[③] 参见韩央迪：《家庭主义、去家庭化和再家庭化：福利国家家庭政策的发展脉络与政策意涵》，载《南京师大学报（社会科学版）》2014年第6期，第21—22页。
[④] 参见王歌雅：《民法典婚姻家庭编的价值阐释与制度修为》，载《东方法学》2020年第4期，第171、174页。

第二，扩展家庭的经济社会功能。《民法典》注重发挥家庭的生产经营功能，将以家庭为基础的个体工商户、农村承包经营户确立为民事主体（第54—56条），让家庭的生产力充分释放。《民法典》注重发挥家庭的养老育幼扶弱功能，完善家庭内部保护妇女、儿童、老人、残障者权益的机制，让家庭成为人生最温暖的港湾。第1090条关于离婚时有负担能力的一方给予生活困难的一方适当帮助的规定，第1130条第2款关于对生活有特殊困难又缺乏劳动能力的继承人分配遗产时给予照顾的规定，第1141条关于遗嘱应为缺乏劳动能力并无生活来源的继承人保留必要遗产份额的规定等，都体现了家庭的社会保障功能。

第三，深化家庭内部关系治理。家庭是身份关系、人格关系、财产关系交错的结构体，是民事纠纷多发并有可能转化为刑事犯罪的场域，因而也是社会治理的重要对象。在价值取向上，《民法典》注重家庭、家教、家风建设，强调家庭应树立优良家风，弘扬家庭美德，重视家庭文明建设（第1043条）。在制度设计上，《民法典》通过精细化界定夫妻以及其他亲属之间的权利义务关系，为防范和解决家庭内部纠纷提供了清晰的法律指引。针对家事代理纠纷处理于法无据的问题，第1060条确立了夫妻家事代理制度，明确了家事代理行为的对内对外效力。针对夫妻债务认定混乱的问题，第1064条将夫妻债务分为夫妻共同债务与夫妻个人债务，并对两类债务的认定标准作出了明确界定。针对亲子关系立法空白，第1073条确立了亲子关系的确认与否认制度，明确了诉讼主体和诉讼事由。

（三）组织

组织是自然人基于经济、政治、社会等方面利益或需求而结成的次级共同体，是现代社会最重要、最强大的治理主体。中国《民法典》打破了既往民法典关于组织的分类法,创造性地提出了"营利法人—非营利法人—特别法人—非法人组织"的四分法,构建起了一种更具开放性、包容性、解释力的新型组织体系。这种多元化组织结构的创立,不仅满足了自然人基于不同目的或兴趣组建多种多样共同体的需求,也有利于释放出各类共同体所具有的丰富多彩的经济社会功能。从社会治理角度观之,《民法典》所创立的新型组织体系,是对作为社会治理主体的组织的最系统、最精准的分类,有利于激活这些组织的强大治理能量。

虽然营利法人的基本定位是以取得利润为目的(第76条第1款)的"经济人",但亦承担社会责任(第86条)。营利法人之社会责任的基本内涵,就在于参与社会治理。[①]其治理责任包括内部治理和外部治理两个方面。内部治理责任,是指通过健全职工代表大会、工会等民主管理机制,完善内部利益协调、诉求表达、权益保障机制,及时解决职工合理合法诉求,防止单位内部矛盾外溢为社会不稳定风险。外部治理,是指充分发挥资源、技术、人才等优势,积极参与社会治理,为维护公共安全、建设平安中国作出应有贡献。这两类治理责任已被公司法、劳动法、国家安全法等法律法规加以明确规定。

从《民法典》作出的法律定位来看,非营利法人是为公益目的或者其他非营利目的成立(第87条第1款)的"社会人"。非营利法人包括事业单位、社会团体、基金会、社会服务机构等(第87条第1款)。由其公益性质所决定,非营利法人在社会治理中扮演极为重要的角色,承担着提供公共服务、救助困难群体、化解矛盾纠纷、预防违法犯罪等社会职能。

《民法典》所规定的特别法人,包括机关法人、农村集体经济组织法人、城镇农村的合作经济组织法人、基层群众性自治组织法人(第96条),可以看作是一类承担多元角色的"混合人"。其中,赋予国家机关以

---

① 参见李文祥:《企业社会责任的社会治理功能研究》,载《社会科学战线》2015年第1期,第209页。

法人资格（第97条），可使国家机关以民事主体身份与其他民事主体进行平等的合作治理。与单向度的行政管理相比，这种平等合作模式，能够更好地尊重相对人的意愿，消解行政管理的压制感、严苛性，产生更好的治理效果。[①] 赋予农村集体经济组织、城镇农村的合作经济组织、基层群众性自治组织以法人资格（第99－101条），有利于更好发挥这些组织在基层社会治理中的功能。这些组织是基层社会治理的重要主体，在维护基层群众利益、化解基层矛盾纠纷上发挥着重要作用。

按照民法学界的通常观点，民法典所规定的非法人组织可以分为营利性和非营利性两类。[②] 其中，非营利性非法人组织在社会治理中具有特别重要的意义。随着移动互联网、自媒体技术的发展，当代社会已进入大规模自组织时代，大量自发性、民间性的兴趣类、文化类、联谊类、互助类等团体如雨后春笋般涌现。这些团体都属于非营利性非法人组织。这类组织遍布于社会空间各个角落，作用于社会生活各个领域，在情感沟通、文化熏陶、精神调适、自治自律、互帮互助等方面发挥着正式组织所无法替代的微治理功能。赋予其民事法律主体资格，允许其以自己的名义从事民事活动（第102条第1款），更有利于引导其以合法的方式开展活动，让千千万万非法人组织的微治理汇聚成推进社会文明进步的大能量。

三、《民法典》是推进社会治理契约化的大法

社会治理区别于社会管制的第三个方面，在于去中心化、去集权化、去

[①] 参见王利明：《民法典：国家治理体系现代化的保障》，载《中外法学》2020年第4期，第853页。

[②] 参见肖海军：《民法典编纂中非法人组织主体定位的技术进路》，载《法学》2016年第5期，第30页。

等级化的治理,在于分散化、平权化、合作化的治理。这种治理模式可称为契约型治理。现代契约型治理,是以各方意思自治为前提条件,以各方共商共治共赢为基本路径,以改善各方福利和公共利益为最终目标。以合同编为主体的《民法典》的社会治理功能,就是为契约型社会治理提供了一系列结构性、制度性资源,诸如意思自治、平等协商、信守契约、诚信无欺、公序良俗等治理理念,要约、立约、履约、更约、解约、违约等治理技术。

(一) 意思自治

从前提条件看,意思自治是契约型治理的基础元素。所谓意思自治,是指社会主体依据自己的理性判断自主决定、自主选择、自主行为、自主负责。[1] 只有当社会主体是独立的意思自治体时,才能以自主自愿的方式与其他主体订立契约,进行平等互利的合作治理。意思自治被公认为是民法的梁柱性原理。《民法典》虽然未明确使用"意思自治"的概念,但已将这一原理贯穿到法律条文之中,拓展了民事主体意思自治的空间和范围。第5条确立了自愿原则:民事主体从事民事活动,应当遵循自愿原则,按照自己的意思设立、变更、终止民事法律关系。总则编民事法律行为制度部分对意思表示的形式、含义、真伪、生效时间、效力等事项作出明确规定,以确保意思自治原则得以落实。《民法典》各编在物权、合同、人格权、婚姻家庭、继承、侵权责任等领域扩大了社会主体自我决定、自我选择、自我责任的范围。

(二) 共商

从启动环节来看,契约型治理源于共商,建立在各方合意、共识的基

---

[1] 参见江平、张礼洪:《市场经济和意思自治》,载《法学研究》1993年第6期,第20页。

础之上，而不是一方将其意志强加于他方。契约型治理的要义是众人之事众人商量着办，行动逻辑是商以求同、协以成事，要求各方进行广泛而充分的协商，订立体现各方共同意志的契约，指导和约束各方的合作治理活动。《民法典》充分贯彻了共商的治理理念和行动逻辑，为平等对话、谈判、协商提供了制度框架，对现实生活中严重违背合意原则的现象提供法律救济。例如，针对欺诈、胁迫、乘人之危等现象，第148—151条赋予受欺诈方、受胁迫方、受损害方以撤销权。针对格式条款的非合意性问题，第496条要求提供格式条款的一方应就免除或者减轻其责任等与对方有重大利害关系的条款，履行提示或者说明义务，否则对方可主张该条款不成为合同的内容。

(三) 共治

从实施环节看，契约型治理的关键在共治，即各方依据契约所确立的权利义务，对共同事务或公共事务进行合作治理。《民法典》物权编、合同编的大量条文，都聚焦合作共治的难点堵点痛点问题，通过细化实化各方的权利义务责任，激励各方为着共同利益相向而行。例如，物业管理是近年来合作共治的难点领域，业主大会成立难、运转难，小区业主和物业公司矛盾多、冲突多。对此，《民法典》关于业主建筑物区分所有权和物业服务合同的规定，提供了一系列破解难题的操作性方案。[①]针对业主大会成立难问题，第277条第2款规定，地方人民政府有关部门、居民委员会应当对设立业主大会和选举业主委员会给予指导和协助。针对公共维修资金使用难问题，第278、281条适当降低了业主作

---

① 参见王轶:《为民族复兴提供更加完备的民事法治保障》,载《人民日报》2020年6月19日。

出决议的门槛,增加了紧急情况下使用维修资金的特别程序,让资金不再沉睡。针对物业费收取难问题,第944条既明确业主不得以未接受或者无需接受相关物业服务为由拒付物业费,又规定物业服务人不得采取停止供电、供水、供热、供燃气等方式催交物业费,防止因物业费收取引发双方矛盾。

(四) 共赢

从结果环节看,契约型治理应最终产生各方共赢的社会效果。所谓共赢,就是在当事人福利改善的同时,没有任何人福利受损。从经济学角度来解释,共赢就是"帕累托改进",即没有任何一个人的处境变坏,但至少有一个人的处境变好。[①] 与注重形式正义的古典合同法不同,现代合同法越来越注重实质正义和结果正义,使合同当事人之间不再是你输我赢的零和博弈关系,而是互利共赢的正和博弈关系。忠诚、团结、友爱是合同法的新格言。[②] 合同编通过确立情势变更、不可抗力解除和免责、打破合同僵局以及违约金调整等规则,实现对合同当事人利益的平衡保护。合同编还注意防范合同自由的公共道德风险,有效保护第三人利益和社会公共利益,确保合同以外无法益受损。第509条第3款规定,当事人在履行合同过程中,应当避免浪费资源、污染环境和破坏生态。第534条规定,对当事人利用合同实施危害国家利益、社会公共利益行为的,市场监督管理和其他有关行政主管部门依照法律、行政法规的规定负责监督处理。

---

① 参见张维迎:《博弈与社会》,北京大学出版社2013年版,第24页。
② 参见石佳友:《民法典与社会转型》,中国人民大学出版社2018年版,第161页。

四、《民法典》是推进社会治理公正化的大法

公平正义是社会治理的最高价值，是定分止争的最强力量。社会治理的首要任务，就是通过创新法律设计、制度安排、政策举措，解决不公不平不正不义的社会问题，让公平正义的阳光洒向社会的每一个角落。民法作为正义观念的"公共储藏所"[1]，将法律的专业判断和民众的朴素认知融合起来，以严谨的法理彰显法律正义的理性，以练达的情理展示法律正义的良知，在理法两得、情法兼到中实现法律正义和社会正义相统一。民法所规制和处理的交换正义、分配正义、矫正正义等正义范畴，均是社会公平正义的核心元素。一些民法学者从这些正义范畴出发，阐释民法的哲学基础和内在逻辑，把握民法的政治立场和社会功能。例如，美国学者戈德雷将分配正义和交换正义视为私法的基础性原则，并以此为坐标审视和解释财产法、侵权法、合同法的内在原理。[2]《民法典》坚持以人民群众对社会公平正义的更高期待为参照系，将公平理念确立为民事活动的基本原则（第6条），将交换正义、分配正义、矫正正义等正义要求落实到法律条文之中，构建起了一个维护社会公平正义、保障社会公正治理的私法制度体系。

（一）维护交换正义

依照传统民法理论，民法的关注对象是私人交易中的交换正义问

---

[1] [美]欧内斯特·J.温里布：《私法的理念》，徐爱国译，北京大学出版社2007年版，第1页。

[2] 参见[美]詹姆斯·戈德雷：《私法的基础：财产、侵权、合同和不当得利》，张家勇译，法律出版社2007年版，第7-47页。

题[1]，主要功能是为私人交易活动确立交换正义规则。有学者认为，"交换正义是民法的生命而为民法所独具"[2]。不过，正如社会学交换理论所言，交换概念不仅存在于市场关系领域，也存在于友谊、爱情等亲密关系领域，构成了所有社会交往关系的重要原理。[3] 民法中的交换正义概念，也不只适用于市场交换领域，还适用于邻里关系、亲属关系等领域。民法的社会治理功能之一，就是确立民事主体之间的交换正义规则，公正度量界分利益关系，促进人际关系的和睦和谐。

从内涵上看，民法领域的交换正义概念，至少包括自愿、对等、互惠等原则。所谓自愿原则，是指民事主体按照自己的意愿自主选择与谁交换、交换什么、怎么交换，不受暴力胁迫、欺诈、危急状态、心智失常等因素的干扰。所谓对等原则，是指民事主体双方在权利享有和义务承担上对等，一方不得享有明显优于另一方的优势地位。所谓互利原则，是指民事主体双方都能从交换中获益，一方不得以损害另一方利益的方式获利。

《民法典》不仅将交换正义原理适用于物权关系、合同关系中，也有限度地适用于婚姻家庭继承关系中。例如，第1066条关于婚内分割夫妻共同财产的规定，第1074条关于祖父母、外祖父母与孙子女、外孙子女之间的抚养和赡养义务，第1075条关于兄、姐与弟、妹之间的互相扶养义务，都体现了交换正义的对等、互利原则。

（二）维护分配正义

按照传统法学理论，分配正义属于公法问题，而与私法问题无关。[4]

---

[1] 参见［美］詹姆斯·戈德雷：《私法的基础：财产、侵权、合同和不当得利》，张家勇译，法律出版社2007年版，第16页。

[2] 易军：《民法公平原则新诠》，载《法学家》2012年第4期，第73页。

[3] 参见［美］彼德·布劳：《社会生活中的交换与权力》，孙非、张黎勤译，华夏出版社1988年版，第1、104-105页。

[4] 参见易军：《民法公平原则新诠》，载《法学家》2012年第4期，第65页。

但是，随着现代私法的社会化趋势日益明显，分配正义问题亦成为民法的中心主题。"在社会层面，要尽可能确保每个人都得到公平的份额，而在个别交易中，要确保任何人不通过剥夺他人的资源的方式增加自己的份额。"① 民法的社会治理功能之一，就是确立民事权利和义务的分配正义规则，确保每个阶层、群体和个体在民事领域受到公平对待。《民法典》至少涉及和处理三个层面的分配正义问题。

一是社会基本结构层面的分配正义。这主要涉及民事基本权利的公平分配和不同所有制主体的公平对待问题。罗尔斯认为，"一个社会体系的正义，本质上依赖于如何分配基本权利和义务"②。人身权、人格权、财产权等民事权利属于宪法意义的基本权利。《民法典》在民事权利分配上全面贯彻了权利公平原则，即不论人们的性别、身份、出身、地位、职业、财产、民族等有何差异，民事权利的享有和保护在法律上一律平等，从而让每一个人都不输在起跑线上。所有制结构是社会基本结构的重要方面。物权编坚持和发展了宪法关于公有制和非公有制经济共同发展的理念，明确提出并全面贯彻了国家、集体、私人物权平等保护的原则，为加强对各种所有制经济产权的平等保护奠定了法律基础。

二是社会中观结构层面的分配正义。这主要涉及不同社会群体的公平对待问题。例如，《民法典》的诸多条款体现了保护社会弱势群体的分配正义原则。在一般规定上，第128条对未成年人、老年人、残疾人、妇女、消费者等群体的民事权利保护作出开放式规定，第1041条将保护妇女、未成年人、老年人、残疾人的合法权益确立为婚姻家庭编的基本原则。在具体规定上，第33条关于成年人意定监护制度的规定，第35条关

---

① ［美］詹姆斯·戈德雷：《私法的基础：财产、侵权、合同和不当得利》，张家勇译，法律出版社2007年版，第17页。

② ［美］约翰·罗尔斯：《正义论》，何怀宏译，中国社会科学出版社1988年版，第5页。

于按照最有利于被监护人的原则履行监护职责的规定,第1084条关于未成年子女抚养权的规定,第1087条关于诉讼离婚财产分配的规定,第1088条关于离婚时家务贡献补偿的规定等,都体现了对未成年人、妇女、老年人、残疾人的特殊保护原则。

三是社会微观结构层面的分配正义。这涉及各种具体民事关系中当事人的公平对待问题。例如,《民法典》的诸多条款都体现了风险合理分担的分配正义原则。在一般性规定上,第1186条明确,受害人和行为人对损害的发生都没有过错的,依照法律的规定由双方分担损失。在具体性规定上,第182条关于紧急避险的补偿责任规定,第183条关于见义勇为的补偿责任规定,第1190条关于完全民事行为能力人对自己的行为暂时没有意识或者失去控制造成他人损害且没有过错时的补偿责任的规定,第1254条关于高空抛物难以确定具体侵权人时的补偿责任的规定等,都体现了风险分担的原则。

(三) 维护矫正正义

所谓矫正正义,是当民事主体违反交换正义和分配正义规则而导致他人损失时如何补救的问题。从亚里士多德提出矫正正义概念时,矫正正义就被理解为一个典型的法律概念:"法官试图从加害人处剥夺其所得,恢复当事人之间的平等"[1]。在私法体系下,矫正正义问题已转化为如何公平地认定和追究违约和侵权行为的法律责任问题。民法所规定和处理的合同纠纷、侵权纠纷,构成了现代社会纠纷的主要类型。《民法典》的社会治理功能之一,就是按照矫正正义的原则和要求,公平设计和分配民事责任,让受损害的利益或关系得到补救或修复。

---

[1] [古希腊]亚里士多德:《尼各马可伦理学》,廖申白译,商务印书馆2003年版,第136页。

一是在什么情况下承担责任。矫正正义的一般原则是过错责任原则，即只有行为人对损害结果的发生存在明显过错时，才承担相应的责任。但是，为了加强对受害者利益的保护，免除受害者的举证负担，现代民法开始大规模实行过错推定责任、严格责任。侵权责任编的相当多条文就适用过错推定责任、严格责任的情形作出了明确规定。

二是由谁来承担责任。矫正正义的一般原则是责任自负原则，即谁实施违约或侵权行为，谁就应当承担责任。但是，为了向受害者提供充分的权利救济，或便于受害者行使损害赔偿请求权，现代民法大量使用连带责任、替代责任。《民法典》有二十多个法律条文规定了连带责任。

三是承担什么样的责任。矫正正义的一般原则是补偿责任原则，即将被侵害的权益恢复到侵害行为发生前的状态。《民法典》所规定的大部分民事责任，都属于恢复性、补偿性的责任。但是，为了起到保护受害人、威慑侵权人的作用，《民法典》确立了惩罚性赔偿责任，并严格限定了这一责任的适用范围。这主要包括，故意侵害他人知识产权（第1185条），明知产品存在缺陷仍然生产、销售或者没有采取有效补救措施（第1207条），故意污染环境、破坏生态（第1232条）。

五、《民法典》是推进政府治理良善化的大法

政府治理是社会治理体系的重要组成部分，政府良政善治是社会治理现代化的决定性方面。《民法典》作为私法领域的基本法，不仅仅规范私主体的民事行为，也是约束政府公权力行使的紧箍咒。习近平指出，"各级政府要以保证民法典有效实施为重要抓手推进法治政府建设，把民法典作为行政决策、行政管理、行政监督的重要标尺，不得违背法律法规随意

作出减损公民、法人和其他组织合法权益或增加其义务的决定。"①《民法典》为各级政府依法行使公权力引入了新理念，创设了新规则，厘定了新边界，必将推动政府治理迈向良政善治新境界。

（一）优先运用民法手段

相对于行政法、刑法等法律手段，民法是社会治理的基础性法律手段，具有自治性和协商性强、政府干预代价小、错误修复成本低等优势。政府应树立民法优位的施政理念，能以民事手段妥善处理的矛盾问题，就尽量不使用行政、刑事强制手段。近年来，从政界到学界，都普遍认识到社会治理中的"过度行政化"和"过度刑法化"②问题。政法系统提出，"要在严格依法办事前提下，树立谦抑理念，对通过民事、行政法律手段就能妥善处理的经济案件，不使用刑事强制手段，努力以较小成本取得较好效果。"③王利明教授提出，"民法要扩张，刑法要谦抑"④。

坚持民法优位理念，要求政府严格区分民事纠纷与行政违法、刑事犯罪，不得运用行政、刑事手段介入民事性质的经济纠纷。过去，一些涉企冤案错案的发生，就是政府公权力非法介入经济纠纷的结果。对此，《中共中央国务院关于完善产权保护制度依法保护产权的意见》明确提出，严格区分经济纠纷与经济犯罪的界限、企业正当融资与非法集资的界限、民营企业参与国有企业兼并重组中涉及的经济纠纷与恶意侵占国有资产的界

---

① 习近平：《充分认识颁布实施民法典重大意义 依法更好保障人民合法权益》，载《求是》2020年第12期，第7页。
② 何荣功：《社会治理"过度刑法化"的法哲学批判》，载《中外法学》2015年第2期，第523页。
③ 孟建柱：《提高工作预见性 营造安全稳定的社会环境——学习贯彻习近平总书记关于政法工作的重要指示》，载《社会治理》2017年第2期，第16页。
④ 王利明：《民法要扩张 刑法要谦抑》，载《中国大学教学》2019年第11期，第34页。

限，准确把握经济违法行为入刑标准，防范刑事执法介入经济纠纷；对于法律界限不明、罪与非罪不清的，司法机关应严格遵循罪刑法定、疑罪从无、严禁有罪推定的原则，防止把经济纠纷当作犯罪处理。[1]

(二) 平等对待民事主体

民事主体地位平等是现代民法的基本精神。《民法典》第2条将民法调整对象设定为平等主体，第4条将民事主体法律地位一律平等确立为基本原则，同时还对自然人平等、市场主体平等、性别平等等各领域平等作出明确规定（第14、206、207、1041条），贯彻了对民事主体平等对待和保护的精神。《民法典》的平等精神，不只具有私法意义，更具有公法意义。《民法典》的所有平等条款，其实是写给政府的，也最终靠政府落实。

政府对民事主体的平等保护，既体现在自然人上，也体现在企业上。其一，应坚持平等对待自然人，加强对自然人民事权利的平等保护，坚决防止恃强凌弱、以富欺贫等现象，为自然人生存和发展创造公平社会环境。其二，应坚持平等对待国企民企、内资外资、大中小微企业，依法平等保护各类企业的合法权益，营造市场主体依法平等使用资源要素、公开公平公正参与竞争、同等受到法律保护的市场环境。

(三) 善意保护民事权利

民事权利是宪法意义上的基本权利。政府应树立善意保护民事权利的施政理念，把最大限度保护社会主体的人身权、人格权、财产权贯穿于行

---

[1] 参见《中共中央国务院关于完善产权保护制度依法保护产权的意见》，载《人民日报》2016年11月28日。

政立法、行政执法和司法活动之中，确保民事权利不受非法克减或侵犯。

就行政立法而言，行政机关应坚持法律优位的原则，及时对标对表《民法典》，全面清理有违民事权利保护精神的行政法规、规章和其他规范性文件。同时，在制定新的行政法规、规章和其他规范性文件时，应切实保障《民法典》所确立的各项民事权利，不得通过附加条件、增设义务等方式减损权利内容、增加权利行使成本。

就行政执法而言，行政机关应把保护民事权利作为贯彻实施《民法典》的首要任务，自觉做尊重和保障人权的表率。行政机关不得通过行政许可、行政处罚、行政强制、行政征收、行政收费、行政检查、行政裁决等活动，非法侵犯或限制社会主体的民事权利。《民法典》对财产征收征用制度作了明确规定，要求给予公平合理的补偿。例如，第243条规定，征收集体所有的土地，应当依法及时足额支付土地补偿费、安置补助费以及农村村民住宅、其他地上附着物和青苗等的补偿费用，并安排被征地农民的社会保障费用，保障被征地农民的生活，维护被征地农民的合法权益。政府应严格执行《民法典》的规定，严格限定征收征用适用的公共利益范围，进一步完善补偿的标准、形式和程序，确保及时足额给予被征收征用者补偿。

长期的法治实践表明，刑事司法是最容易侵犯民事权利、出现难以修复的冤案错案的领域。因此，政法机关应把加强民事权利司法保障贯穿于刑事司法全过程，不能办理一个案件就拆散一个家庭、搞垮一个企业。对涉嫌刑事犯罪的企业和人员，依法慎重决定是否采取拘留、逮捕和查封、扣押、冻结等人身财产强制措施。对确实需要查封、扣押、冻结财产的，要严格依法进行，防止超标的、超范围，最大限度减少对企业正常生产经营的不利影响。对已经查封、扣押、冻结的涉案财产，应严格区分违法所得与合法财产，对合法财产依法尽快返还。对易损毁、易贬值、易变质等物品、有价证券，经权利人同意或申请，应依法出售、变现或者先行变卖、拍卖，最大限度减少权利人损失。

民事责任优先的原则是善意保护民事权利的应有之义。所谓民事责任优先，是指当同一行为导致多种法益受到损害时，民事权益优先于其他法益得到救济，民事责任优先于其他法律责任予以承担。《民法典》第187条确立了这一原则：民事主体因同一行为应当承担民事责任、行政责任和刑事责任的，承担行政责任或者刑事责任不影响承担民事责任；民事主体的财产不足以支付的，优先用于承担民事责任。刑法、公司法等其他法律也以不同形式确认了这一原则。例如，《中华人民共和国刑法》第36条规定，承担民事赔偿责任的犯罪分子，同时被判处罚金，其财产不足以全部支付的，或者被判处没收财产的，应当先承担对被害人的民事赔偿责任。

（四）诚信履行契约承诺

在现代信用社会，政府作为公权力主体，应树立诚信履约践诺的施政理念，切实履行与民事主体订立的合同，严格兑现向社会公众作出的政策承诺，为全社会树立诚信守约的榜样。政府的履约践诺责任至少可从狭义和广义两方面理解。

从狭义上说，政府应履行在招商引资、购买公共服务、与社会资本合作等活动中与社会主体订立的各种具有法律效力的合同。在此意义上，政府是合同的一方当事人，应依合同编规定履行合同义务。政府不得以"新官不理旧账"等方式违约毁约，因违约毁约侵犯合法权益的，应依法承担违约责任。因国家利益、公共利益或者其他法定事由需要改变合同约定的，要严格依照法定权限和程序进行，并对社会主体因此而遭受的财产损失依法予以补偿。对因政府违约等导致企业和公民财产权受到损害等情形，进一步完善赔偿、投诉和救济机制，畅通投诉和救济渠道。

从广义上说，政府应履行向社会公众作出的各种有约束意义的承诺。这里所说的承诺，包括以政府工作报告、规范性文件、发展规划、新闻发布会、记者招待会等形式，提出的关涉民众切身利益的政策举措、目标任务。为保证政府信守承诺，应建立健全政务诚信体系，将政务履约和守诺服务纳入政府绩效评价体系，建立政务失信记录，建立健全政府失信责任追究制度及责任倒查机制，加大对政务失信行为惩戒力度。

六、《民法典》是促进全社会向上向善的大法

社会治理的更高目标是通过法治和德治双向发力，引领和改造民风社风，营造风清气正、崇德向善的社会环境。民法内含鲜明的价值导向、道德取向、文化指向，弘扬真善美、贬抑假恶丑，具有强大的止恶扬善、移风易俗功能。波塔利斯指出，民法是"善良风俗的来源"，"民族道德的来源"[1]。耶林认为："不是公法而是私法才是各民族政治教育的真正学校。"[2]《民法典》坚持法治和德治相融合，以法治思维审视道德现象，以法治形式承载道德理念，以法治手段解决道德问题，让主旋律更响亮、正能量更强劲。[3]

（一）凝聚道德共识

《民法典》以提取最大公约数的方式，固化了全民的道德共识，厘定

---

[1] 转引自石佳友：《民法典与社会转型》，中国人民大学出版社2018年版，第92页。
[2] ［德］鲁道夫·冯·耶林：《为权利而斗争》，郑永流译，法律出版社2007年版，第17页。
[3] 关于民法典中法律思维，参见彭诚信：《论民法典中的道德思维与法律思维》，载《东方法学》2020年第4期，第58-65页。

了公众的底线道德，确立了社会公德的基本准则。《民法典》传承中华优秀传统文化，弘扬重家庭、讲仁爱、守诚信、尚公平、促和谐的传统法律精神，展现出鲜明的民族特色和深厚的文化底蕴。《民法典》植根于社会主义先进文化之中，将社会主义核心价值观写进法律文本之中，贯穿到法律条文之中，使之由软性要求向硬性规范转变，释放出强大的价值引导力、文化凝聚力和精神推动力。《民法典》第1条开宗明义地提出了"弘扬社会主义核心价值观"的立法目的，社会主义核心价值观中的民主、文明、自由、平等、公正、诚信等6个关键词在众多条文中使用，富强、和谐、法治、爱国、敬业、友善等6个关键词虽未提及，但其要义蕴含于众多条文之中。《民法典》顺应人民美好生活需要和人类文明发展时代潮流，确立了尊重隐私、信息保护、绿色发展、环境正义、数字正义等原则规则，必将推动社会道德观念的变革更新。

（二）辨明是非对错

民法作为社会生活的百科全书，告诉人们可以、必须以及禁止做什么，具有很强的明是非、辨对错、止纷争的指引功能。面对思想文化舆论场上许多存在道德争议的社会问题，《民法典》通过存异求同、化异为同，提供最具权威性的解决方案，起着一锤定音的作用。例如，针对长期争论的人体器官交易问题，《民法典》第1007条明确宣布，禁止以任何形式买卖人体细胞、人体组织、人体器官、遗体。面对生命科技、互联网、大数据、人工智能等科技创新带来的大量新型伦理和法律问题，《民法典》通过立规矩、划底线、定方圆，引领科技创新在人性、德性的轨道上推进，有效防止科技反噬与异化的风险。例如，针对基因编辑、克隆人等问题，《民法典》第1009条要求，从事与人体基因、人体胚胎等有关的医学和科研活动，应当遵守法律、行政法规和国家有关规定，不得危害人体健康，不得违背伦理道德，不得损害公共利益。面对大量法律空白地带潜规则盛行、暗规则流行的问题，《民法典》立明规则、出硬制度、定严标准，还现实社会和网络社会以朗朗乾坤。例如，针对网络上人脸PS、深度伪造等现象，《民法典》第1019条规定，任何组织或者个人不得以丑化、污损，或者利用信息技术手段伪造等方式侵害他人的肖像权。

（三）惩治丑行恶举

在陌生人社会，对失德败德行为进行治理，道德教化和舆论制裁往往作用有限，而法治手段更具猛药去疴、重典治乱之效。许多失德败德行为之所以禁而不止、治而不绝，就在于背后有利益驱动。因此，必须对失德者施以法律制裁，使之付出必要的代价，改变失德成本低、守德成本高的现象。《民法典》通过对于伤风败俗、激起公愤的失德悖德行为的惩戒，传递正气力量、正义光辉，起到激浊扬清、扶正祛邪的治理效果。针对近年来出现的恶意抹黑丑化英烈形象的问题，第185条对侵害英雄烈士人格权的行为设定了民事责任。针对"霸座""买短乘长"等不文明不诚信现象，第815条明确了客运合同旅客一方的法定义务和责任。针对遗弃宠物造成安全风险的问题，第1249条规定了遗弃和逃逸动物原饲养人、管理人的侵权责任。

（四）激励善行义举

《民法典》通过对善行义举的法律保护和褒奖，不仅有利于在全社会树立崇德向善的正确导向，也有助于激励社会成员勇于实施法律和维护道德，维护自己或他人的正当权益。这一点集中体现在《民法典》对正当防卫、见义勇为、助人为乐、自救自助等行为的法律保护上。关于正当防卫免责，第181条第1款规定：因正当防卫造成损害的，不承担民事责任。关于见义勇为的求偿权，第183条规定：因保护他人民事权益使自己受到损害的，由侵权人承担民事责任，受益人可以给予适当补偿；没有侵权人、侵权人逃逸或者无力承担民事责任，受害人请求补偿的，受益人应当给予适当补偿。关于救助免责权，第184条规定：因自愿实施紧急救助行为造成受助人损害的，救助人不承担民事责任。关于无偿搭乘减责，第1217条规定：非营运机动车发生交通事故造成无偿搭乘人损害，属于该机动车一方责任的，应当减轻其赔偿责任，但是机动车使用人有故意或者重大过失的除外。关于自助免责，第1177条第1款规定：合法权益受到侵害，情况紧迫且不能及时获得国家机关保护，不立即采取措施将使其合法权益受到难以弥补的损害的，受害人可以在保护自己合法权益的必要范围内采取扣留侵权人的财物等合理措施。

（五）防范道德风险

在现代社会，由于信息不对称的情况普遍存在，经济学上所说的"道德风险"问题日益突出。经济学将道德风险解释为，行为人在最大限度增进自身效用的同时作出不利于他人的行动。在日常生活中，这种道德风险往往体现为老实人吃亏、善良者被坑。《民法典》从坏人思维出发，注重防控民事法律行为的道德风险，保护善意相对方或善意第三人的信赖利益，做到让老实人不吃亏、善良者不被坑。第170条关于法人或者非法人组织对工作人员职权范围的限制不得对抗善意相对人的规定，第545条关于非金钱债权不得转让的约定不得对抗善意第三人的规定，第1060条关于家事代理权范围的限制不得对抗善意相对人的规定等，都体现了防控道德风险的宗旨。

主要参考文献

一、著作类文献

1. 《习近平著作选读》第一卷,人民出版社2023年版。
2. 《习近平著作选读》第二卷,人民出版社2023年版。
3. 习近平:《论坚持全面依法治国》,中央文献出版社2020年版。
4. 中共中央文献研究室编:《习近平关于全面依法治国论述摘编》,中央文献出版社2017年版。
5. 董必武:《董必武法学文集》,法律出版社2001年版。
6. 彭真:《论新中国的政法工作》,中央文献出版社1992年版。
7. 《乔石谈民主与法制》上,人民出版社、中国长安出版社2012年版。
8. 《罗干谈政法综治工作》,中国长安出版社2015年版。
9. 樊鹏:《国家强制与社会转型——改革时期中国公安警察制度研究》,中国社会科学出版社2017年版。
10. 冯象:《政法笔记》,江苏人民出版社2004年版。
11. 梁治平:《清代习惯法:社会与国家》,中国政法大学出版社1996年版。

12. 刘红凛：《政党政治与政党规范》，上海人民出版社 2010 年版。

13. 刘全娥：《陕甘宁边区司法改革与政法传统的形成》，人民出版社 2016 年版。

14. 萧公权：《中国政治思想史》，辽宁教育出版社 1998 年版。

15. 强世功：《法制与治理——国家转型中的法律》，中国政法大学出版社 2003 年版。

16. 王长江主编：《政党政治原理》，中共中央党校出版社 2009 年版。

17. 阎小骏：《中国何以稳定：来自田野的观察与思考》，中国社会科学出版社 2017 年版。

18. 张晋藩：《全面依法治国与中华法文化的创造性转化研究》，中国政法大学出版社 2019 年版。

19. 中国法学会"枫桥经验"理论总结和经验提升课题组：《"枫桥经验"的理论构建》，法律出版社 2018 年版。

20. 钟金燕：《政法委制度研究》，中央编译出版社 2016 年版。

21. ［德］茨威格特、克茨：《比较法总论》，潘汉典译，贵州人民出版社 1992 年版。

22. ［美］古德诺：《政治与行政》，王元译，华夏出版社 1987 年版。

23. ［美］道格拉斯·诺斯：《理解经济变迁过程》，钟正生等译，中国人民大学出版社 2007 年版。

二、论文类文献

1. 习近平：《坚定不移走中国特色社会主义法治道路 为全面建设社会主义现代化国家提供有力法治保障》，载《求是》2021 年第 5 期。

2. 习近平：《谱写新时代中国宪法实践新篇章——纪念现行宪法公布施行 40 周年》，载《人民日报》2022 年 12 月 20 日。

3. 苏力：《也许正在发生——中国当代法学发展的一个概览》，载

《比较法研究》2001年第3期。

4. 霍存福：《中国传统法文化的文化性状与文化追寻——情理法的发生、发展及其命运》，载《法制与社会发展》2001年第3期。

5. 张恒山：《中国共产党的领导与执政辨析》，载《中国社会科学》2004年第1期。

6. 封丽霞：《政党与司法：关联与距离——对美国司法独立的另一种解读》，载《中外法学》2005年第4期。

7. 程燎原：《中国近代法政杂志的兴盛与宏旨》，载《政法论坛》2006年第4期。

8. 付子堂、常安：《民生法治论》，载《中国法学》2009年第6期。

9. 徐亚文、邓达奇：《"政法"：中国现代法律传统的隐性维度》，载《河北大学学报（哲学社会科学版）》2011年第5期。

10. 肖金明：《为全面法治重构政策与法律关系》，载《中国行政管理》2013年第5期。

11. 陈光中、龙宗智：《关于深化司法改革若干问题的思考》，载《中国法学》2013年第4期。

12. 刘忠：《"党管政法"思想的组织史生成》，载《法学家》2013年第2期。

13. 侯猛：《当代中国政法体制的形成及其意义》，载《法学研究》2016年第6期。

14. 程燎原：《千古一"治"：中国古代法思想的一个"深层结构"》，载《政法论坛》2017年第3期。

15. 周尚君：《党管政法：党与政法关系的演进》，载《法学研究》2017年第1期。

16. 张文显：《中国法治40年：历程、轨迹和经验》，载《吉林大学社会科学学报》2018 年第 5 期。

17. 张中秋：《从礼法到政法——传统与现代中国法的结构与哲学及改造提升》，载《法制与社会发展》2018 年第 4 期。

18. 郑智航：《党管政法的组织基础与实施机制——一种组织社会学的分析》，载《吉林大学社会科学学报》2019 年第 5 期。

19. 段瑞群：《政法领域党内法规体系化建构研究——以〈中国共产党政法工作条例〉文本为例》，载《中国法律评论》2019 年第 4 期。

20. 刘作翔：《当代中国的规范体系：理论与制度结构》，载《中国社会科学》2019 年第 7 期。

21. 朱勇：《论中国古代的"六事法体系"》，载《中国法学》2019 年第 1 期。

22. 王浦劬、汤彬：《当代中国治理的党政结构与功能机制分析》，载《中国社会科学》2019 年第 9 期。

23. 孙晓勇：《司法大数据在中国法院的应用与前景展望》，载《中国法学》2021 年第 4 期。

24. 宋功德：《党内法规的百年演进与治理之道》，载《中国法学》2021 年第 5 期。

图书在版编目（CIP）数据

如何理解政法：范畴、传统和原理/黄文艺著．
北京：中国人民大学出版社，2025.7．--（马克思主义法学中国化时代化丛书）．-- ISBN 978-7-300-33760-9
Ⅰ.D926.1
中国国家版本馆CIP数据核字第202548G11A号

国家出版基金项目
马克思主义法学中国化时代化丛书·第一辑
如何理解政法：范畴、传统和原理
黄文艺　著
Ruhe Lijie Zhengfa：Fanchou、Chuantong he Yuanli

出版发行	中国人民大学出版社		
社　　址	北京中关村大街31号	邮政编码	100080
电　　话	010-62511242（总编室）	010-62511770（质管部）	
	010-82501766（邮购部）	010-62514148（门市部）	
	010-62511173（发行公司）	010-62515275（盗版举报）	
网　　址	http://www.crup.com.cn		
经　　销	新华书店		
印　　刷	北京瑞禾彩色印刷有限公司		
开　　本	720 mm×1000 mm　1/16	版　次	2025年7月第1版
印　　张	18.75　插页3	印　次	2025年7月第1次印刷
字　　数	240 000	定　价	98.00元

版权所有　　侵权必究　　印装差错　　负责调换